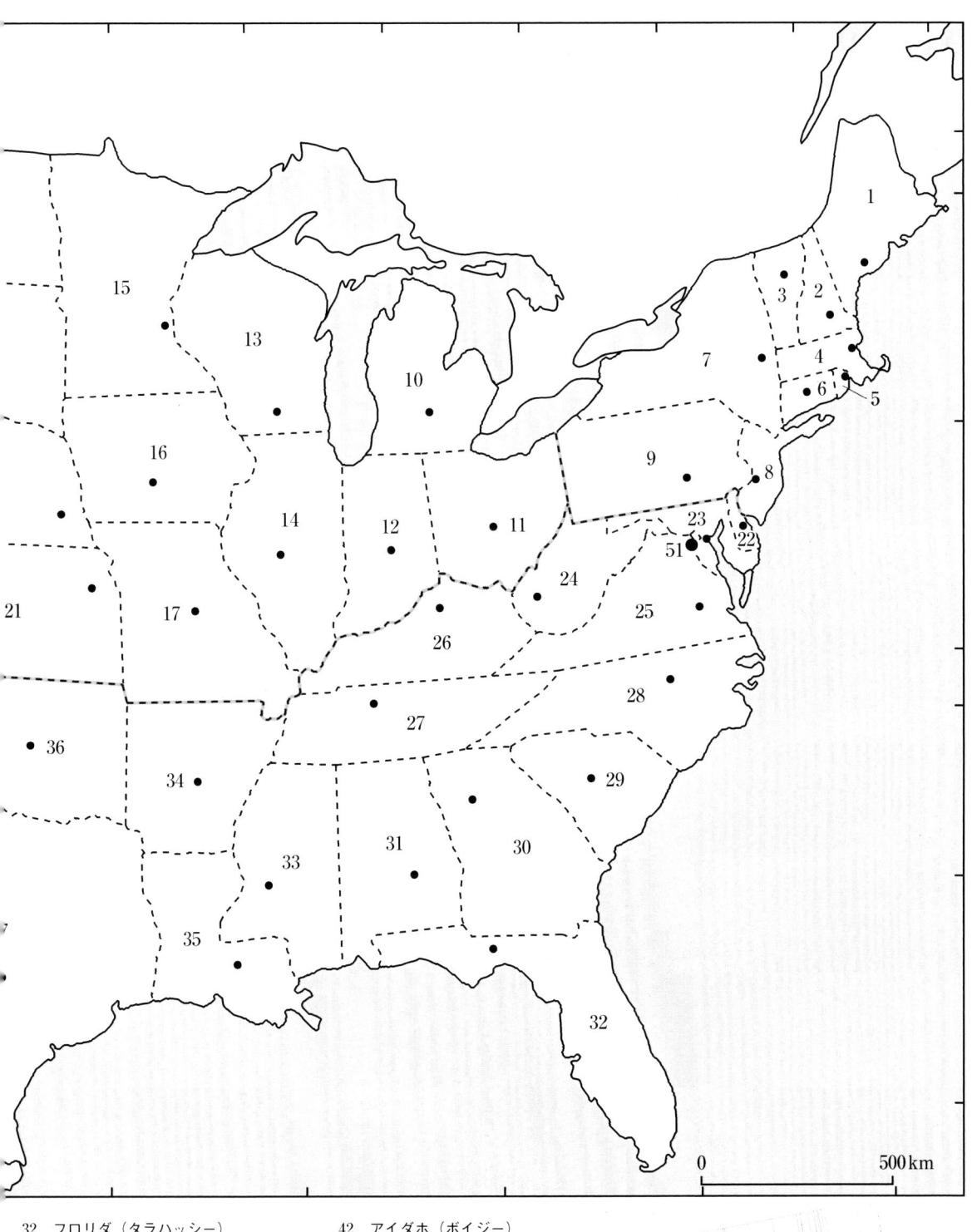

32. フロリダ（タラハッシー）
33. ミシシッピ（ジャクソン）
34. アーカンソー（リトルロック）
35. ルイジアナ（バトンルージュ）
36. オクラホマ（オクラホマシティ）
37. テキサス（オースティン）
38. モンタナ（ヘレナ）
39. ワイオミング（シャイアン）
40. コロラド（デンバー）
41. ニューメキシコ（サンタフェ）

42. アイダホ（ボイジー）
43. ユタ（ソルトレークシティ）
44. アリゾナ（フェニックス）
45. ワシントン（オリンピア）
46. オレゴン（セーレム）
47. ネヴァダ（カーソンシティ）
48. カリフォルニア（サクラメント）
49. ハワイ（ホノルル）
50. アラスカ（ジュノー）
51. ワシントン D.C.

世界地誌シリーズ ④

アメリカ

矢ケ崎 典隆 編

朝倉書店

編集者

矢ケ﨑典隆（やがさきのりたか）　日本大学文理学部

執筆者
（　）は担当

石井久生（いしいひさお）　共立女子大学国際学部（10.3, 10.4節，コラム15）

大石太郎（おおいしたろう）　関西学院大学国際学部（6章，コラム9, 16）

菅野峰明（かんのみねあき）　放送大学埼玉学習センター（4章，コラム5）

平　篤志（たいらあつし）　香川大学教育学部（8章，コラム11）

髙橋重雄（たかはししげお）　青山学院大学経済学部（3章，コラム4）

中川　正（なかがわただし）　三重大学人文学部（7章，コラム10）

原　芳生（はらよしお）　大正大学文学部（2章，コラム3）

平井　誠（ひらいまこと）　神奈川大学人間科学部（10.1, 10.2節，コラム14）

二村太郎（ふたむらたろう）　同志社大学アメリカ研究所（9章，コラム6, 13）

矢ケ﨑典隆（やがさきのりたか）　日本大学文理学部（1, 5, 11章，コラム1, 2, 7, 8, 12, 17）

（50音順）

まえがき

　情報化とグローバル化が進行しつつある今日，私たちは直接的にも間接的にも世界各地の人々や地域との交流を強めている．しかも私たちは，地球という限定された空間のなかで有限な資源を持続的に活用して共存し続けていかなければならない．世界各地の人々が相互理解を促進するために，また，さまざまな意思決定を行うための基盤として，世界の諸地域を正確に認識することが不可欠である．このために，地理学と地理教育が果たす役割は大きい．というのは，地理学は世界の諸地域の特徴をバランスよく提示するとともに，それぞれの地域が直面する問題を地域の枠組みに位置づけて解釈できる学術領域だからである．そして地理教育は，学校教育や社会教育を通して，地域認識の育成に中心的な役割を果たし，世界の相互理解に寄与することができる．

　日本は政治的，経済的，文化的にアメリカ合衆国の影響を強く受けており，この国は私たちにとって大変に身近な国である．マスメディアやインターネットを通じて，アメリカ関連の情報が私たちの日常生活にあふれている．しかし，私たちはアメリカ合衆国を十分に理解しているだろうか．氾濫する情報によって私たちが日常的に接するのは，この巨大で多様な国家の一部でしかない．ニューヨークやワシントンD.C.から発信される政治や経済に関する情報だけでは，この国をバランスよく認識することはできない．地理学は，他の社会科学や人文科学とは異なり，地域の多様な側面に着目し，地域の枠組みに即して地理的事象を認識し説明する学問である．私は1970年代半ばからアメリカ地域研究に携わってきたが，今でも訪米するたびに未知のアメリカ合衆国を発見して，大いに楽しんでいる．アメリカ合衆国はじつに多様でダイナミックな国である．

　本書は，アメリカ合衆国を地誌学の視点と方法を用いて読み解く試みであり，大学教育においてアメリカ地誌を学ぶためのスタンダードな教科書を目指す．第1章ではアメリカ地誌の考え方を概観する．第2章以降では，10のテーマを設定してアメリカ地誌にアプローチする．多様な側面に光を当てながら地域性を認識するとともに，アメリカ合衆国の全体像を把握するようにつとめている．本書の刊行プロジェクトには9名の地理学研究者の協力が得られた．アメリカ地誌の企画に最適な執筆陣になったと自負している．朝倉書店編集部には，企画から刊行まで大変にお世話になった．本書を通じて，アメリカ合衆国に関する理解が深まるよう期待している．

　2011年3月

矢ケ﨑典隆

目　　次

1. **アメリカ地誌へのアプローチ** ……………………………………………………… *1*
   - 1.1 アメリカ地誌の課題と方法　1
   - 1.2 地域的多様性　2
   - 1.3 アメリカ的等質性　4
   - 1.4 分裂しない多民族国家　6
   - コラム　住民の地域認識に基づいたゼリンスキーの地域区分　8

2. **自然環境・環境利用・環境問題** ……………………………………………………… *9*
   - 2.1 変化に富んだ地形　9
   - 2.2 多様な気候と植生　13
   - 2.3 環境問題と環境保護の思想　19
   - 2.4 自然災害　23
   - コラム　最初に建設された大陸横断鉄道　25／河川とその利用　26

3. **交通の発達と経済発展** ……………………………………………………………… *27*
   - 3.1 大陸国家の形成　27
   - 3.2 距離を克服する交通　28
   - 3.3 移動する人々　34
   - 3.4 経済の発展と地域　36
   - コラム　サウスウェスト航空の成長　39

4. **工業の発展・衰退・立地移動** ……………………………………………………… *40*
   - 4.1 伝統的工業地域の形成　40
   - 4.2 産業構造の変化と工業の再配置　47
   - 4.3 新しい産業の展開　50
   - 4.4 スノーベルトとサンベルト　53
   - コラム　アメリカ合衆国における日本企業の自動車製造　56

5. **農業地域の形成と食料生産** ………………………………………………………… *57*
   - 5.1 農業の発展過程　57
   - 5.2 農業と農業地域の変化　61
   - 5.3 食料生産のダイナミズム　64
   - 5.4 アメリカ式農業の課題　70
   - コラム　ローカルフード運動とファーマーズマーケット　65／食肉工場の解体ラインから自動車の組立てラインへ──オートメーションの起源　73／農業の発展に貢献した日本人移民　73

6. 多民族社会の形成と課題 ……………………………………………………………… *74*
  6.1 移民と多民族社会の発展　74
  6.2 人種民族構成の地域性　76
  6.3 移民社会とアメリカ社会　82
  6.4 エスニック景観　84
  　コラム　ニューオーリンズのフレンチクウォーター —— アメリカのなかのフランス？　86

7. アメリカ的な生活文化と生活様式 ………………………………………………… *87*
  7.1 フロンティアとフロンティア精神　87
  7.2 合理的な生活様式　88
  7.3 宗教と地域社会　90
  7.4 消費生活　96
  　コラム　テリー・シャイボ尊厳死問題　99

8. 都市の構造・景観と都市問題 ……………………………………………………… *100*
  8.1 都市システムの形成　100
  8.2 都市の景観と構造　104
  8.3 都市の郊外化　107
  8.4 都市問題と社会運動，再開発　108
  　コラム　スカイスクレーパー（skyscraper）　113／ロサンゼルス中心部の再開発とファッション地区　113

9. 豊かな国の不平等と貧困 …………………………………………………………… *114*
  9.1 不平等の地理学　114
  9.2 不平等の地域差　116
  9.3 経済的不平等と社会的不公正　122
  9.4 様々な不平等がもたらす諸相　124
  　コラム　デトロイト —— 自動車産業と人種隔離の都市における盛衰と新たな再生　127

10. 変化する人口構成と地域 —— 高齢化とラテンアメリカ化 …………………… *128*
  10.1 人口構成の変化　128
  10.2 高齢人口移動　132
  10.3 増加するヒスパニック　136
  10.4 ヒスパニック・バリオ　141
  　コラム　退職者のパラダイス —— リタイアメントコミュニティ　133／ロサンゼルス発祥の地　144

11. アメリカと世界 ……………………………………………………………………… *145*
  11.1 2つの隣国　145
  11.2 アメリカ合衆国とラテンアメリカ　148
  11.3 アメリカ人とグローバル化　151
  11.4 世界の博物館　154
  　コラム　カナダからみたアメリカ　149／アメリカ人の生活文化としてのショッピングモール　155

さらなる学習のための参考図書　*156*
付録：統計資料　*160*
索　　引　*163*

1 アメリカ地誌へのアプローチ

　地誌学ではアメリカ合衆国にどのようにアプローチすることができるのだろうか．本章では，はじめにアメリカ地誌の課題と方法について概説する．続いて，アメリカ合衆国に存在する地域的多様性とその形式要因を把握する．さらに，この国に共有されているアメリカ的等質性とその意義について考える．そうした検討に基づいて，国家としてのアメリカ合衆国の特徴について検討してみよう．

1.1 アメリカ地誌の課題と方法

　世界の国々のなかで，アメリカ合衆国は日本にとって最も身近で関係の深い国の1つである．第二次世界大戦以降，日本はアメリカ合衆国と政治的にも経済的にも緊密な関係を維持してきた．アメリカ合衆国から輸入される農産物は，穀物，肉，果物など，日本に暮らす人々の食生活にとって不可欠な存在である．同時に，日本の産業はアメリカ市場に大きく依存してきた．一方，情報通信技術が飛躍的に発展した今日，アメリカ合衆国に関する情報はマスメディアを通して私たちの日常生活に氾濫している．インターネットによってアメリカ合衆国から商品を購入することも容易である．ビジネス，留学，観光旅行などを目的として，多くの人々がこの国での生活を体験している．

　このように日本とアメリカ合衆国との関係は緊密であり，日本人にとってアメリカ合衆国は身近な存在であるにもかかわらず，また，アメリカ研究という学問領域が制度化され，アメリカ関係の出版物や研究が蓄積されてきたにもかかわらず，この国に関する地域認識は必ずしも深まってはいないようにみえる．それは一つには，日本におけるアメリカ合衆国への関心が政治，経済，文化などの特定の領域に集中しており，地域を研究し理解することへのこだわりが弱いためである．また，日本ではアメリカ合衆国をひとまとめにして論じる傾向が強くみられる．しかし，実際には国土は広大で多様性に富んでおり，多くの地域はニューヨークやワシントンD.C.とは別世界である．限定された知識に基づいて，また単純な表現を用いてこの国を論ずることは危険なのである．

　アメリカ合衆国に関する正確でバランスのとれた地域認識を促進するために，地誌学の果たす役割は大きい．地誌学は，さまざまなスケールを設定し，地域に関する情報や多様な現象を地域の枠組みに即して提示し，地域の特徴を説明する学術領域である．また地誌学は，今日，マスメディアやインターネットを通じて氾濫する情報を自ら組み立てて地域を客観的かつ構造的に認識し，正確な地域像を構築する能力を育成することに貢献する．身近な地域社会から全世界にいたるまで，さまざまなスケールにおいて地域をどのような枠組みで認識すべきなのかという，地域認識の方法を提示する．

　それでは，もう少し具体的にアメリカ地誌を考えてみよう．まず，アメリカ地誌の課題として次の4つが挙げられる．

　第1に，アメリカ合衆国には，自然環境，植民・開発の過程，産業と経済，社会と文化，人種民族構成など，さまざまな点において地域差が存在する．このような地域的多様性を認識するとともに，地域性の形成過程を理解することは，アメリカ地誌の第1の課題である．

　第2に，アメリカ合衆国では，地域的多様性が存在すると同時に，アメリカ的な等質性を促進す

る力も作用し，アメリカ的な特徴が共有されるようになった．合理性を追求する過程で新しい生活様式や生産様式が醸成され，それらがアメリカ的基準として広域な国土に普及した．こうした等質性を助長するアメリカ的なしくみを理解することも重要な課題である．

第3に，多様な諸地域がどのように関連し合って国家が存立してきたのか，すなわち，特徴を持った地域の複合体としてのアメリカ合衆国の全体像を理解することも課題である．

第4の課題として，アメリカ合衆国をより広域な地域の枠組みにおいて理解することも重要である．アメリカ合衆国は，国土が広大で人口が少ないという2つの点において，ヨーロッパとは著しい対照をなす．一方，新大陸という枠組みでみると，メキシコ以南のラテンアメリカとアメリカ合衆国には著しい地域差が存在する．それは，コロンブス以降の南北アメリカの地域形成の母体となったヨーロッパ文化に起因するものである（矢ケ﨑，2008）．

私たちがアメリカ合衆国を訪問する場合，体験されたアメリカ合衆国はこの巨大な国のごく一部の切り取られた現実であり，それ以外に未知のアメリカ合衆国が存在することを認識する必要がある．アメリカ合衆国の地域性と全体像を把握するためには，地域を理解するための方法が必要となる．それでは，どのような方法によってアメリカ地誌へアプローチできるだろうか．アメリカ地誌には，網羅累積法，地域区分法，地域抽出法，テーマ重視法という4つの方法がある．

網羅累積法は，地理的事象を網羅的かつ羅列的に説明することによって，地域の全体像を描き出す方法である．地理的事象には，位置，自然環境，資源，人口分布，人種民族構成，産業と経済，社会・文化現象，都市，交通などが含まれる．それぞれの事象に関する調査研究の結果，主題図，情報などを重ね合わせることにより，広大で多様なアメリカ合衆国という国家の全体像を描くという伝統的な方法である．

地域区分法は，広大な面積を持つアメリカ合衆国は特色のある地域によって構成されるという認識に基づいて，地域区分を行ってそれぞれの地域の特徴を描き出し，それらを合算することによってこの国の全体像を理解しようとする方法である．地域区分とは地域をいくつかの下位の地域に区分する作業であり，地域区分の目的，着目する地域性，区分する地域の数，用いる指標によって地域区分の方法はさまざまである（矢ケ﨑，2006）．

地域抽出法は，アメリカ合衆国の一部の地域を取り上げて詳しく説明することにより，国の全体像を理解しようとする方法である．これは，アメリカ全体の動向は特定の地域に投影されているという認識に基づく．例えば，グレートプレーンズは人口の希薄な貧困地帯であるが，この地域の変化に着目することによって，アメリカ合衆国の特徴やダイナミックな地域変化を理解することができる．

テーマ重視法は，アメリカ合衆国を特徴付けると考えられる地理的事象に焦点を当てることによって，この国の全体像を理解しようとする方法である．当然のことながら，取り扱うテーマが異なれば描かれる地誌も異なる．すなわち，光の当て方によってアメリカ合衆国の見え方は異なってくるわけである．複数のテーマを取り上げることにより，バランスのとれた地域認識が可能になる．本書ではこの方法を採用しており，第2章以下では10のテーマを設定した．

1.2 地域的多様性

1.2.1 アメリカ地誌の4層構造

アメリカ地誌は，その形成過程に着目すると，自然環境，アメリカ先住民の世界，ヨーロッパ文化圏の拡大，アメリカ化の進展という4層構造を理解することによって可能になる（図1.1）．アメリカ合衆国には多様な自然が存在しており，それは地誌を理解するための基盤である．前コロンブス時代の先住民は，自然環境を利用しながら，地域によって異なる生活様式を確立した．このような先住民の世界は，1492年以降，大きく変更されることになった．ヨーロッパから持ち込まれた文化は地域によって異なった．ヨーロッパ諸国のそれぞれの植民地では，本国の伝統を反映して異な

```
地域A  地域B  地域C
┌─────────────────┐
│  アメリカ化の進展  │──── 等質性
├─────────────────┤
│ ヨーロッパ文化圏の拡大 │ ┐
├─────────────────┤ │
│ アメリカ先住民の世界 │ ├ 多様性
├─────────────────┤ │
│    自然環境     │ ┘
└─────────────────┘
```

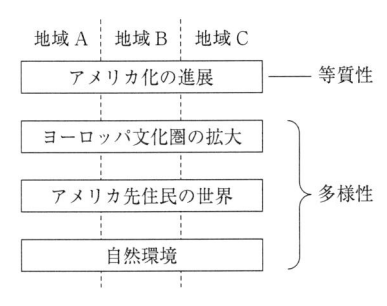

図 1.1　アメリカ地誌の 4 層構造

る経済と文化景観が形成された．一方，独立後は，大陸規模の国家を開発し経営するための新しいしくみや，地域の条件に適応するような新しいしくみが作り出された．このようなアメリカ化が進展することによって，アメリカ合衆国は独自の発展を経験した．

アメリカ地誌の 4 層構造において，自然環境，アメリカ先住民の世界，ヨーロッパ文化圏の拡大は，現代のアメリカ地誌を考えるための基層であり，いずれも地域的多様性を助長する要因として作用した．

1.2.2　自然環境

アメリカ合衆国には多様な自然環境が存在する．地形を概観すると，東部から南部にかけての海岸平野，アパラチア山脈，内陸低地，ロッキー山脈，山間地区，太平洋岸に区分される．多様な気候には東西性と南北性が顕著である．国土の東半分は一般に湿潤であるのに対して，西半分は一般に乾燥している．また，緯度による気候の地域差も著しい．植生は気候や地形を反映して多様である．一般に湿潤な東部では森林が，乾燥した西部では草原が卓越する．このような自然環境は先住民の生活の基盤であった．また，ヨーロッパ人による植民・開発が進む過程で，環境条件を活用したり克服したりすることによって，その地域の経済が発展し，地域性が形成された．

1.2.3　アメリカ先住民の世界

前コロンブス時代には，先住民のネイティブアメリカンは自然環境に適応し，自然環境を巧みに利用する生活様式を作り上げた．アメリカ東部の森林地域では，先住民は樹木の皮を剥いで立ち枯れを起こさせ，森林に小さな畑を作ってトウモロコシ，マメ，カボチャなどの自給的栽培を行った．中央部の草原地域では，バッファローなどの野生動物の狩猟が中心となった．一方，西部の半乾燥地域では，堅果類の採集や狩猟を中心とした生活が営まれた．

このような生業形態に基づいた先住民の人口は，南北アメリカという枠組みで考えると大きくはなかった．地理学者のウィリアム・デネヴァン（Denevan, W.M.）は，15 世紀末の南北アメリカにおける先住民の人口を 5390 万と推計しており，人口が特に集中したのはメキシコ中部とアンデス中部であった．カナダとアメリカを含む北アメリカの先住民人口は 379 万（南北アメリカ全体の約 7％）であった（Denevan, 1992）．このような先住民の世界の存在は，コロンブス以降のヨーロッパ人の植民と開発に大きな影響を及ぼした．

1.2.4　ヨーロッパ文化圏の拡大

先住民の世界を大きく変化させることになったのは，1492 年のクリフトファー・コロンブス（Columbus, C.）の新大陸への到来を契機として始まったヨーロッパ文化圏の拡大であった．今日のアメリカ合衆国とカナダの地域には主にイギリス，フランス，スペインの植民地が形成され，それぞれの植民方式の違いが，経済の形態，集落の立地，文化景観に地域差を生み出した．それぞれの植民地では，植民地経営，フロンティア組織，先住民との関係，土地の分割・所有形態，農業様式，本国との関係などの点で著しい地域差がみられた．

スペイン植民地はフロリダ半島から西部の内陸部を含んで太平洋岸まで広範囲に及んだ．主に植民が進んだのは海岸部であり，フロンティア開発を目的として，カトリック伝道集落，軍事基地，民間人入植村が建設された．また，広大な土地が牧場として賦与され，家畜とともに大土地所有制が導入された．先住民は労働力であり，布教活動の対象であった．植民地は広大だったが，スペインの支配が実質的に及んだのは限定された地域であった．

フランス植民地では，セントローレンス川，五大湖，ミシシッピ川という内陸水路に沿って植民

が展開した．もともとニューファンドランド島沖の北大西洋漁場にフランス人漁民がタラ漁を目的として進出しており，これが植民のきっかけとなった．引き続いて毛皮商人がセントローレンス川に沿って内陸に進出し，毛皮交易所が各地に設けられた．先住民との交易を通じて内陸部の植民が進行した．

　イギリス植民地は大西洋岸に建設された．ニューイングランド植民地では宗教共同体としてのタウンが植民・開発の単位となった．中部植民地では，自営農民が小規模家族農場で混合農業を営み，森林開発を行った．南部植民地では，ヨーロッパ市場向けのタバコ，コメ，綿花などの栽培がプランテーションで行われ，奴隷労働力が農業経営の基盤となった．イギリス植民地では，先住民は労働力として頼りにはならなかったし，開拓にとって邪魔な存在となったので，排除され西へと追いやられることになった．

　以上のように，アメリカ合衆国という地域の枠組みにおいて，自然環境，先住民の世界，ヨーロッパ文化圏の拡大には著しい地域差が存在し，それらの相互作用の結果として，異なった地域性を有する地域が形成された．

1.3　アメリカ的等質性

　アメリカ合衆国は北西ヨーロッパの伝統を受け継いで誕生したが，国土が広大で人口規模が小さいという2つの点で，ヨーロッパとは著しく異なる世界であった．そこで，少ない人口で広大な国土を開発するために，アメリカ独自のしくみが必要になった．これが図1.1のアメリカ化の進展であり，このような新しいしくみは大陸規模の国家に等質性を生み出す要因となった．

　例えば土地制度について考えてみよう．植民地時代に開発が行われた地域では，不規則な測量が行われ，土地所有の規模や形態は地域によって異なった．大西洋岸のイギリス植民地や，西部のスペイン植民地がそうした例である．アメリカ合衆国が独立してから，広大な国土を迅速に測量するために，タウンシップ・レンジ方式による方形測量（いわゆるタウンシップ制，第5章の図5.1参照）が導入され，各地に設定された主経線と基線を座標軸として，6マイル（約9.6 km）ごとのメッシュが設けられた．6マイル四方の正方形はタウンシップと呼ばれ，それは36のセクションに分割された．1マイル四方のセクションはさらに四等分された．この一辺の長さが0.5マイル（約800 mm）の正方形はクォーター（4分の1）セクションと呼ばれ，160エーカー（約64.7 ha）の面積を持つ．

　タウンシップ・レンジ方式の方形測量は規則的な文化景観を生み出したし，連邦政府はこの方形測量に基づいて，公有地（public land）と呼ばれる国有地の払い下げを積極的に行った．独立自営農民を育成するために，160エーカーの土地を開拓民に安い価格で販売したり，無償で提供した．州政府に対しては，公立学校や大学の設立を援助するために，公有地を無償で賦与した．1862年施行の太平洋鉄道法に基づいて，鉄道を建設した鉄道会社に対して線路の両側の土地（奇数番号のセクション）が賦与された．このような土地政策の結果，方形の農場が主流となったし，道路はセクション境界線に沿って建設された．タウンシップ・レンジ方式が残した方形の文化景観は，植民地時代の影響が強く残る一部の地域を例外として，広域な国土に等質的で永続的な刻印を残すことになった．

　農業様式においてもアメリカ独自の展開がみられた．アメリカ合衆国の発展において基本的な農業様式となったのは，家族農場を単位とした混合農業である．大西洋岸の中部植民地には，北西ヨーロッパから農民が流入して家畜や作物とともに混合農業の伝統を導入した．これにアメリカ原産のトウモロコシが加えられた．優れた家畜飼料であるトウモロコシによって飼料作物の輪作体系が強化され，アメリカ式農業様式が誕生した．連邦政府が家族農場の育成を目指した農業政策を実施した結果，開拓民がアパラチア山脈を越えて平原部に進出するにつれて，この農業様式も西へと拡大した．地域によって気候条件や市場への距離が異なるため，農業には地域差が生まれたが，家族農場と混合農業はアメリカ合衆国の農業発展の基

盤となった．

　国土が西に向かって拡大し，開発が進行するにつれて，交通と通信は重要な役割を演じた．大陸規模の国家において，交通・通信の発達は諸地域の等質性を強める方向に作用した．19世紀後半には複数の大陸横断鉄道が建設されて，人や物の東西海岸間の長距離輸送が活発化した．北東部の富裕層や病弱者は，大陸横断鉄道のおかげで南カリフォルニアで温暖な冬を過ごすことができるようになり，これが南カリフォルニア発展の1つの要因となった．20世紀にはモータリゼーションが急速に進展し，移動性に富んだアメリカ的生活様式が確立された．また，フリーウェイと呼ばれる高速自動車道の整備が進んで，物流が促進された．20世紀後半に航空交通の時代が到来すると，大小さまざまな空港は多数の航空会社によって高密度に結ばれ，距離の克服が実現された．もともとアメリカ人は移動性に富むが，鉄道・道路・航空交通の発達によって，人口移動や物・情報の交流が活発化し，地域間の文化的な差異が縮小した．

　情報通信技術の発達も，距離と地域差の克服に貢献した．ベルによる電話機の発明から最近のインターネットまで，アメリカ合衆国で開発された技術には世界のあり方に変革をもたらすものが多い．今日，コンピュータとインターネットを利用することによって，どこにいても同じ仕事ができる．この国では本社機能の地域分散が進んでおり，多くの企業は経済の中心地ニューヨークや政治の中心地ワシントンD.C.に本社を置いてはいない．

　交通と通信の発達は，距離を克服するばかりでなく，アメリカ人の生活様式における等質性を実現することに貢献してきた．そして，どこにいても同じ商品を手に入れ，同質のサービスを受けることが理想となった．すなわち，商業やサービス業においてもアメリカ的基準が確立され，等質性が助長されたわけである．

　アメリカ的生活様式を広域に普及させる原動力となったのは，19世紀末にシカゴを拠点として発達した通信販売システムであった．中西部の農村地域では農民が分散して居住したので，彼らは商品を購入するために地方都市に出向く必要があった．しかし，地方都市の小規模商店では品揃えが限られたし，より大きな都市への交通の便はよくなかった．通信販売の代名詞ともなったシカゴのシアーズローバック社は，配布したカタログから注文を受けて商品を郵送する通信販売形態を定着させた．同社の分厚いカタログには，衣料品，家具，食器などの日常生活に必要なさまざまな種類の実用品や，農機具や馬具，娯楽やスポーツのための実用品までが掲載された．こうして，だれであってもどこからであっても，シアーズローバックカタログから同じ商品を入手できるようになった．また，他社もカタログによる通信販売に進出した（写真1.1）．こうして歴史や環境の異なる地域に暮らす人々が，また人種民族の異なる人々が，同じカタログから同じ商品を購入して，同じような生活を送るようになったわけである．

写真1.1　19世紀末の通信販売カタログ

　フランチャイズチェーンの発達もまた，同一企画の商品やサービスを全国あらゆるところに供給することに寄与した．マクドナルド，ケンタッキーフライドチキン，タコベル，ハーゲンダッツアイスクリームなど，どこにいても同じ食事を摂ることができる．大型スーパーマーケットや大型量販店（ウォルマート，ターゲット，コストコなど）の全国的なチェーンストアの増加は，個人経営の小規模小売店の衰退を招く一方で，買い物行動と商品・サービスの等質化を促進した．

　全国規模の企業による地元資本の工場の買収，拠点工場の設立，そして流通システムの整備によって，同じ商品が全国でいっせいに販売されるよ

うになった．こうして，都市と農村，中央と地方，東部と西部の間の時間差がなくなり，どこにいても同時に同じ商品を購入できるようになった．例えば，ビールはもともとそれぞれの街で醸造され地元で消費されていたが，バドワイザー（アンハイザーブッシュ社）のようなナショナルブランドのビールが市場占有率を拡大し，飲酒行動の画一化が進んだ．もちろん最近の地ビールブームによってさまざまなビールを飲むことができるが，消費量が多いのは，いつでもどこでも安価に入手できるナショナルブランドのビールである．

広大な国家に等質性をもたらす重要な原動力として忘れてはならないのは，共通言語としての英語である．ヨーロッパやアジアと比べてみれば明らかなように，広域な地域で1つの言語が共通に話されているという点で，アメリカ合衆国は世界でもまれな事例である．もちろん，メキシコ系バリオ，チャイナタウン，コリアタウン，リトルサイゴンなど，新しい移民の住むエスニックタウンでは英語以外の多様な言語が主流である．しかし，移民は時間の経過とともに英語を習得するし，アメリカ生まれの若い世代は英語中心の生活を営むようになり，言語的にも文化的にもアメリカ社会に吸収されていく．アメリカ社会が伝統的に重視した公教育は，このような言語教育やアメリカ的価値観の育成に寄与してきた．

1.4 分裂しない多民族国家

アメリカ合衆国では，地域差を克服して等質性に富んだ国家を作り上げることが国家の発展を意味した．フロンティア開発にエネルギーが注がれた19世紀は，まさにそうした進歩の時代であった．しかし，20世紀に入って社会や経済が変化するとともに，アメリカ人は地域へのこだわりを助長させた．地域性は依然として消滅せずに存続している．

スタイナーによると，アメリカ合衆国では1930年代の大不況時に地域主義への関心が高まったという．芸術家，学者，役人などが地域主義を活発に議論したし，ウォルター・ウエッブ（Webb, W.P.）著『大平原』，ハワード・オーダム＆ハリー・ムーア（Odum, H.W. and Moore, H.E.）著『アメリカの地域主義』，フレデリック・ターナー（Turner, F.J.）著『アメリカ史における地方の意義』が刊行されて広く読まれた．アメリカ人はそれまでの時代と比べて移動を控えるようになり，地方的なもの，共同体的なもの，そして古いものに地域的秩序や確実性・安全性を求め，場所のアイデンティティと歴史的な伝統に根ざしていることに高い評価が与えられるようになった（Steiner, 1983）．

今日，野球，アメリカンフットボール，バスケットボール，アイスホッケーなどのプロスポーツでは，アメリカ人は地元チームを熱狂的に応援する．大学対抗のアメリカンフットボールの試合でも，地元の町が一体となって地元大学を応援する．このような生活文化をみると，アメリカ人はローカルな世界に生きていると実感する．

ラジオを聴きながらアメリカ合衆国を長距離ドライブしてみれば，地域性あふれる多様なラジオ局の様子を垣間見ることができる．ラジオ放送はそれぞれの地域のローカル事業であり，ディスクジョッキーの英語と語り口や音楽には地域性がみられる．例えば，南西部のヒスパニック地域では，英語にスペイン語が混じった独特のスパングリッシュ，そしてメキシコ音楽が主流である．ここから東に向かうにつれて，南部訛りとカントリーウエスタンの世界となる．しかも，行く先々の町で手にする新聞は，「USA TODAY」を除いて，いずれも地方紙である（写真1.2）．この国には日本

写真1.2 カリフォルニア州のローカル新聞の例
新聞名には一般に都市名が入っている．

の朝日新聞，毎日新聞，読売新聞のような全国紙は存在しない．

　このような地域主義の存在は，アメリカ合衆国の分裂を誘発するものではない．それは，多様性を引き起こす要因と等質性を引き起こす要因が縦糸と横糸のように絡み合いながら，アメリカ合衆国という国家が発展してきたからである．ヨーロッパにみられる地域主義とは根本的に異なるわけである．

　1960年代の公民権運動を契機として，少数派の人々の権利が認められ，多民族多文化の共生が唱えられるようになった．こうしたアメリカ社会の動向について，歴史家のシュレージンガーは行き過ぎた多文化主義はアメリカの分裂を引き起こしかねないと警告した(Schlesinger, 1991)．しかし，これは現実的な解釈ではなかった．将来もアメリカ合衆国は民族問題によって分裂することはないだろう．この国は，かつてのソビエト連邦，そして中国やカナダとは異なる地域構造を持っている．

　アメリカ合衆国の人口は増加を続けている．アメリカ合衆国には多数の少数派集団が存在するが，移民の多くは自分の意思でアメリカ入国を希望した人々であり，彼らはアメリカ人になる予備軍である．この国は世界中から移民を引き付ける力を維持しており，時代によって移民の出身地は異なるものの，新たに入国した人々は新しい文化の要素を持ち込む．それらは新しいアメリカ合衆国を構成する要素ともなる．

　それでは，次章からは，アメリカ合衆国の多様な側面に光を当てることにより，ダイナミックな地域の姿を考えることにしよう．　　　［矢ケ﨑典隆］

引用文献

矢ケ﨑典隆 (2006)：アメリカ合衆国の地域性と地域区分．新地理，**54**(3)：15-32．

矢ケ﨑典隆 (2008)：南北アメリカ研究と文化地理学――3つの経済文化地域の設定と地域変化に関する試論．地理空間，**1**(1)：1-31．

Denevan, W. (1992): *The Native Population of the Americas in 1492*. University of Wisconsin Press.

Schlesinger, A. M., Jr. (1991): *The Disuniting of America: Reflections on a multicultural society*, Whittle Books［都留重人 訳 (1992)：アメリカの分裂――多元文化社会についての所見，岩波書店］．

Steiner, M. C. (1983): Regionalism in the great depression. *Geographical Review*, **73**：430-446.

> コラム1

住民の地域認識に基づいたゼリンスキーの地域区分

　アメリカ合衆国を地域区分する方法はいろいろある．文化的指標を用いた地域区分も多くあるが，アメリカ人地理学者ゼリンスキーはユニークな地域区分を試みた（図1）．

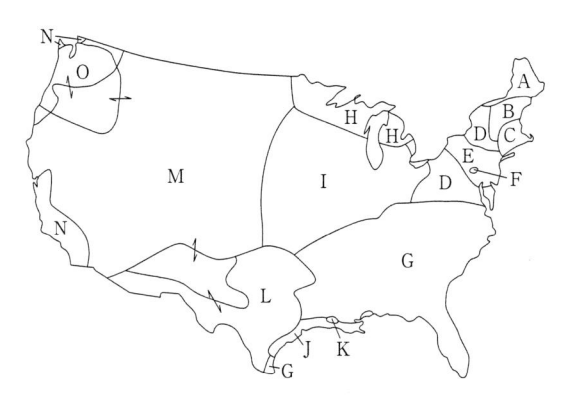

図1　住民の地域認識に基づいたゼリンスキーの地域区分
A：大西洋 Atlantic，B：北東部 Northeast，C：ニューイングランド New England，D：地域的帰属意識なし，E：東部 East，F：中部大西洋 Middle Atlantic，G：南部 South，H：北部 North，I：中西部 Midwest，J：メキシコ湾 Gulf，K：アカディア Acadia，L：南西部 Southwest，M：西部 West，N：大西洋 Pacific，O：北西部 Northwest．Zelinsky, 1980 による．

　ゼリンスキーは，一般の人々は自分たちが現在住んでいる地域に関してイメージや地域認識を共有しており，それ自体が民衆レベルにおける文化地域を作り出しているという視点に立って，画期的な地域区分を試みた（Zelinsky, 1980）．彼が着目したのは，都市に存在する会社などの名称である．会社に名前をつける場合には，意識的あるいは無意識的に顧客の認識と共感を得やすい名称が選ばれる．したがって，会社などにつけられた地域名称の頻度は，その地域住民が場所に対して持っている集団的なイメージや地域認識を反映するものである．彼はこのような前提に立って，特定の地域名称が会社名として使用される頻度を調べ，人々の頭のなかの文化地域を探り出そうとした．

　地域的文化の意味を持つとして検討されたのは73の語彙である．このなかには，私たちにも馴染みの深いアトランティック，セントラル，イースタン，フロンティア，ミドルウエスト，パシフィック，サンベルト，ウエスタンなどが含まれる．各都市の電話帳に掲載されたあらゆる種類の会社，事業所，協会，学校，病院，公園，墓地，マンションなどの名称について，こうした語彙の出現頻度が調べられた．対象となったのは，アメリカ合衆国の1975年標準大都市統計地域（SMSA）と，カナダのそれとほぼ同じ規模にあたる人口5万人以上の都市で，合計276都市であった．各都市に関して，最も多く使われている名称，および第2位と第3位の名称を集計し，名称ごとに地図上に印をつけ，その範囲を大まかにまとめて図化した．こうして14の地域名称の範囲が特定され，それらを重ね合わせることによって地域区分図が作成された．

　文化地域の設定は従来から曖昧な方法でなされてきたが，ゼリンスキーの試みは，資料に基づいて一定の分析手続きを踏んで地域区分を行ったという点で画期的である．
　　　　　　　　　　　　　　　　　　　　　　　　　　　　　　　　　　　　　　［矢ケ﨑典隆］

引用文献
Zelinsky, W. (1980): North America's vernacular regions. *Annals of the Association of American Geographers*, **70**：1-16.

2 自然環境・環境利用・環境問題

アメリカ合衆国は，その広大な国土のゆえに，ほとんどすべての自然地理的な環境要素を含んでいる．地形的には安定した大陸の大平原から新期造山帯の高山まで，そして火山島やサンゴ礁，砂漠もある．気候的にも，熱帯から寒帯まで，乾燥帯も含めてすべての気候帯が存在する．ゆえに生物（動物や植物）も多様である．最も簡潔にその地域性を説明すれば，アメリカ本土48州の西半分は乾燥して山がちな地域，東半分は湿潤で平坦な地域である．さらに，高緯度で寒冷なアラスカ州と，太平洋の中に熱帯のハワイ州が存在している．残されている貴重な自然環境を保護するために，世界で初めて国立公園制度を確立した．本章では環境の特徴について概観してみよう．

2.1 変化に富んだ地形

2.1.1 地形区分

北アメリカの地形を大きく区分すると図2.1(a)のようになる．西経105°付近から西の本土とアラスカでは，新期造山帯のコルディレラ（Cordillera）山系に属する標高も高く起伏のある地形群が連なっている（図中の6, 7, 8, 9, 10, 11）．この新期造山帯は，日本も含む環太平洋造山帯の一部である．これは環太平洋の火山帯でもあり，アメリカ合衆国ではこれを太平洋の火の環（Pacific Ring of Fire）と呼んでいる．東部には，古期造山帯に属するアパラチア山脈・高原が大西洋の海岸線に平行するように存在するが，コルディレラ山系よりは標高が低く起伏は小さい（図中の1）．その両山地の間には，安定大陸の卓状地の中央平原が拡がっている（図中の3, 5）．さらにハワイ諸島は海洋プレート中のホットスポットの火山島からなる．

アメリカ大陸の地形的特徴を東西方向と南北方向の地形断面で比較すると，図2.1(b)のようになる．北緯35°に沿う東西断面をみると，太平洋からロッキー山脈までの西側は起伏が大きいが，グレートプレーンズから大西洋までの東側は，アパラチア山脈が高くなってはいるものの，非常に平坦である．一方，西経85°に沿う南北断面は，緩やかに内陸に向かって高くなっていき，五大湖のところが少し窪んではいるものの起伏は非常に小さい．

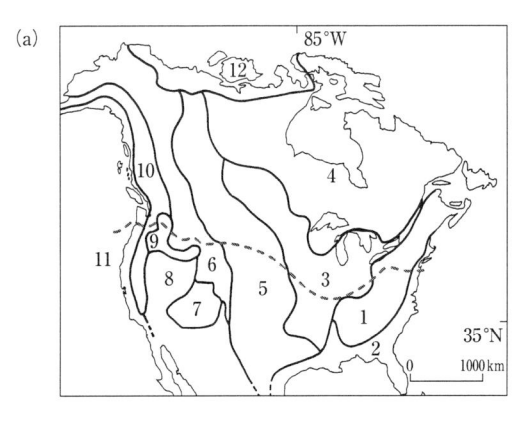

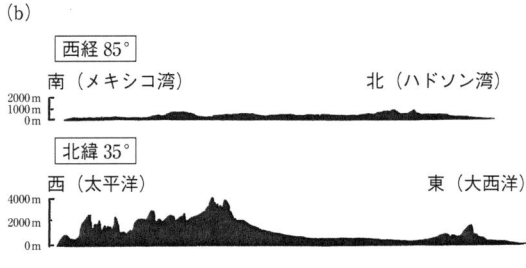

図2.1 アメリカの地形
(a) 地形区分（Graf, 1987をもとに加筆修正）．破線は大陸氷床の南限．1：アパラチア山脈・高原，2：海岸平野，3：中央低地，4：カナダ盾状地，5：グレートプレーンズ，6：ロッキー山脈，7：コロラド高原，8：ベイスンアンドレンジ，9：コロンビア高原，10：内陸山脈・高原，11：海岸山脈，12：北極低地．
(b) アメリカ大陸の地形断面．西経85°と北緯35°に沿った地形断面．

プレートテクトニクスの理論でアメリカ大陸の大地形の構造をみていくと，アメリカ合衆国の大部分は，古生代にできた超大陸パンゲアから分かれた巨大な北アメリカプレートに位置しており（図2.2），アメリカ本土48州とアラスカがそれに含まれる．ハワイ諸島は太平洋の真ん中にあり，

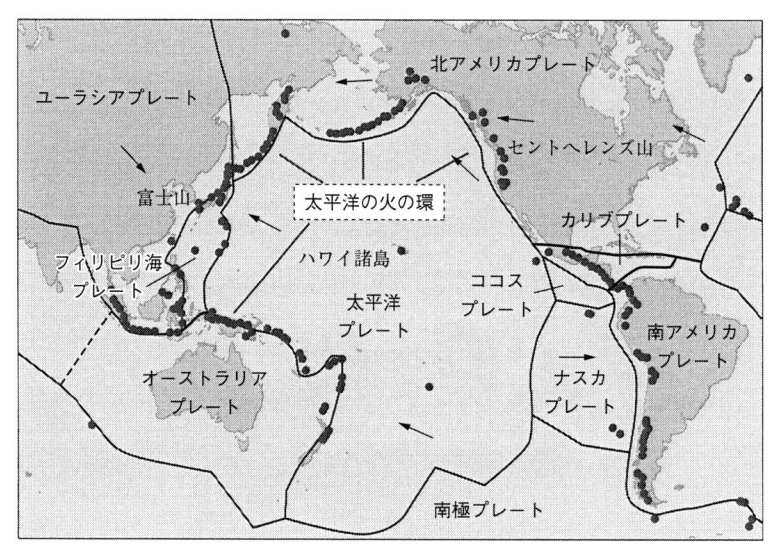

図 2.2 アメリカ大陸周辺のプレートと火山の分布（Arbogast, 2007 を改変）
⟵ プレートの移動方向，● 活動的な火山．

本土とは別の太平洋プレートにのっている．この2つのプレートは太平洋岸で接しており，その大部分はずれる境界である．北アメリカプレートの先端は，東北日本にまで拡がっていると考えられている．つまり，日本の一部はアメリカと同じプレートに位置する．

2.1.2 東部の山地と海岸平野

図 2.1 中の 1 の地域は，大西洋側のアパラチア山脈と内陸側のアパラチア高原に分けられる．

ニューイングランドからジョージア州まで，主として北東-南西方向に，大西洋の海岸線とほぼ平行するように連なるアパラチア山脈は，最高峰は標高 2000 m を少し超えるが，全体的に低い丘陵性の山脈である（写真 2.1）．古生代からの造山運動の影響を何回も受けて隆起したが，長い間の侵食作用の結果，高度を低くした．その東部は主脈となるブルーリッジ山脈で，その東側の大西洋側の山麓には硬い岩石からなるピードモントと呼ばれる台地が発達している．さらに東の海岸平野には崖を形成して続く．その崖沿いには，アパラチア山脈から流れ出て大西洋に注ぐ数多くの河川が滝や急流を形成する．水力を利用した産業の発達により多くの都市が成立し，それらは滝線都市と呼ばれる．ブルーリッジ山脈の西部では，褶曲作用を受けた地層の軟らかい層が侵食されて谷を

写真 2.1 アパラチア山脈（ヴァージニア州シェナンドーア国立公園）
遠景の定高性のある尾根は地層の褶曲構造を反映して直線的である．

形成し，リッジアンドバレーと呼ばれる，山脈と谷が交互に平行する山脈になっている．写真 2.1 のように，定高性のある直線的な尾根が何本も平行する景観がみられる．それらの間にある谷底平野は，早くから開拓され集約的な土地利用がなされた．リッジアンドバレーの西側に発達するのがアパラチア高原（台地）で，オンタリオ湖の南のニューヨーク州から，ケンタッキー州，テネシー州をへてアラバマ州の北部まで拡がる．

海岸平野は，図 2.1 中の 2 に相当し，フロリダ半島を含み大西洋沿岸からメキシコ湾沿岸のテキサス州まで拡がっている．中生代末以降の堆積

岩・堆積層からなり，ピードモント台地をはじめとする丘陵・台地・沖積平野からなる平坦な地域である．海岸線には沿岸州や三角州が多い．特に，アメリカ第一の流域面積と流量を持つミシシッピ川の河口部には巨大な三角州が形成され，さらに先端では鳥趾状(ちょうし)の三角州が発達している．

2.1.3 中央部の平原

西のコルディレラ山系と東のアパラチア山脈との間に拡がるのが，中央低地とグレートプレーンズの中央部（内陸）の平原地帯である．グレートプレーンズ（図 2.1 中の5）は，ロッキー山脈の山麓から東に緩やかに高度を減じながら，海抜約 500 m でその東の中央低地（図中の3）になる．

グレートプレーンズからロッキー山脈への地形的な変化は急激に起こる．標高約 1500〜1800 m から西側に向かって急に山地となる（写真 2.2）．表層には主としてロッキー山脈から侵食運搬された物質が堆積している．アメリカ中部の中心都市であるデンバーはロッキー山脈の麓にあり，その標高からマイルハイシティ（標高 1 マイル ≒ 1600 m の都市）と呼ばれている．ここに本拠のある NFL（アメリカンフットボールのプロリーグ）のデンバー・ブロンコスのホームスタジアムは，マイルハイスタジアムである．

五大湖周辺から南に広がる中央低地は標高 500 m より低い低地である．その北半の表層は，数度にわたる第四紀の氷河時代に形成された大陸氷河とその融氷水によって運ばれた堆積物が厚く覆っている．また，それらの作用によって形成された

写真 2.2 グレートプレーンズからロッキー山脈への急な地形変化（コロラド州ボールダー市）．

写真 2.3 大陸氷河に覆われた土地の地層（イリノイ州）
モレインやレス，融氷河流堆積物などで覆われている．

写真 2.4 大陸氷河のラテラルモレインの丘（イリノイ州）
周囲の畑はトウモロコシ畑．

各種の地形が発達している．細粒の土（シルト）から粗粒な砂礫まで，いろいろな大きさのものが場所によっては数十 m も堆積している（写真 2.3）．起伏が小さく，あまりはっきりとしない端堆石堤（ラテラルモレイン：写真 2.4）や，エスカー，ケイムやドラムリンなどの，判別できる氷河地形がたくさんみられる．

融氷水によって流された物質は，大陸氷河の南限（図 2.1(a)）よりもさらに南にも拡がり，非常に平坦なアウトウォッシュプレインを形成する．さらにレス（loess）と呼ばれる細土の一部は，その後の乾燥によって風で飛ばされ，さらに広い範囲（テキサス州やミシシッピ州まで）に堆積した．

2.1.4 西部の山地

太平洋岸からロッキー山脈の東端までの起伏のある部分はコルディレラ山系と呼ばれ，中生代白亜紀以降から造山運動が続いている新期造山帯の地域である．南アメリカのアンデス山脈も同じで，日本列島など太平洋の西側も含めて環太平洋

2.1 変化に富んだ地形　11

造山帯と呼ばれる地帯の一部である．この山系は基本的には海洋プレートが大陸プレートの下に沈み込むことによって形成された．

図2.1中の6はロッキー山脈で，北はアラスカからアメリカ本土のニューメキシコ付近まで連なる．最高峰のコロラド州のエルバート山（4398 m）をはじめとして4000 mを超える高峰が続き，小規模ながら現在も山岳氷河が発達しているし（写真2.5），氷蝕を受けた険しい山岳景観がみられる．2.1.3項で説明したように，ロッキー山脈の東限は平地から急に険しい山脈に移り変わる．これらの急な山地は，フロンティアの西進の妨げになった．

写真2.5 ロッキー山脈の現成の山岳氷河（コロラド州フロントレンジ）

コロラド高原（図2.1中の7）は，第三紀以降の隆起運動の結果，流下する河川による下方侵食が大きく進んだ地域で，それらの作用は1000 m以上にも及ぶところがある．グランドキャニオンをはじめとして，侵食作用による地形を発達させた．グランドサークルと呼ばれるザイオン，ブライスキャニオン，アーチーズ，キャピタルリーフ，キャニオンランドなどの国立公園はこの地域に集中しており，多様な景観をみせている．

ベイスンアンドレンジ（図2.1中の8）では，中生代からの造山運動で断層や褶曲が発達した．活発な断層運動によって地塁山地や地溝が形成され，おおよそ南北方向の山脈と盆地の列が形成された．その東部には，ユタ州にグレートソルト湖があり，西端のシエラネヴァダ山脈の麓にはデス

バレーがある．デスバレーの盆地底の標高は海面下86 mで，北アメリカの最低地点であり，極度の乾燥のため各種の風成の地形が発達する．

ワシントン，オレゴン，アイダホ州にかけて拡がるコロンビア高原（図2.1中の9）は，第三紀の玄武岩の溶岩台地である．コロンビア川は起伏の少ない高原を侵食し，深い渓谷を形成している．高原面のチャンネルスキャブランドでは，ミズーラ湖（コルディレラ氷床の末端が融氷水を堰き止めてできた湖）の，数度にわたる大規模な決壊によって大洪水が引き起こされ，大量の湖水が流れ出した際に形成した流路跡などの地形がみられる．

内陸山脈・高原（図2.1中の10）としては，ワシントン州からカリフォルニア州の北部まで続くカスケード山脈と，カリフォルニア州のシエラネヴァダ山脈がある．第四紀になって活動が活発になった火山が連なるカスケード山脈は，4000 mを超える高峰を持つ火山山脈で，富士山のような美しい円錐形の山容の火山が多い（写真2.6）．さらに，セントヘレンズ山などの多くの活火山も分布している．シアトル近郊のレーニア山（4392 m）は日本人移民に「タコマ富士」と呼ばれ親しまれた．多くの火山周辺地域は国立公園となっている．シエラネヴァダ山脈には，西部の最高峰ホイットニー山（4418 m）がある．この山脈も，開拓民が西海岸に達する際に最後の地形的障害になった山脈である．

海岸山脈（図2.1中の11）は大陸西海岸の太平

写真2.6 コロンビア高原の侵食谷とカスケード山脈の円錐形の火山「フッド山」（オレゴン州）

洋岸に平行して続く山脈である．この地域は，太平洋プレートと北アメリカプレートの2つのプレートの境界（ずれる境界）部分にあたり，地殻の活動が活発な変動帯である．そこには，たびたび大きな地震を発生させることで有名なサンアンドレアス断層（カリフォルニア州北部のメンドシノ岬からサンフランシスコを通り，メキシコとの国境までおよそ1000 kmの長さになる横ずれ断層）をはじめとして，多くの活断層が存在する．カリフォルニアの大農業地帯であるセントラルバレーは海岸山脈の東に拡がっており，シエラネヴァダ山脈との間にできた構造的な盆地である．アラスカ州では，アメリカ最高峰のマッキンリー山（6194 m）のあるアラスカ山脈が，海岸山脈の北端にあたる．

2.1.5 氷河の影響を受けた地形

北アメリカ大陸の北部は，第四紀の寒冷な氷河期には，コルディレラ氷床やローレンタイド氷床などの大陸氷河に覆われていた（図2.1）．最も南では，イリノイ氷期の氷床はセントルイスの南の北緯38°付近まで拡大していた．日本でいえば，東北地方あたりまで大陸氷河に覆われていたことになる．温暖な後氷期である現在でも，アラスカや太平洋岸のカスケード山脈，ロッキー山脈には山岳氷河が発達している．ロッキー山脈の南部では，現在でも北緯37°付近まで，小規模ながら山岳氷河が存在している（写真2.5）．

そのため，西側の山岳地帯はもとより中央の平原地帯にも，氷河期に発達した大陸の氷河氷やその融氷水の作用で堆積した地層と，それに起源を持つレス，そして氷河によって形成された地形が広く発達している．それらは現在の人間生活にいろいろな種類の土地や資源を提供している（写真2.7）．特に中西部の農業地帯は，かなりの範囲が大陸氷床の影響を受けた地域である．ニューヨークやシカゴなどの大都市も，北部の工業地帯も，かつて氷河に覆われた地域である．ロッキー山脈やカスケード山脈，アラスカなどの山岳氷河地形やその景観は，国立公園などに指定され，重要な観光資源にもなっている．

写真2.7　イリノイ州シカゴ郊外の砂利採取場
融氷河流堆積物の砂利を採取する．

2.2　多様な気候と植生

アメリカ合衆国には熱帯，温帯，冷帯，寒帯，乾燥帯，高山帯とすべての気候帯が存在している．最も簡略に表現すれば，「西の乾燥，東の湿潤」といえる．ケッペン（Köppen, W.P.）の気候区分に基づき，各気候帯について解説し，さらに各地域や季節にどのような気団が影響するかを成因論的に説明してみよう．それぞれの植生を中心とした気候景観，さらに，風に関係する現象として，地方風や竜巻などについても取り上げる．

東京の緯度（北緯35°）に近い都市を含め，各気候帯の雨温図（月平均気温と月降水量）を図2.3に示す（バロー，シカゴ，デンバー，ロサンゼルス，アトランタ，マイアミ，比較のため東京も示す）．さらに北アメリカの気温と降水量の分布図を図2.4に示す．なお，主要30都市の雨温図は，アメリカ干ばつ緩和センターのウェブサイトでみることができる．アメリカ各都市の気候データについては，アメリカ国立海洋大気庁（NOAA）のアメリカ気象局（National Weather Service）などのウェブサイトからも探すことができる．植生については主として『植生地理学』（林，1990）を参考にした．

2.2.1　ケッペンの気候区分に基づく各地の気候

ケッペンの気候区分による熱帯気候（A）の地域は，面積的には限られている．図2.5内ではフロリダ半島の先端に熱帯サバナ気候区（Aw）が存在するのみである．フロリダ半島では年平均気

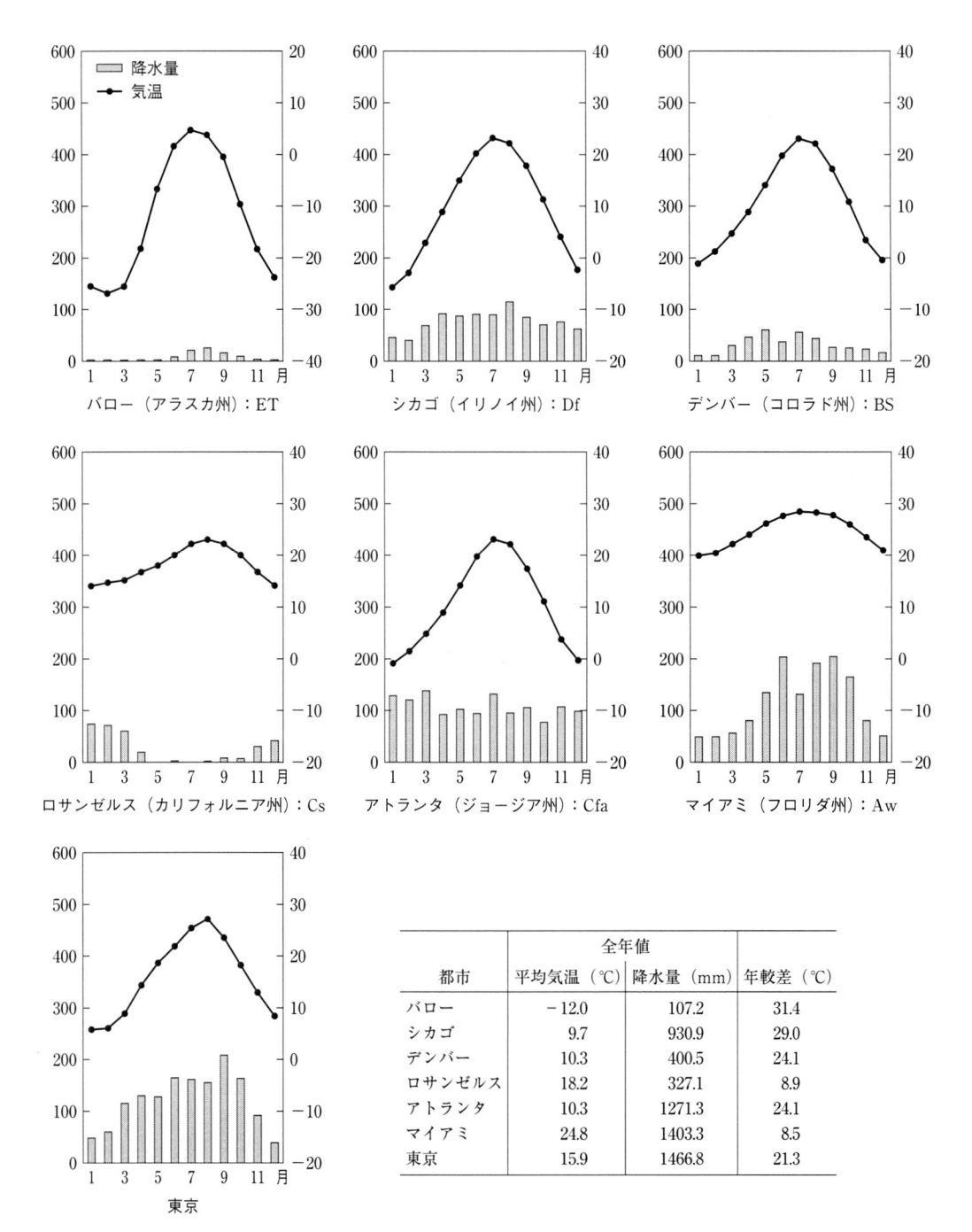

	全年値		
都市	平均気温（℃）	降水量（mm）	年較差（℃）
バロー	−12.0	107.2	31.4
シカゴ	9.7	930.9	29.0
デンバー	10.3	400.5	24.1
ロサンゼルス	18.2	327.1	8.9
アトランタ	10.3	1271.3	24.1
マイアミ	24.8	1403.3	8.5
東京	15.9	1466.8	21.3

図 2.3 諸都市の月別の気温と降水量（理科年表による，1971～2000年の平均）
左軸は降水量（mm），右軸は気温（℃）．都市名の脇の記号はケッペンの気候区分を示す．

温はおよそ 25℃ で降水量も多いが，冬季に大陸の寒帯気団の勢力が強いときには，その南下によって氷が張るような天気になることもある．図中には示されていないが，太平洋の北回帰線付近にあるハワイ諸島は熱帯雨林気候区（Af）であり，ハワイ島ヒロでは年降水量は 3000 mm 以上になる．

温帯（C）の地域は，太平洋沿岸部と大西洋沿岸部，さらに内陸部の西経 100°（年降水量 500 mm の等値線とほぼ一致する）以東に拡がる．太

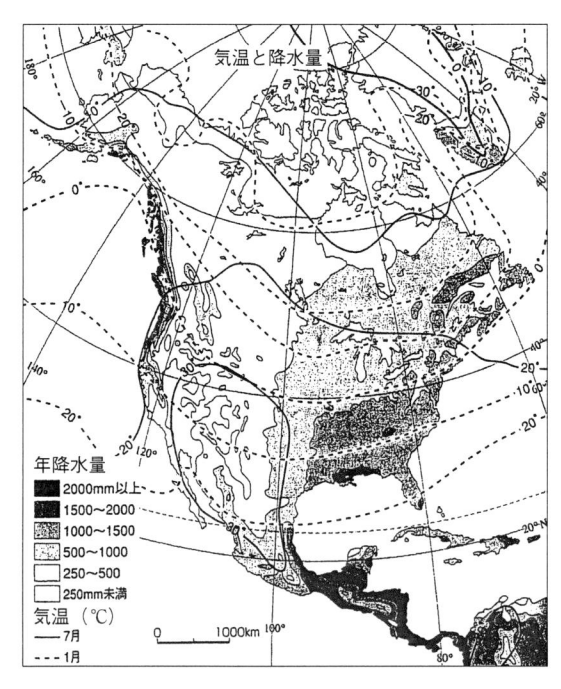

図 2.4 北アメリカの気温と降水量 (Good's World Atlas 2000 による)

平洋側（西海岸）では地形区分からすれば海岸山脈の範囲が温帯であるが，北部のワシントン，オレゴン州の沿岸部は，太平洋の影響を受けた西岸海洋性気候区（Cfb）である．中心都市シアトルは年平均気温11.3℃，年降水量947mmと，北緯48°という緯度にしては温暖で降水量も多い．樹高の高い針葉樹林など，温帯の雨林が発達し，森林資源として利用されている．カリフォルニア州北部の海岸沿いにあるレッドウッド国立公園には，海から湿った空気が流れ込むため，世界一の高さといわれる100mを超えるような針葉樹（レッドウッド：セコイア）の巨樹が生育している．太平洋岸では南へ行くほど乾燥しており，カリフォルニア州の多くは地中海性気候区（Cs）となっている．図2.3のロサンゼルスは年平均気温が18.2℃で東京よりも高いが，年降水量は327mmと少なく，特に夏は乾燥する．典型的な地中海性気候で，年較差は8.9℃と小さい．乾季があるために北部の沿岸部のような樹高の高い森林は発達せず，低木性の常緑の硬葉樹林となる．

大陸の中央部より東の大西洋側をみると，内陸部のアパラチア高原周辺は西岸海洋性気候区（Cfb）となっているが，その他は温暖湿潤気候区（Cfa）である．図2.3のアトランタ（北緯34°）は年平均気温10.3℃，年較差24.1℃，年降水量1271mmで，東京の平年値に近い．日本と同様に，熱帯性低気圧であるハリケーンの影響を受けることが多い．夏には高温多湿になるが，冬は比較的温暖である．しかし，フロリダ半島のサバナ気候地帯と同じように，大陸北部の寒帯気団の影響で，降雪があったり氷点下になる期間もある．植生は，内陸部に落葉広葉樹林，沿岸部では亜熱帯常緑広葉樹林がみられる．

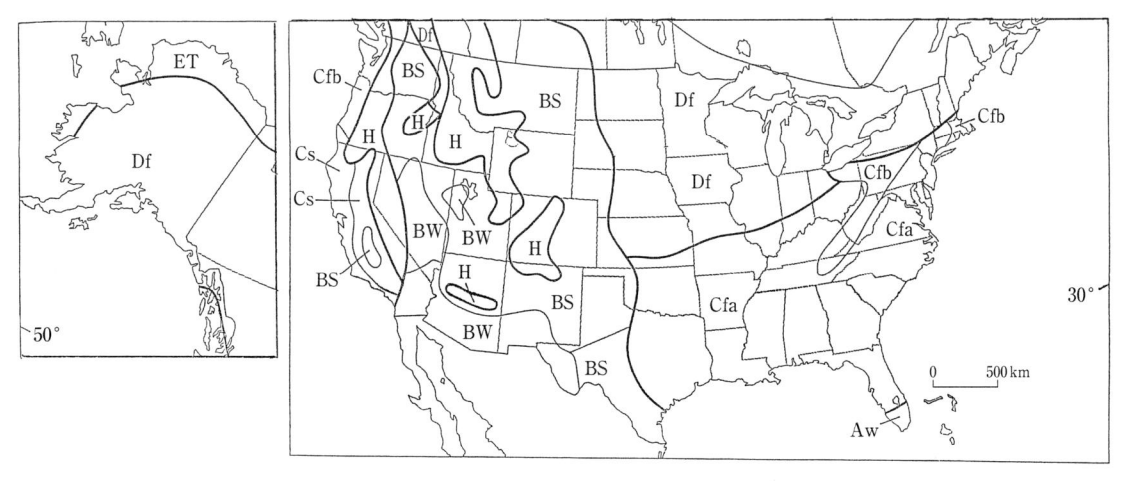

図 2.5 北アメリカのケッペンの気候区分 (Birdsall, et al., 1999を改変)
Aw：サバナ気候，BW：ステップ気候，BS：砂漠気候，Cfa：温暖湿潤気候，Cfb：西岸海洋性気候，Cs：地中海性気候，Df：冷帯湿潤気候，ET：ツンドラ気候，H：高山気候．

2.2 多様な気候と植生

冷帯（D）の地域は，アラスカ州の大部分と，本土の北部のカナダ国境側の中央低地からグレートプレーンズの西経105°付近ぐらいまで拡がり，冷帯湿潤気候区（Df）である．冬はかなり気温が低くなるが，寒帯の気候とは異なり，夏の気温は上昇する．ニューイングランドを中心とした大西洋沿岸地域では夏の気温上昇はそれほどでもなく，温和な気候である．落葉広葉樹林がみられ，秋の紅葉の風景が北アメリカで最も美しい地域である．降水量については，内陸部のグレートプレーンズにかけて徐々に減少するが，夏には熱帯気団の影響で，メキシコ湾から高温で湿潤な空気が入り込み，蒸し暑い気候となる．図2.3のシカゴの雨温図にみられるように，夏の気温は温帯と変わらないが，冬の気温は低くなり，年較差が約30℃にも達する．

寒帯気候（E）の地域はアメリカ本土にはなく，アラスカ州の主として北極海沿岸部に拡がっていて，永久凍土の発達が著しい．ツンドラ気候区（ET）では，夏の3カ月間ほどしか0℃を上回らない．植物の生育期間は短く，樹林のない小低木や草本やコケなどの生えるツンドラになっている．北極圏内の（北緯67°以北）地域では，バローのように，夏には白夜の（太陽が沈まない）期間が存在する．

おおよそ西経100°（年降水量500 mmよりも少ない地域，図2.4）から西側は，高山帯の部分と海岸部を除いて乾燥帯（B）の地域である．シエラネヴァダ山脈の東側の，地形区でいえばベイスンアンドレンジの地域，ネヴァダ州の大部分とユタ州の西側は，最も乾燥の厳しい砂漠気候区（BW）になる．それ以外はステップ気候区（BS）の半乾燥地帯である．この気候帯では，山脈が海洋からの湿潤な大気を遮ることと，内陸に位置するため，湿潤な空気が届きにくいことから乾燥が引き起こされる．砂漠気候の地域では，西側の海岸山脈が太平洋からの湿潤な大気を遮り，東側のロッキー山脈がメキシコ湾からの湿潤な大気を遮るため，特に乾燥が激しい．写真2.8は，塩類の集積（堆積）で白くなったデスバレー（カリフォルニア州）のプラヤ（盆地底の平野）である．降水は非常に少なく気温が高いため，蒸発量が圧倒的に多い．年間の総降水量は49 mm，7月の日最高気温の平均は46℃になる．ステップ気候の地域は，降水があり短い雨季も存在することから，本来の植生（原生植生）はプレーリーと呼ばれる高茎の草原（草丈の高い草原）であった．西のロッキー山脈に近づくにつれて草丈は短くなる．図2.3のデンバーにみられるように，グレートプレーンズ西端のステップ気候の都市では，約400 mmの年間降水量がある．ステップ気候は西に行くほど乾燥が厳しくなる．

写真2.8 デスバレー（カリフォルニア州）
塩類の集積したプラヤ.

コルディレラ山系のロッキー山脈やカスケード山脈，シエラネヴァダ山脈など，標高の高い地帯は高山帯（H）の気候区となっている．この気候帯にみられる森林はトウヒやモミなどであるが，標高が高くなると気温が低下し，樹木が育つために必要な温度条件がなくなるので，森林限界が形成される．森林限界以高は植生が少なくなり，特異な高山植生が発達し，ついには無植生の地域となる．

以上述べてきたように，アメリカ本土では，太平洋沿岸部に温帯気候が存在し湿潤であるが，西部は全体的に乾燥が著しい．本土の東部においては，中央低地のカナダ側は冷帯気候であるが，その他の大西洋岸やメキシコ湾岸では温暖で湿潤な気候がみられる．この地域では，ほぼ緯度帯に沿って高緯度になるほど気温が低下する．植生や農業地帯もそれに対応して変化する．図2.4にみられるように，1月（冬季）の平均気温の等値線は

ほぼ東西方向に描かれている．しかし7月（夏季）の場合，北緯40°以南，西経100°以西では，20℃と30℃の等値線はともに南北方向に描かれている．コルディレラ山系をみると，乾燥地域の気温は内部ほど高温となる．

2.2.2 アメリカ周辺の気団

アメリカ本土の各地の気候に影響する気団の発生地域やその移動方向と性質を図2.6に示す．これらの気団は，アメリカ周辺では図中の矢印にみられるように，地形的な制約から主として南北に移動し，暖気や寒気および海洋からの水分を運ぶ．概観すると，太平洋上の北部には海洋性の寒帯気団，南部には海洋性の熱帯気団がある．カナダの北の北極海上には極気団が，大陸中央部のカナダ南部には大陸性の寒帯気団が，メキシコとの国境付近には大陸性の熱帯気団が存在する．大西洋のカナダの北東海上には海洋性の寒帯気団があり，大西洋岸の南部のフロリダ半島の沖には海洋性の熱帯気団がある．カリブ海からメキシコ湾岸にも海洋性の熱帯気団が存在する．

高緯度で発達した大陸性の寒帯気団は，特に冬季の気候に大きく影響する．寒冷で乾燥したこの気団は，アメリカ大陸の中央部を南下して冬の冷たい空気をもたらし，勢力が強ければメキシコ湾岸にも達するばかりでなく，アパラチア山脈を越えて大西洋側にも達する．テキサス州やフロリダ州でも氷点下になることもある．さらに，寒帯気団より高緯度で発生する，より寒冷な極気団が南下することがある．アジア大陸のシベリア上空で発生した大陸性極気団が，移動する過程で北極海上を通りさらに冷やされてアメリカ大陸に到達し，大陸を急速に冷やしながら南下することもある．このような極気団の移動はシベリア急行（Siberian Express）と呼ばれている．これらの寒気は低気圧の移動と関連して，ブリザードと呼ばれる暴風雪（冬の嵐）をもたらす原因にもなる．本質的には乾燥した寒気であるが，アメリカ合衆国のカナダ国境には五大湖という広大な水面が存在するため，その上空を通過する際に水分が供給され，湖の風下側に多量の降雪をもたらすことがある．このような現象を湖効果（lake effect）と呼ぶ．これは冬季に日本海側で多雪になるメカニズムと似ている．

太平洋と大西洋にはそれぞれ海洋性の寒帯気団が発達する．どちらも海洋性のため，湿潤で寒冷な性質を持つ気団であるが，大陸性の気団よりは穏やかで温度が高い．太平洋のアラスカ沖から南下してくる気団は，太平洋岸のワシントン州やオレゴン州の西岸海洋性気候の地域に大量の水分を供給する．冬季にカスケード山脈に大量の降雪をもたらし，多くの山岳氷河を発達させ，さらに低地では温帯の雨林を発達させる．大西洋ではグリーンランドの南，カナダの東に海洋性の寒帯気団が発達し，これも大西洋岸に沿って南下することがある．アメリカ大西洋岸では，この気団の大気が移動性の温帯低気圧の影響を受けると，陸地に強く流れ込む．この風は一般にノースイースター（northeaster，短く縮めてnor'easter）と呼ばれる北東の風である．反時計回りに吹く北半球の低気圧周辺の風は，その北西側では北東からの風となり，低気圧の位置によっては「大西洋から大陸への北東風」となる．この強風が沿岸部に高波・高

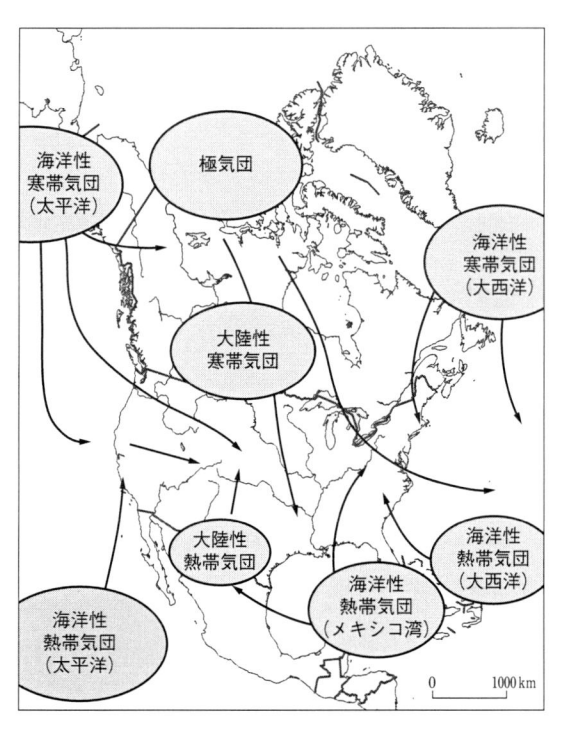

図2.6 気候に影響を与える気団とその動き（Aguado and Burt, 2007を修正）
矢印は気団の移動方向を示す．

潮・洪水の被害，さらには海岸侵食など，いろいろな影響をもたらす．1年中発生するが，晩秋から早春にかけて多くなる．冬ならば大雪の被害をもたらすこともある．これらの現象はニューイングランドから南部の海岸地方で著しい．

熱帯気団についてみると，太平洋のメキシコ沖，メキシコ湾，大西洋のフロリダ半島沖に海洋性の気団が，メキシコとの国境付近に大陸性の気団が発達する．太平洋の熱帯気団は，カリフォルニア沿岸部に水分をもたらし雨や霧を発生させるが，カリフォルニア沖の海流は寒流のため，あまり高温にはならない．さらに海岸山脈があるため，内陸まで供給される水分は少ない．メキシコ湾や大西洋の熱帯気団は，アメリカ南部や東部で，特に春から夏にかけての気候に大きな影響を与える気団である．高温多湿で，中央の低地や太平洋岸を長い距離にわたって内陸へと，その性質をあまり変えることなく北上する．雷雨や竜巻などの激しい大気現象を中央部に多く発生させる原因となる．その影響は国境を越えてカナダにまで及び，夏季には高温多湿の空気が入り込む．冷帯にあるシカゴの夏の月平均気温（図 2.3）は，南部のアトランタと変わらない．中央平原から東側は地形的に起伏が少なく大気の移動を妨げるものがないため，南から北上する暖気も，北から南下する寒気も，長い距離を移動できる．もう1種類は大陸性の熱帯気団で，メキシコ国境付近に発生する高温乾燥の気団である．地形区分でいえばコロラド高原からベイスンアンドレンジに相当するステップ気候・砂漠気候の地域は，この気団の影響を大きく受ける．水蒸気が少なく雲が発生しにくいので，地表は太陽の放射を多く受けて熱せられる．

2.2.3 竜　　巻

竜巻はアメリカ合衆国で大きな災害をもたらす大気現象であり，その数も被害額も世界で最も多いとされる．発生した竜巻すべてが観測されるわけではないため，正確な発生数は不明であるが，全米で毎年1000以上の竜巻が報告され，およそ80人の死者，1500人以上の負傷者を出している．アメリカ国立海洋大気庁のデータによれば，2007～2009年の3年間の平均では，発生回数1315回，死者数76人であった．2000～2009年の最近10年間の平均では1277回である．監視網の発達にも関連してくるが，近年その発生数は増加傾向にあり，20世紀後半で2倍近くになった（地球の温暖化現象との関係ははっきりしていない）．

竜巻の発生は中西部のミシシッピ河谷から五大湖周辺に多く，これらの地域は「竜巻回廊（トルネードアレイ）」と呼ばれている．竜巻回廊は地形的には中央平原で，北からの大陸性の寒帯気団と南からの海洋性の熱帯気団がぶつかりやすい地域である．4月～7月の春から初夏にかけては大気の状態が非常に不安定で，竜巻が多く発生する．1950～1995年の月別のデータを平均すると，5月と6月にピークがあり，この2カ月で年間の3分の1くらいの発生数になる．州別の総発生数では，テキサス，オクラホマ，カンザスが上位3州である．単位面積あたりの発生数を比較すると，図2.7のようにオクラホマ州が最多となる．

竜巻はいつどこで発生するかを予測することが非常に難しい．つまり防災対策がとりにくく，その局地的な強風によって大きな災害をもたらす．発生しやすい大気の状態になると竜巻注意報が出される．さらに，実際に竜巻が発生（「渦巻きがタッチダウンする」と表現）して，やっと警報を発するという手順になる．かなり速いスピードで移動して線的に被害をもたらすため，避難しにくい．なかには，その魔力的な渦巻き状の雲と現象に魅せられて，竜巻の発生を追う人たち「トルネ

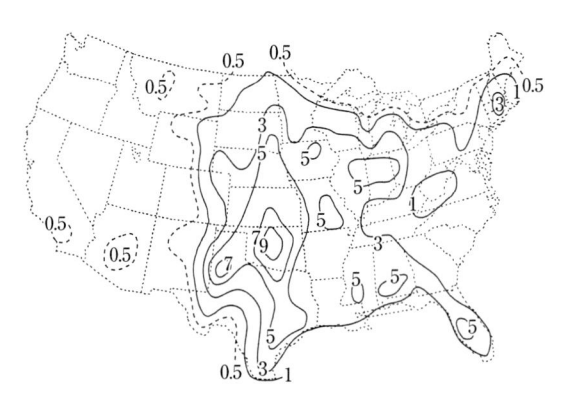

図 2.7 竜巻の発生頻度（Bluestein, 1999 による）
緯度経度1°の半径の円内での年間発生件数（1956～1976年）．最高値の10.5はオクラホマ州中央部．アメリカ気象学会の資料による．

ードハンター」も存在する．さらに近年では，その発生を追う「トルネードツアー」まで企画されるようになった．

2.2.4 地方風（局地風）

気圧配置や地形など，それぞれの地域に独特の自然条件によって，限られた範囲に吹く風を局地風あるいは地方風と呼んでいる．アメリカ合衆国にもよく知られた地方風がある．

シヌーク（シヌック：Chinook）と呼ばれる地方風は，広くはカナダからニューメキシコ州付近までのロッキー山脈の東側に吹き出す風を指している．その名前の由来は，シヌークインディアンの住んでいた方向から吹いてくる風であるため，あるいはシヌークインディアンがそのように呼んでいたためなどといわれている．上空を吹く偏西風と直交して南北に連なるロッキー山脈があり，その東側の斜面に乾燥した強風として吹き降りてくる温度の高い風である．コロラド州のデンバーやボールダー（写真2.2）などの東山麓にある都市では，強風を伴う高温の風が吹き，災害を引き起こすこともある．乾燥した風が山脈を越えて吹き降りるためフェーン現象が起きる．山麓では短時間に20℃くらい温度が上昇することもあり，春先などに発生すると急速に雪を溶かし，スノーイーター（雪喰いさん：snow eater）とも呼ばれる．乾燥しているため，極端な場合は雪が昇華（固体の雪から直接蒸発）することもある（吉野，1989）．

サンタアナは，カリフォルニア州のロサンゼルス盆地に吹く，高温で乾燥した風のことである．北アメリカ高気圧から吹き出し，ロサンゼルスの東にあるモハーヴェ砂漠で高温乾燥になり，シエラネヴァダ山脈内のサンタアナの谷を吹き抜け，東から北東の風となって盆地に吹き出してくる．フェーン現象も起き，乾燥が著しいので森林火災を発生させやすい．この地域の植生は，チャパラル（chaparral）と呼ばれる矮性のカシの灌木で，油分に富んだ燃えやすい灌木林である．サンタアナは数日間継続することもある．

2.3 環境問題と環境保護の思想

2.3.1 環境問題

大気汚染の問題で世界の先駆けとなって注目されたのは，ロサンゼルスで発生した光化学スモッグである．現在，光化学スモッグは日本をはじめ世界各地で発生しているが，最初に問題となったのは自動車社会のアメリカ合衆国で，しかもその依存度が大きかったロサンゼルスである．本来スモッグ（スモーク（煙）とフォッグ（霧）が混ざった状態）とは，石炭を燃焼させることによって黒い煤煙が大量に排出され，大気中に浮遊し大気汚染を発生させた現象である．世界に先駆けて石炭による産業革命を果したイギリスのロンドンで，初めて大きな問題となった．一方，光化学スモッグは，主として石油の燃焼によって大気中に大量に排出された窒素酸化物や炭化水素が紫外線に反応（光化学反応）し，オキシダントを生成することによって発生する大気汚染である．光化学スモッグは，黒色の煤煙が出ないため発生しても視覚的には分からず，白いスモッグともいわれる．また，黒いスモッグはロンドンで問題になったことからロンドン型スモッグと呼ぶのに対して，白いスモッグはロサンゼルスで最初に問題となったため，ロサンゼルス型スモッグとも呼ばれる．

ロサンゼルスで光化学スモッグが高濃度に発生した要因はいろいろある．社会的背景として一番大きいのは，高度の車社会である．光化学スモッグが発生するようになった1つの大きな要因は，エネルギー革命により燃料が石炭から石油に替わったことである．ロサンゼルスの場合は自動車の排気ガスが原因であった．さらに自然的要因として，地形や気候も大きく作用している．カリフォルニア州の海岸部は地中海性気候で，特に春から初夏にかけては気温が上昇し，天気が良く，降雨は少ない．この日射が多く気温も高いという条件は，光化学反応を促進させる要因となる．日中に多く発生したオキシダントは太平洋からの海風によって内陸に移動させられるが，ロサンゼルスおよび周辺の郊外は，北側と東側を山地に遮られる盆地状の地形であるため，汚染物質が滞留してし

まう．図2.8の矢印は海風を表しており，その方向（風下側）の特に北部の地域に高濃度の範囲が現れている．さらに天気の良い季節には，夜間に気温の逆転層が発生することが多く，汚染物質が地表面近くに滞留する．冬季には，気温が下がり降雨も多くなり，光化学スモッグ発生の要因は弱くなる．また，局地風であるサンタアナが北東から東の風となって吹くと，汚染物質を拡散させる．Aguado and Burt（2007）によれば，1960年代には，多いときには1日に2200tの炭化水素と1200tの窒素酸化物が排出された．その後，自動車排気ガスのチェックやガソリンや給油方法の改良など，いろいろな法的規制が始まり，ロサンゼルス周辺の光化学スモッグ警報の発生回数は減少した．20世紀末には，テキサス州ヒューストンにオゾンの集積量の全米第1位の座を明け渡した．

ロンドン型の大気汚染に関しても，1948年に発生した「ドノラ事件」にみられるように，アメリカ合衆国でも早くから問題となった．地形区分ではアパラチア高原の丘陵性の地域で，そこを流れるモノンガヒラ（Monongahela）川の谷底平野に位置するドノラ（ペンシルヴェニア州ピッツバーク近郊）で発生した大気汚染問題は，大気汚染問題史上に大きく残るものである．秋に高気圧に覆われ1週間ほど安定した状態が続いたドノラの町で，大気汚染の煤煙の影響で20人ほどの死者が出て，さらに多くの市民が身体被害を訴えた．町はアパラチアの石炭や鉄鉱石を原料に発達した，鉄鋼を中心とする工業地帯にあり，周辺の工場（亜鉛の精錬所，硫酸の製造工場，製鉄所など）から亜硫酸ガス（二酸化硫黄）が排出されていた．大気の状態が安定して気温の逆転が起こり，排出された汚染物質が斜面を下る冷気に乗って，谷底の市街地を覆う大気に集中したために悲劇が起こった．

図2.9は化石燃料からの二酸化炭素排出量の分布（予測）を示す図である．色の黒い部分が排出量の多い地域で，太平洋の沿岸地域と東部に目立って多くなっている．東部でも大西洋岸のメガロポリスから五大湖の南側にかけて，特に色が濃い．中央部でも，ダラスやデンバーなどの大都市では色の濃い部分が目立っている．さらに，都市を結ぶ道路も黒い線として読み取れる．排出量の多い地域は，人口が集中し，経済的および社会的活動が活発な地域に対応している．

二酸化炭素に限らず大気汚染物質は同じような分布をみせるが，酸性雨の被害は乾燥して降雨の少ない地域ではあまり大きくない．北東部の湿潤な地域には少し被害がみられる．

本来ならば自然が多く残されている国立公園においても，都市域から移動してくる大気の影響で汚染がみられるようになった．東部のアパラチア山脈にあるグレートスモーキーマウンテン国立公園は，周辺の都市部から入り込む汚染物質の影響で，視界が悪くなったり酸性雨の被害もみられる．オキシダント濃度も高くなっている．西海岸

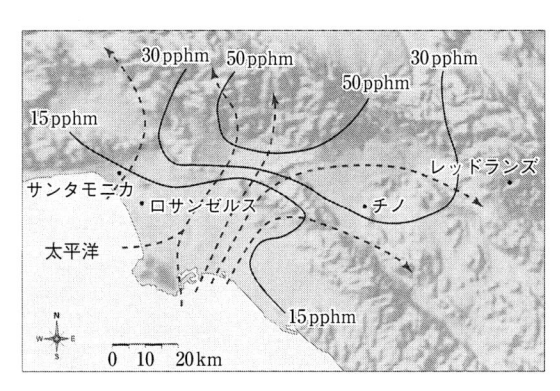

図2.8 ロサンゼルス周辺のオゾンの分布（Aguado and Burt, 2007を修正）
1973年7月25日16：00〜17：00の間．高濃度域が北東部に存在する．破線矢印は風向．

図2.9 化石燃料から放出される二酸化炭素（CO_2）の分布予測（Purdue Universityによる）
2002年のデータによる．大陸内の黒色の濃い部分は放出量が多い．

では、カリフォルニア州のセコイアとキングスキャニオン国立公園は、国立公園の中で最も大気汚染が深刻な公園といわれ、ひどいときには公園内での激しい運動を控えるよう注意をすることもある．

土壌侵食の問題は，ヨーロッパからの移民が西へと開拓を続けたことによって始まった．先住民は採集・狩猟を行い移動する生活形態をとっていたため，土壌を掘り起こして作物を長い期間にわたって耕作することはなかった．しかし，移民は開拓しながら農耕地を西へと拡げていった．乾燥したグレートプレーンズの本来の植生は，東から西へ行くに従って草丈が短くなる草原である．土壌は栄養分に富んでいたため耕作するには条件は良かったが，農耕を開始したために土壌が露出し，風食（風による除去）が容易に進んだ．このような状態が最も激しくなったのは，ちょうど大恐慌時代の1930年代中頃で，干ばつで乾燥化がいっそう進んだ時代と重なる．カンザス州を中心にオクラホマ州，ネブラスカ州，コロラド州，ニューメキシコ州，テキサス州などでその被害が大きかった．

非常に細かい土（シルト：細土）が強い風によって大量に巻き上げられ吹き飛ばされる．その大量の土埃りのために，日射はもとより視界さえも遮るほどの砂嵐の状態（ダストストーム）になり，「黒いブリザード」と呼ばれて恐れられた．ダストボウル時代といわれる1930年代中頃の数年間で，視界を遮るような厳しいダストストームが300回以上も発生した．そのため多くの農民が耕作地を放棄してカリフォルニアへ移住するという，ジョン・スタインベック（Steinbeck, J.E.）の『怒りの葡萄』に描かれる状況がもたらされた．その後，再び入植した人たちは，この風食を防ぐために防風林を設置したり灌漑を行ったり，作物を全部収穫しないで一部を残すなど改善に努めた．しかし，現在でもまだ耕地における土壌侵食の問題は続いており，西部の乾燥気候下にある地域では土壌の流亡は顕著である．

2.3.2 環境保護の思想

先住民は森林や草原（プレーリー）で自然と共生していたため，ヨーロッパ人が入植する以前は，中央低地から東はほとんど森林で覆われていた．入植が始まると，ヨーロッパで行われていた農業が導入され，森林は失われて耕地化が進んだ．つまりウィルダネス（Wilderness，手つかずの原生自然）の喪失が急速に進行したため，その保護が必要となった．1872年に世界で最初に国立公園を指定したのはアメリカ合衆国であり，現在のものとは少し異なるが，1916年には国立公園制度を発足させた．現在は「国立公園システム（National Park System）」と呼ばれる組織を確立し，内務省国立公園局が管理している．そのもとになった，自然景観を保護するための公園はNational Parks（一般には「国立公園」と訳す）と呼ばれている．このシステムの成立から発展の過程をみると，アメリカ人の自然環境に対する考え方がみえてくる．ジョン・ミューア（Muir, J.）などの文化人が，ウィルダネスを残そうと運動を始め，第1号に指定されたのがイエローストーン国立公園である．この世界初の国立公園に関連したいくつかの最近の問題を考えることで，環境思想の源に触れることができる．その1つは山火事（Wildland Fire，一般的にはwildfire．野火，森林火災などとも訳される）である．他の問題としてはオオカミの復活に関する論争や，バイソンの保護に関わる問題がある．

山火事は，乾燥地域の多いアメリカ合衆国では大きな問題を引き起こす自然災害で，その発生原因としては自然発火もあるし人為的な発火もある．自然発火の原因で圧倒的に多いのが落雷で，その他にも熔岩流の噴出によるものもある．各地の国立公園で山火事が発生しており，国立公園局にはその対策部署が設けられている．イエローストーン国立公園内でも，6月中旬過ぎから落雷による山火事の発生が多くなる（同公園のウェブサイトによる）．2000～2009年の最近10年間の平均では，公園内で毎年30件もの山火事が発生しており，その大部分は落雷による．多い年には77件も発生している．

1988年のイエローストーン国立公園の山火事は，保護された国立公園内で発生した山火事にど

のように対処するかで世論を大きく賑わせた．おおよそ50地点で山火事が発生し，1988年7月中旬から公園面積の約45％が焼失した．1987年までの数年間は平年より降水が多く乾燥度が低い状態であったが，1988年は6月から，それまで経験したことのない乾燥した状況であった．1972年に山火事に対する新しい指針ができてから，1987年までに200以上の山火事が発生したが，広い面積を消失する前に自然に鎮火した．しかし1988年の場合は，極度の乾燥のために自然に鎮火せず拡大したため，山火事制御計画（Fire Management Plan）に従い消火活動が行われた．火災は初雪の降る9月中旬頃にやっと下火になり，11月まで続いた．公園内では，立ち入りを規制する地区が設けられたり，宿泊や管理の施設が火災の危険にさらされた．さらに公園外の近隣地域にも火災の危険が迫り，被害の拡大を恐れて消火活動が行われたが，マスコミも注目し，消火活動の是非について世論を巻き込んだ論争が展開された．

　国立公園内の植生は山火事に適応している．公園内の森林の約80％を占めるヨレハマツ（ロッジポールパイン：lodgepole pine）もそうであるが，「まつぼっくり」は山火事の熱によってかさを開き種子を散布する．急速に成長する種や，地下茎で拡大していく種も，やはり山火事に対して適応性がある．草原や灌木は20〜30年で，森林は300年以内でおおよそ回復すると考えられる（写真2.9）．落雷による山火事は植生の遷移に重要な役割を持つと考えられ，できるだけそのままにしておくという方針である．このときの山火事の被害総額は300万ドルにのぼると推定されるが，それが自然の更新である以上，なるべく消火活動は行わないという考え方は，他の保護されている森林地帯と同様である．公園内では死者を出すことはなかったが，多くの動物は焼死した．

　イエローストーン国立公園の周辺（ワイオミング，モンタナ，アイダホ州）では，オオカミは人間や家畜に大きな影響・被害を与えたため，1930年代までに駆除され絶滅した．現在，アメリカ本土ではオオカミは絶滅危惧種に指定（2008年には一時，指定から外されることになったが，その処置は停止している）されているが，本来は食物連鎖の頂点に立つオオカミが存在して生態系が成り立っていた．オオカミがいなくなると，エルク（ヘラジカ）やコヨーテなどの動物の個体数が増加し，その結果，それらの食糧・餌となる他の生物，草原の草やジリスなどの小動物が減少するという環境の変化（生態系の乱れ）が起きた．そこで，アメリカ魚類野生生物局は1995〜1996年に66頭のオオカミ（ハイイロオオカミ）をカナダから導入し，再び解き放った．その結果，2008年にはこの地域で1600頭以上のオオカミの生息が確認されるようになった．エルクやコヨーテは減少し，その食糧となっていたポプラや小動物などは増加した．川岸の植物が増え，ビーバーなどの動物も増加し，それに伴い土壌が安定し水面が復活するなど，本来の生態系に戻り始めている．生物の多様性を維持するためには都合の良い傾向であるが，公園外の周辺の農家などでは，ウシやヒツジなどの家畜が襲われ殺される被害が増加してきた．2008年には500頭以上の家畜が被害にあった．オオカミの犠牲となったことが証明されれば補助金は出るが，その判定は難しい．さらに，近くにオオカミが生息しているということが家畜にとってストレスとなり，商品価値に影響を与えている．そのため，州政府などが頭数を決めてオオカミの駆除を再開した．自然保護団体や観光客などは生態系の復活を歓迎しているが，地域での生活者や狩猟家などは反対し，世論の関心を大きく集めるところとなっている．今のところは，オオ

写真2.9 山火事後の森林の再生（約20年経過）イエローストーン国立公園（ワイオミング州）．

カミとの共存の道を模索している段階である．

オオカミのほかにも人間によって大量に殺戮されて絶滅しそうになった種は多く存在する．イエローストーン国立公園に関係するものとしてはバイソン（アメリカバイソン：バッファローともいう．ウシ科の草食動物で，主として草原に生息する）もその一例である．ヨーロッパバイソンの野生種は絶滅したが，アメリカバイソンの保護は成功し，絶滅は免れた．かつては数千万頭ものバイソンが北アメリカに生息していたと考えられているが，19世紀後半には数百頭しか生息していなかった．これほどの短期間での大規模な減少は，ヨーロッパからの入植者によって生息地域が奪われ，さらに肉や毛皮を取るための大量殺戮が行われたことによる（藤原，1976）．先住民にとっても，バイソンは肉や毛皮だけでなく多種多様な物資を与えてくれる資源であった．絶滅の危機にさらされたバイソンは，モンタナ州の国立バイソン保護区（写真2.10）をはじめとして，ウィンドケイブ国立公園（サウスダコタ州）やイエローストーン国立公園など各地で保護され，数万頭にまで回復した．中でも国立バイソン保護区はモンタナ州西部に1908年に設立され，以後その保護活動の中心となり，現在でもおよそ7600 haの土地に300～500頭のバイソンが生息している．国立バイソン保護区は野生生物保護区の先駆けで，バイソンが生息できる自然環境の保全が最初の目的であったが，それはその他の野生生物を保護することにもなり，現在は多くの生物種が保護されている．保護の中心はアメリカバイソン協会（American Bison Society）で，その他にも多くの野生生物保護団体が各地で活動を行っている．バイソンを家畜として飼育し利用する人・企業の団体であるナショナルバイソン協会（National Bison Association）によれば，2009年現在，全米の約4400カ所でバイソンが飼育され，5万頭以上を処分し利用しており，大きな産業となっている．保護区で適正生息数以上になった余剰バイソンも，食肉用などに払い下げられている．

これまで述べてきた例のように，わずかに残されたウィルダネスを残そうとしたり，生物の多様性を保護しようとする行動は行政レベルでも市民レベルでも行われている．どのような保全の形態がよいか，現在の地域の生活者の生活をどうするかなど，この国は，共生の道を模索中である．

2.4 自然災害

図2.10はアメリカ合衆国における主要な自然災害発生地域の地理的分布を示している．この図にはブリザードや津波，竜巻，山火事，干ばつ，地盤沈下，海岸侵食などの自然災害は示されていない．

河川の氾濫による自然災害として，小規模な洪水は各地で発生しているが，アパラチア山脈周辺やコロンビア川，コロラド川流域などで発生頻度が高くなる．大規模な洪水は，ミシシッピ川流域

写真2.10 国立バイソン保護区（モンタナ州）

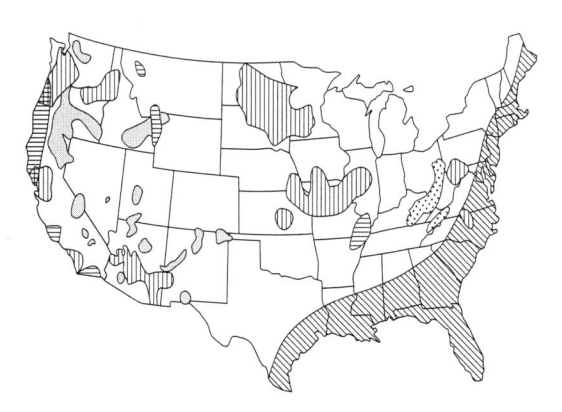

図2.10 自然災害の発生しやすい地域（アメリカ地質調査所の資料を加筆修正）
大きな洪水の発生域（1993～1997年に3回以上），地震，火山噴火災害（過去1万5000年間），地すべり，ハリケーン．
ブリザードやアイスストーム，竜巻，津波の被害を受けた海岸線，山火事などは示されていない．

の特に上・中流域で多く発生する．近年では「1993年大洪水」と呼ばれる洪水が挙げられる．例年にない異常な降雨と上流域での融雪水が重なり，4～6月にかけてアイオワ州，ミズーリ州などで，本流ばかりでなく支流においても氾濫による大きな被害が広範囲に発生した．人的な被害はそれほど多くなかったが，被害総額は100億ドル以上と，今までにない大きな被害が発生した．

ハリケーン（熱帯性低気圧の発達したもの．台風と同じ）は，大西洋の低緯度地域で発生しアメリカ本土に近づき，北緯30°付近で北西から北東へ方向を変えることが多い．すべてが上陸するわけではないが，大西洋岸南部～フロリダ半島，メキシコ湾沿岸から上陸することが多く，これらの沿岸地域に毎年のように多大な被害が発生している．近年で最も大きな被害をもたらしたハリケーンは，2005年8月にミシシッピ川河口のニューオーリンズを襲った「カトリーナ」である．最終的に4000人以上の死者が出たといわれる．ハリケーンそのものも強大であったが，大河ミシシッピの河口の広大なデルタ地帯が都市化した地域は，高潮や高波の被害を受けやすい低地帯である．こうした自然的要因に加えて，大きな水害をもたらした堤防の決壊は不十分な建設工事が原因とされ，災害避難に際しても対応が不充分であったことが指摘されるなど，社会的な要因も多く存在した．先進国アメリカで発生した大規模な自然災害として，世界から注目された．

竜巻は前述のように，竜巻回廊と呼ばれる中西部のグレートプレーンズで多く発生している．

地すべり災害の多い場所は，アパラチア山脈，ロッキー山脈，太平洋沿岸部などの山がちな地域に多くみられる．降水量や人口の密集度とも関わりがあり，東部のアパラチア山脈周辺に面積的により広く存在している．

火山災害や地震災害（津波災害も含めて）はアメリカ西海岸に多く発生する自然災害である．これは，この地域がプレート境界の変動帯である環太平洋造山帯に含まれ，火山活動や地殻変動が活発であることに起因する．ハワイ諸島やアラスカの火山活動はより活発で，現在でもたびたび噴火活動がみられる．アメリカ本土ではカスケード山脈に多くの活火山が連なっている（2.1.4項参照）が，1980年にワシントン州のセントヘレンズ山が大規模噴火をしたほかは，開拓民が西海岸に到達して以後に大きな噴火はなかった．ただし，シアトル近郊のレーニア山などでは噴火活動に伴う泥流が市街地付近まで達しており，その危険性は注目されている．シエラネヴァダ山脈のカリフォルニア州で一番南に位置するラッセン火山は，1914～1915年に小規模な噴火をしている．

地震災害やそれに伴う津波は，太平洋沿岸部でかなり頻繁に大きな災害を引き起こしている．特にカリフォルニア州にある大きな活断層のサンアンドレアス断層（2.1.4項参照）付近では顕著である．1906年のサンフランシスコ地震をはじめとして，近年では1971年のサンフェルナンド地震，1989年のロマプリータ地震，1994年のノースリッジ地震と，ロサンゼルスやサンフランシスコなどのカリフォルニアの都市部が被災している．このような経験から，カリフォルニア州では建築用居住許可申請のために，活断層法（建物を少なくとも活断層から15m以上離さなければならない）が制定されている．そのため，活断層線に沿って緑地帯が出現している．西海岸北部のワシントン州やオレゴン州でも大きな被害の出る地震を経験している．1700年にワシントン州北部を震源として発生した北カスケーディア地震（マグニチュード7.4）は大きな津波を発生させ，アメリカ太平洋沿岸はもとより，日本の太平洋沿岸部にも津波の被害をもたらした．岩手県，静岡県，和歌山県に残る史料によれば，1月27～28日に，チリ沖地震津波より高い，高さ数mの津波が宮古，津軽石，三保，田辺などに到達して被害が出ている（日本では元禄津波と呼んでいる）．これらの記録と太平洋を横断する津波の速度から，アメリカ時間の1月26日に地震が発生したと考えられる（Atwater, 2005）．この地域の先住民には，地震や津波に関する言い伝えが多く残っている．

［原　芳生］

引用文献

田瀬則雄（2006）：北アメリカの自然環境・生態．〈朝倉世界地理講座13〉アメリカ・カナダ（小塩和人・岸上伸啓編），pp.3-20，朝倉書店．

林 一六（1990）：〈自然地理学講座5〉植生地理学，269p.，大明堂．

藤原英司（1976）：アメリカの野生動物保護，188p.，中央公論社．

吉野正敏（1989）：風の世界，224p.，東京大学出版会．

Aguado, E. and Burt, J.E.(2007)：*Understanding Weather & Climate, 4th ed.*, 562p., Pearson Prentice Hall.

Arbogast, A.F.（2007）：*Discovering Physical Geography*, 624p., John Wiley and Sons.

Atwater, B.F., et al. (2005)：*The Orphant Tsunami of 1700*（みなしご元禄津波），133p., United States Geological Survey Professional Paper 1707.

Birdsall, S.S., et al. (1999)：*Regional Landscape of the United States and Canada, 3rd ed.*, 450p., John Wiley and Sons.

Bluestein, H.B.（1999）：*Tornado Alley-Monster Storms of the Great Plains*, 180p., Oxford University Press.

Chadwick, D.H.（2010）：Wolf Wars, National Geographic, **217**(3)：34-55 ［チャドウィック，D.H.（2010）：オオカミとの戦い．ナショナルジオグラフィック日本版　2010年3月号）pp.58-77．

Graf, W.L.（1987）：Regional Geomorphology of North America. *Geomorphic Systems of North America*（Centennial special volume 2, Graf, W.L. ed.），pp.1-4, The Geological Society of America.

アメリカ干ばつ緩和センター：http://www.drought.unl.edu/

アメリカ気象局：http://www.weather.gov

アメリカバイソン協会：http://www.americanbisonsocietyonline.org

イエローストーン国立公園：http://www.nps.gov/yell

ナショナルバイソン協会：http://www.bisoncentral.com

Purdue University News：http://news.uns.purdue.edu/x/2008a/080407GurneyVulcan.html

---

コラム2

最初に建設された大陸横断鉄道

　ユタ州北部のプロモントリー．グレートソルト湖に近い荒涼とした場所に，ゴールデンスパイク国立歴史地区がある．毎朝，まるで儀式のように，東からは赤い機関車が，西からは青い機関車がゆっくりと動いてきて，向き合うように整列する（写真1）．ここは，1869年5月10日に最初の大陸横断鉄道がプロモントリーサミットで完成したことを記念する史跡である．

　19世紀後半に入ると，連邦政府は大陸横断鉄道の建設を促進するために，太平洋鉄道法を制定して，鉄道会社に鉄道沿線の土地を賦与した．こうして東からはユニオンパシフィック鉄道会社が，アイルランド人を主な労働力として路線を延ばした．西からは，セントラルパシフィック鉄道会社が中国人を労働力として，カリフォルニア州から鉄道を敷設した．この中国人は，鉄道建設のために，中国南部の広東地方からリクルートされた人々であった．大陸横断鉄道の完成によって大西洋岸と太平洋岸が鉄道で結ばれ，西部の開発と経済発展が促進された．　　　　　　　　　　　　　　　　［矢ケ﨑典隆］

写真1　ゴールデンスパイク国立歴史地区で向き合う2台の機関車

> コラム 3

河川とその利用

　アメリカ合衆国を流れる河川は，大西洋，太平洋，メキシコ湾，ハドソン湾と北アメリカ大陸の東西南北に流れ出る．デスバレーやグレートソルト湖など，まったく閉ざされた流域（海に流出しない）も一部には存在する．北アメリカで最大の河川はミシシッピ川で，その流域面積（$3250×10^3 km^2$）はアメリカ本土の約 40% にあたり，31 州に拡がっている．最大支流であるミズーリ川の源流からメキシコ湾までは 5971 km で，世界第 4 位の長さである．本流の水源といわれるミネソタ州のアイタスカ（イタスカ）湖からの長さは 4083 km で，標高差はわずか 450 m しかない．

　河川には多くの手が加えられ，さまざまに利用されてきた．水路としても古くから利用されており，流量の変化や滝や瀬などの地形的障害の克服，堆積物の浚渫や流木の除去，さらに運河や閘門やインクラインなどの建設がなされ，スムーズな航行を確保している．

　発電，灌漑，洪水調節などの目的のために，河川には多数のダムが建設されてきた．特に 1929 年の大恐慌以来，数多くの大規模ダムが建設され，20 世紀中頃には絶頂期を迎えた．しかし 1980 年代になるとその方向が転換され始めた．利水・治水のどちらにおいてもダムの有用性が見直されるようになり，建設に反対する運動が起こった．環境保護運動もその転換を後押しした．特に「1993 年大洪水」は大きな転換点となった．この動きのきっかけになったのは，エルワー川のダム撤去を認めた 1992 年の連邦議会である．その結果，ワシントン州のオリンピック国立公園から流れ出るエルワー川の，エルワーとグライネスキャニオンの 2 つのダムは，2011 年春から撤去が始まる．その理由はいろいろあるが，1 つの大きな理由は本来の生態系を回復することである．エルワー川はアメリカでも有数のサケの遡上する川であったが，ダムがそれを遮っていた．河口から 100 km 以上サケを遡上させ，それを食糧とするクマやワシなどを増加させて本来の生態系に近づけようとするものである．さらにそれは先住民の漁業を復活させ，水没した聖地も蘇らせることになる．

〔原　芳生〕

写真 1　ビーバー（*Castor canadensis*）が築いた最小の自然のダム（ノースカロライナ州ピードモント）

写真 2　2011 年から撤去の始まるエルワー川のグライネスキャニオンダム（オリンピック国立公園，ワシントン州）

3　交通の発達と経済発展

　アメリカ合衆国の国土は広大で，交通の発達は同国の経済発展にも大きくかかわってきた．また一般にモビリティーの高いアメリカ人は，産業・経済の発達した地域に積極的に移動してきたため，人口分布や地域の盛衰も同国の歴史の中で大きく変化してきた．さらに日本の大都市部と異なり，アメリカ合衆国では公共交通機関への依存度が低く，自家用車による通勤や移動に大きく依存するなどの特徴も有している．本章ではこうした点についてみていこう．

3.1　大陸国家の形成

　18世紀の後半にイギリスからの独立を果たして以降，アメリカ合衆国はその領土を拡大していった．東部13州から始まった国家は，次々と加盟州を増やし西に拡大した．1861年から1865年まで続いた南北戦争の終了後，ミシシッピ川以西への開拓移民も増加し，内陸部の加盟州も増えた．領土が拡大するにつれ，領土内の交通・通信の必要が高まった．その結果，図3.1に示されるような交通・通信網が1870年頃までに形成された．
　1870年の時点では，連邦加盟州の多くは国土の東半分に位置し，西半分はカリフォルニア州やオレゴン州などを除き，アメリカ合衆国の領土では

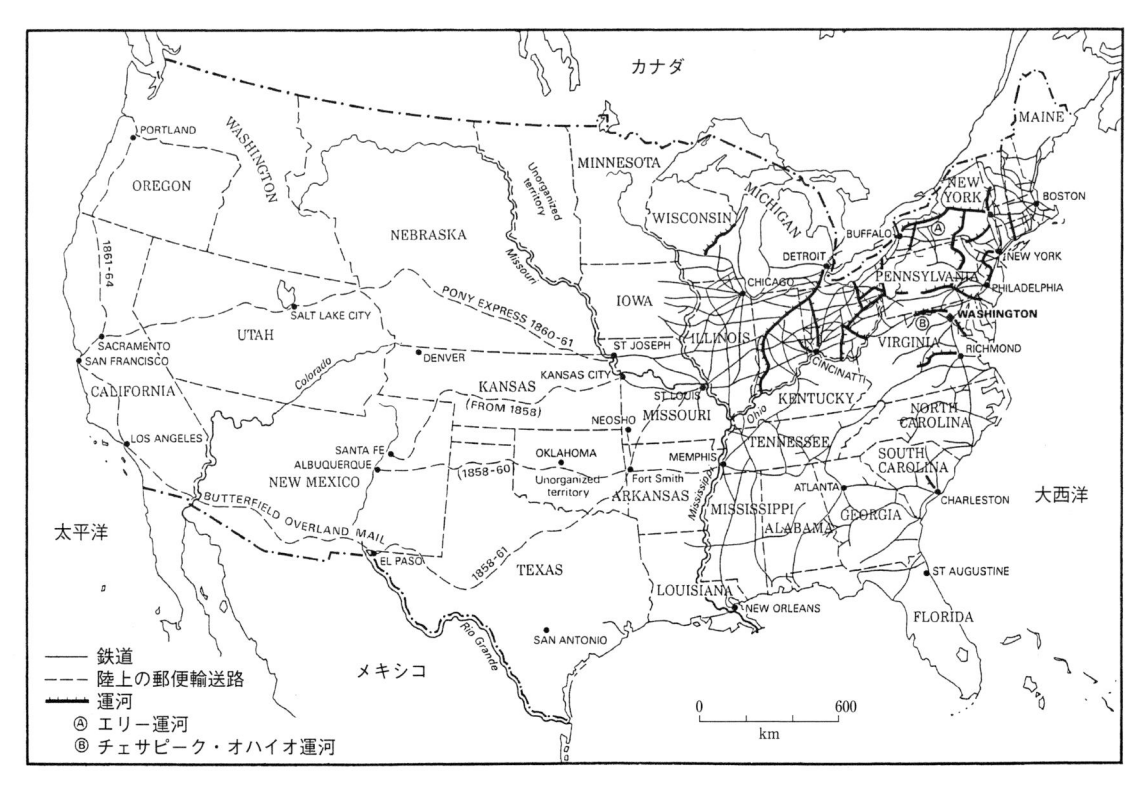

図3.1　大陸国家形成時の交通・通信網（1870年頃）
Ferrell and Natkiel（1987）による．

あったが，まだ州として成立していなかった．そうした事情もあり，鉄道網はまだ北東部で比較的密に形成されているにすぎなかった（図3.1）．南部地域では，北東部に比べると鉄道網の密度も低く，大陸横断鉄道は，ネブラスカ州オマハから西へ延長した線路と，カリフォルニア州サクラメントから東に延ばした線路がやっとユタ州プロモントリー（Promontory）でつながった頃であった．多くの小規模企業が個々に鉄道経営を行っていた時期で，長距離を走る旅客列車は例外的であったが，1860年頃から1880年頃にかけて経営統合およびゲージの標準化が進んだ．

この時代はまだ水運が重要で，特に五大湖周辺や大西洋岸，ミシシッピ川流域においてそれが顕著である．西部開拓が進むにつれ，東部大西洋岸と内陸部とを結ぶ交通網の必要性が増大したが，東部と内陸部とを結ぶ自然河川はなかった．1825年にニューヨーク州のオルバニーとバッファローとを結ぶエリー運河が開通すると，東西方向の旅客・貨物輸送を行いやすくなり，東部からは主に工業製品が，西部からは農産物や天然資源が運搬され，国内交易の増大に寄与した．

この時代，東部と西部を結んでいたのは，ポニーエキスプレスに代表される駅伝形式の飛脚便であった．ポニーエキスプレスの場合，ミズーリ州セントジョセフからカリフォルニア州サクラメントまでの約3000 kmの間に約16 kmごとに中継点を置き，早馬により約10日間で結んだという．ただし，これは東西間の電信連絡システムが完成する以前の一時的な事業であり，1860年代に入ると消滅した．同様に大陸横断鉄道が完成する以前は，駅馬車は重要な旅客輸送手段であった．

こうした状況の中，19世紀の後半から20世紀のはじめにかけて，鉄道の発達に加え郵便と電報による通信の発達が，国内の地域統合に貢献した．当時の郵便は，形成されつつあった鉄道の全国ネットワークを通じて配達されるようになった．長距離電話網の形成は遅れ，国土の東半分に，ある程度のネットワークが形成されたのは20世紀に入ってからであった．郵便と電報を中心とする通信網が形成されると，企業間の連携を以前よりも円滑に進めることが可能となった．また，より細かい鉄道網の形成により輸送に要する時間が短くなり，在庫として抱える量や移動中の物資の量が減少し，物流の効率化が図られるようになった．こうしたビジネス環境の変化は，生産と消費における地域間の統合を可能にし，また各地域が競争力のある産業に重点を置くようになり，地域の特徴がより明確に現れるようになった．

3.2 距離を克服する交通

ここで，19世紀後半以降の交通の発達を交通手段別にみていこう．

3.2.1 水　　運

水運は，大量の物資を安価に輸送する点で有利な輸送手段であり，鉄道による輸送が本格化する前は，大量の物資を輸送する唯一の手段であった．その後も水運の特徴は維持され，重量の割に価値の低い原材料など他の輸送手段に比べ水運が有利な場合を中心に，水運による輸送が続いた．そして，こうした水運を利用できる地点に工業が発達した．こうした水運網は，五大湖地域やミシシッピ川などの主要河川沿いに形成されている．その例として，カナダ側も含むが，五大湖からセントローレンス川を経て大西洋に通じる水運ルートをみてみよう．

メルカトル図法の地図ではわかりにくいが，デトロイト（ミシガン州）やクリーヴランド（オハイオ州）など五大湖沿いの都市は，大西洋岸に位置する都市よりも，この水運ルートを通じてヨーロッパ北西部の港湾都市へ近い位置関係にある．ただし，五大湖の水面は海水面に比べ180 mほど高く，また五大湖の間でも100 mほどの標高差があるので，閘門式運河を設けるなどの工夫が必要であった．また，1959年に五大湖からセントローレンス川沿いにカナダのモントリオールやケベックを経てセントローレンス湾に至る水路が全通した後も水路の整備が進み，現在は大型船舶が，より多くの荷を積んで航行できるようになった．この水路を使って輸送される物資の代表は穀物（主にコムギ）で，五大湖周辺の集荷地点から水路の下流域の積み替え地点まで運ばれ，そこで大西洋

を横断する船に積み替えられ，ヨーロッパ方面に輸出される場合が多い．また鉄鉱石の輸送量も多いが，こちらはスペリオル湖西岸のダルース（ミネソタ州）から五大湖周辺の製鉄工場に輸送される場合が多くなっている．この水路が完成する以前は，ニューヨーク市にあるハドソン川の河口を遡り，前述したエリー運河を含むニューヨークステート運河システム（一連の運河の総称）を経て五大湖に至るルートが重要であったが，セントローレンス川に沿ったルートの開通によりその重要性は低下した．

その他の水運網について，主なものを2つみてみよう．

ミシシッピ川は，河口のニューオーリンズ（ルイジアナ州）から北へ遡りミネアポリス（ミネソタ州）までが主な水運ルートになっている．また，途中のセントルイス（ミズーリ州）付近からイリノイ川を経由してシカゴでミシガン湖につながる水運ルートもある．

日本ではあまり知られていないが，大西洋岸からメキシコ湾沿いに内陸部を通る水運ルートもある．これは，できるだけ入江や海岸沿いの河川を使い，間を人工的な運河で結び，海上ルートよりも風や波の影響の少ない水路として利用されている．この水路の起点と終点ははっきり定められていない部分もあるが，地図上の表記や複数の資料を参照すると，おおまかに以下の3区間がこれに該当する．そのうち最長のものは，ニューヨーク州のハドソン川河口から南下し，ニュージャージー州東部の大西洋岸沿いに長く伸びている沿岸洲と陸地の間の水路を通り，デラウェア川の河口から少し上流に向かい，デラウェア州北部でチェサピーク湾に抜ける運河に入り，チェサピーク湾を南下し，ヴァージニア州ノーフォーク周辺の運河を経由してノースカロライナ州東部に伸びる沿岸洲の内側を南下し，サウスカロライナ州とジョージア州の沿岸部を抜け，フロリダ州東部を南下してキーウェストに至るものである．次の区間は，フロリダ州西岸（メキシコ湾岸）に伸びる沿岸洲に沿った比較的短い部分で，おおよそタンパからその南のフォートマイヤース（Fort Myers）までの区間である．フロリダ州西部のメキシコ湾岸にあるタラハシー付近からテキサス州のブラウンズヴィルに至る区間も，最初に述べたものに匹敵するほどの長さを誇るが，この部分も沿岸洲や入江，運河や湖を結んだルートになっている．これらの水路では原油や石油関連製品をはじめ，様々な物資が運搬される．また，海上の航行が危険な場合の輸送ルートとしても活用されている（Guinness and Bradshaw, 1985）．

3.2.2 鉄　　　道

1869年にカリフォルニア州サクラメントとネブラスカ州オマハを結ぶ最初の大陸横断鉄道（ユニオンパシフィック鉄道およびセントラルパシフィック鉄道）が開通した．それ以降も，ノーザンパシフィック鉄道（1883年開通）やサザンパシフィック鉄道（1883年開通）など，いくつもの大陸横断鉄道が開通し，またそのほかの路線の整備も進み，鉄道は長距離輸送の主役となった．しかし1916年に旅客輸送のピーク（560億人km）を迎えた後，1966年には270億人kmまで減少した．この頃になると，旅客列車は全鉄道網の3分の1程度の路線を走っているにすぎず（Guinness and Bradshaw, 1985），1978年には160億人km，2004年には89億人km（Department of Transportationの統計）と減少が続いている．

こうした減少の要因は，自動車や航空機との競合に求められる．連邦政府による1916年の主要国道整備計画成立以降，自動車を利用した長距離移動は増え，1920年代には都市間交通に占める自動車利用は鉄道を超えた（Guinness and Bradshaw, 1985）．乗用車の登録台数も増え続け，1930年には2300万台を超え，2000年には1億3400万台近くまでになった．2000年の乗用車利用状況は4兆940億人kmで，旅客鉄道の輸送実績とは比較にならないほど大きい（Highway Statistics）．

自家用車の影響に加え，第二次世界大戦後は航空機の利用が増加したことによる影響も大きい．国土の広いアメリカ合衆国にとって，航空機の利用は長距離の移動にたいへん便利である．

こうした事態を受け，1971年に連邦政府の鉄道振興に関する法律が制定され，半官半民の鉄道会

写真 3.1 アムトラック
ニュージャージー州トレントンにて.

が，一部に別会社の路線も認められる．基本的に東西に延びる路線が多く，南北を結ぶ路線が少ないこともわかる．この点は，後述する道路網と大きく異なる点である．また北東部のボストンとワシントン D.C. とを結ぶ路線を走る列車が一番多く，アムトラック全体の列車数の約半分を占めている.

旅客輸送に占める鉄道の重要性が減少している一方で，貨物輸送に占める鉄道の地位は比較的高い．ただし，短・中距離の貨物輸送はトラックとの競合が激しく，鉄道がその力を発揮するのは長距離輸送においてである．都市間距離の長い，大陸の西半分においては鉄道による貨物輸送が重要となっている．旅客輸送の場合（アムトラック）と同様に，貨物輸送においても連邦政府が関与して，1976 年にコンレール（米国東部中西部統合貨物鉄道公社）が設立され，鉄道における貨物輸送の維持に努めてきたが，やはり補助金の負担は大きい．例えば，1976～1981 年にかけての補助金の総額は 33 億ドルであった（Guinness and Bradshaw, 1985）．アメリカ合衆国における製造業の地位の低下も，貨物輸送の需要減少に拍車を

社アムトラック（全米鉄道旅客輸送公社）が設立され，それまで営業していた 22 の鉄道会社の事業を引き継いだ（写真 3.1）．なおその時点では，大手鉄道会社 4 社はこの事業に加わらず，独立経営を続けた．アムトラックの参入により鉄道利用者は増加したが，同時に連邦政府の補助金額も増え，1971～1981 年の補助金総額は 30 億ドルに達したため，著しい不採算路線は切り捨てられた．1980 年の営業路線を示したのが図 3.2 である．図に示された路線の大部分はアムトラックのものだ

図 3.2 アムトラックの路線網（1980 年頃）
───── アムトラックの路線，------ その他の路線，………… 連絡用バスサービス.
Guinness and Bradshaw（1985）による.

かけている．また，かつては北東部地域に集中していた自動車の組み立て工場が全国に分散するようになった影響も大きい．

こうした状況の中で，貨物輸送における鉄道の地位を維持すべく考案されたのがユニットトレインと呼ばれる方式である．これは，一定の需要が見込まれる2地点間に決まった貨物だけを効率よく輸送することにより，輸送コストを下げる方式である．また，積み込みや積み下ろしをできるだけ機械化し，輸送時間の短縮にも努めている．ユニットトレインの代表的なものは石炭運搬専用列車で，西部地域で採れる良質の石炭を東部の火力発電所に輸送する場合などに使われている．またユニットトレインは，五大湖地域やミシシッピ川の水運網と連携することにより，その威力を発揮している．例えば，アイオワ州南東端のミシシッピ川沿いの地点には，ミシシッピ川を利用した水運と鉄道およびトラックとの積み替え施設が設けられ，複数の輸送手段による連携を可能にしている．

3.2.3 自動車

世界の中でおそらく一番モータリゼーションが進んでいると言えるほど，自動車による移動はアメリカ合衆国において重要である．何をもって自動車とみなすかによるので，世界最初の自動車については諸説あるが，多くの市民が使うという形で自動車が最初に普及したのは，19世紀の終わりから20世紀初頭に至る頃のアメリカ合衆国であった．1908年にフォード社がT型モデルの量産を開始して以降，それまで富裕層しか所有できなかった自動車は中流層でも所有できるものになった．自動車数が増加した結果，道路整備が進み，やがてドイツのアウトバーンを参考にした自動車専用道路の計画が検討されるようになった．

1935年頃から始まったそうした計画が現実味を帯びたのは，第二次世界大戦中であった．戦力を速やかに移動させるという軍事上の必要性から本格的な検討が始まり，戦後の1956年から実際の事業が開始されることになった．この高速道路網インターステートハイウェイシステム（正式名称はThe Dwight D. Eisenhower National System of Interstate and Defense Highways）の建設費の9割は，道路信託基金制度（ガソリン税などの連邦税の収入を道路整備にあてる）から州政府に対する補助として支出された（Yeates, 1998）．州は残りの1割を負担し，道路の建設と維持・管理を任されている．1992年に70号線の山間部が開通した時点で当初の計画は完成したが，その後も部分的な新設が続き，2006年における総延長は7万5000 kmを超え，主要都市の大部分を結んでいる（図3.3，写真3.2）．この高速道路は全道路延長の1%を超える程度にすぎないが，全交通量の20%強を占めるほど重要である（Moon, 1994）．その一方で，早期開通区間における舗装や橋梁の老朽化や，都市部における渋滞が深刻化している．この高速道路網は，上記の正式名称からわかるように，有事の際の軍事的利用（部隊や兵器の移動など）も想定している．また2005年のハリケーン「カトリーナ」の際に使われたように，災害時の避難路としての役割もある．この場合，すべての車線が避難方向に向けた車線として使用される．

インターステートハイウェイおよびその他の自動車専用道路の整備は，広く知られているように大都市圏における郊外の拡大を促し，自立した郊外圏の形成に貢献している．その一方で，自動車利用への依存が強まったことにより，大都市においても都心部が衰退し，都市部における道路・駐車場など自動車関係の土地利用がかなりの割合を占めるなど，アメリカ合衆国の都市特有の問題も抱えることになった（写真3.3）．環境問題への関心が高まる中，過度に自動車に依存するライフスタイルを変えようという取り組みもあるが，大きな変化をもたらすまでには至っていない．

3.2.4 航空交通

アメリカ合衆国を含む北アメリカ地域は，世界の中でおそらく一番発達した航空網を持っている．アメリカ合衆国とカナダにおける所得水準の高さは1人当たりの航空利用量の多さに関係し，国土の広さも，航空機を利用した移動の利便性を高めている．アメリカ合衆国の主な都市は旅客航空の定期便で結ばれている．また長距離の旅客移動になるほど，航空機の利用が増える．利用者の

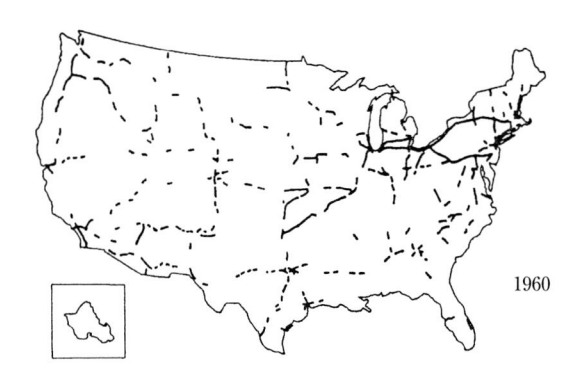

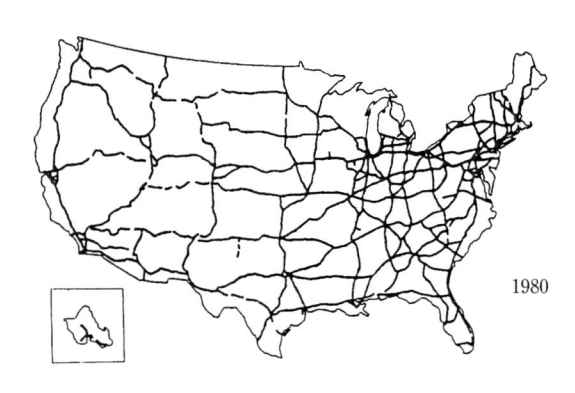

図 3.3 インターステートハイウェイシステムの発達
（1960〜1990 年）
Moon（1994）による.

写真 3.2 インターステートハイウェイおよびその他の自動車専用道路が発達したロサンゼルス
奥は都心部.

写真 3.3 都心部の土地利用
駐車場や道路に多くのスペースが割かれている．ミズーリ州カンザスシティ．

多い空港の存在は，その地域の経済成長を促す側面も有する．

ジョージア州アトランタは，1950 年の時点で，同じく南部地域にあるアラバマ州バーミングハムやテネシー州メンフィスと同程度の人口規模であったが，その後，ハーツフィールド・ジャクソン・アトランタ国際空港の拡張・整備を行った結果，シカゴのオヘア国際空港に次いで利用者の多い空港となり，南部地域を代表する都市としての地位を築いた（Guinness and Bradshaw, 1985）．その背景には，ハブアンドスポークと呼ばれる航空機の運用方式の存在がある．各航空会社がそれぞれの路線網の中で中核となる空港をハブ空港と定め，ハブ空港を中心に国内および国外への路線を展開するのである．中小都市の空港からの利用者をハブ空港まで運び，ハブ空港間の輸送後，必要

な場合，ハブ空港から周辺中小都市への輸送を行うことにより，多様な発地と着地からなる航空輸送需要へ効率的に対応することができる．デルタ航空が1955年にアトランタをハブ空港としたのが始まりと言われる（デルタ航空ホームページ）．ハブ空港の存在が利便性を高め，アトランタはニューヨークやシカゴと同じように，コンベンション開催都市としての役割も果たすようになった．

そのほか，ユナイテッド航空はシカゴのオヘア国際空港を，貨物輸送を行うフェデックスはテネシー州のメンフィス国際空港をハブ空港とするなど，航空会社ごとにそれぞれのハブ空港を定めている．

空港利用乗客数を空港別にみたのが表3.1である．このうち第1位のアトランタと第2位のシカゴ（オヘア）は，前述のようにそれぞれデルタ航空とユナイテッド航空のハブ空港となっている．表3.2に示すように，どちらも乗客数の多い航空会社である．利用者数第3位のダラス/フォートワース国際空港は，アメリカン航空とアメリカンイーグル航空のハブ空港である．第4位のデンバー国際空港はユナイテッド航空のシカゴに次ぐ第2ハブ空港であるとともに，格安航空会社であるサウスウェスト航空とフロンティア航空からもハブ空港に準ずるものと位置付けられている．第5

写真3.4 ロサンゼルス国際空港

位のロサンゼルス国際空港はユナイテッド航空のハブ空港の1つであるとともに，多くの外国航空会社が乗り入れる，西海岸におけるゲートウェーという性格を併せ持つ空港と言える（写真3.4）．

近年の変化として，格安航空会社（low-cost carrier：LCC）の利用が増えていることを指摘できる．従来，大手の航空会社間における競争は事実上存在せず，割高の航空運賃を受け入れるしかなかったが，1970年代後半から格安航空会社の参入が始まった．当初は大手航空会社の抵抗もあって苦戦したが，航空規制緩和の追い風もあり，1980年代半ば頃からは大手航空会社の高運賃維持政策が崩壊し，新旧航空会社の競争は激しくなった．こうした中で，格安航空会社の代表格であるサウスウェスト航空は大手と異なる戦略で業績

表3.1 利用乗客数に基づく上位10空港（2010年）

空港	2010年1～3月 順位	2010年1～3月 乗客数	2009年1～3月 順位	2009年1～3月 乗客数	増減率(2009～2010年)
アトランタ	1	9.501	1	9.552	−0.5
シカゴ（オヘア）	2	6.651	2	6.501	2.3
ダラス/フォートワース	3	6.094	3	6.028	1.1
デンバー	4	5.648	4	5.429	4.0
ロサンゼルス	5	5.076	5	4.801	5.7
フェニックス	6	4.596	6	4.494	2.3
ヒューストン（ブッシュ）	7	4.343	8	4.334	0.2
ラスヴェガス	8	4.196	7	4.377	−4.1
シャーロット	9	4.072	9	4.018	1.4
オーランド	10	3.868	10	3.846	0.6

国内便と国際便を合計した乗客数（100万人）．ただし外国の航空会社のものは含まない．
Bureau of Transportation Statistics, T-100 Market（http://www.bts.gov/press_releases/2010/bts029_10/html/bts029_10.html#table_05）による．

表3.2 乗客数に基づく上位10航空会社（2010年）

航空会社	2010年1～3月 順位	2010年1～3月 乗客数	2009年1～3月 順位	2009年1～3月 乗客数	増減率(2009～2010年)
デルタ	1	24.594	3	15.675	56.9
サウスウェスト	2	23.694	1	23.050	2.8
アメリカン	3	20.169	2	20.333	−0.8
ユナイテッド	4	12.501	4	13.112	−4.7
USエアウェイズ	5	11.984	5	12.408	−3.4
コンチネンタル	6	10.137	6	10.154	−0.2
スカイウェスト	7	5.536	10	4.709	17.6
エアトラン	8	5.519	8	5.333	3.5
ジェットブルー	9	5.505	9	5.267	4.5
アメリカンイーグル	10	3.657	12	3.470	5.4

国内便と国際便を合計した乗客数（100万人）．
2010年3月分のデルタ航空のデータは，デルタ航空と旧ノースウェスト航空を合わせた合併後の数値．それ以外は2009年のデータも含め旧デルタ航空のみの値．
Bureau of Transportation Statistics, T-100 Market（http://www.bts.gov/press_releases/2010/bts029_10/html/bts029_10.html#table_03）による．

を伸ばした（コラム4参照）．すなわち，主要空港を利用せず着陸料の安い郊外の小型空港の利用を原則とし，機種を統一して運営管理費を抑え，低運賃のサービスを提供することにより消費者の支持を獲得した．表3.2にあるエアトランとジェットブルーも格安航空会社である．格安航空会社との競争に巻き込まれたことにより，大手航空会社は吸収合併などの対応を迫られることになった．

空港の存在は，空港関係の施設が存在する以上の意味を持つようになった．すなわち，今日の空港の周辺には，航空貨物輸送を利用する物流施設や工場，場合によってはオフィスパークが立地し，都市圏の郊外核を形成するようになった．例えばシカゴで開催されるビジネスカンファレンスは，シカゴ都心部よりもオヘア空港周辺で開催される傾向にある（Paterson, 1994）．

またアメリカ合衆国においては，いわゆるプライベートジェットの利用が盛んである．特に国内の各所に分工場を持つ企業の場合は，企業の幹部にとって便利な輸送手段として活用されている．こうした企業にとっては，郊外の空港近くのオフィスパークに事務所を構える利点は大きい．

3.3 移動する人々

アメリカ合衆国の人口は増加を続け，その分布も変化してきた．アメリカ人は一般にモビリティーが高く，雇用や快適な生活を求め，生まれ育った地域に固執することなく移動する傾向が強い．こうした変化を，国内の地域間人口移動と都市圏内の人口移動の点からみてみよう．

3.3.1 国内の人口移動

交通の発達が国内の人口移動を促した面もあるが，それ以上に人口移動を誘発する要因として重要だったのは，空間的余裕，独立性，富の存在である．西部開拓やカリフォルニアにおけるゴールドラッシュは，こうした人口移動を象徴している．カリフォルニアのアメリカン川における砂金発見（1848年）以降，1870年代にかけてアメリカ西部各地で金鉱が発見され，そのたびにゴールドラッシュが生じた．1848年の砂金発見を受けて，翌1849年にカリフォルニアに殺到した人々「フォーティナイナーズ」は有名である．アメリカ東部からは，船で南アメリカ南端を経由して，またはパナマ地峡を経由して，あるいは幌馬車で大陸を横断して，1849年に約10万人がカリフォルニアに到来した．この人口増加は，1850年に州に昇格する要因の1つとなった．

ゴールドラッシュによる人口移動は数の点で限定的だが，西漸運動（西部開拓などによる西部への人口移動全体を表す）が人口分布の変化に及ぼした影響は大きい．この人口移動も，その動機を生活の向上に求めることができる．西漸運動の開始は，17世紀はじめに大西洋沿岸にイギリスの植民地が建設された当初にさかのぼる．独立時にはフロンティア（開拓前線）はアパラチア山脈を越えた．独立達成後，13州の西方の領土は中央政府が管理する公有地となったが，1785年に最初の公有地売却法が制定されて以降，西部の土地は開拓民のものという考えのもと，公有地は次々と民間に売却され西漸運動は進んだ．1862年には，21歳以上の合衆国市民は5年間の居住・開墾の後に160エーカー（約65 ha）の公有地を無償で取得することができるというホームステッド法が施行され，西漸運動に拍車をかけた．それ以前の1830年には開拓前線はミシシッピ川を越えたが，こうしたアメリカ人の西進は先住民族の排除を伴っていたことも指摘しておきたい．ミシシッピ川西方に広がる大平原は降水量が少なく白人の定住には不向きと考えられていたので，1840年代になると開拓民は大平原を素通りし，太平洋沿岸に定住地を求めるようになった．この頃，先述したゴールドラッシュが西海岸で生じたわけである．1890年，アメリカ合衆国の国勢調査局は開拓前線の消滅を発表し，ここに大規模な西漸運動は終わりを迎えた．

以上のような人口移動の過程を人口重心の移動として示したのが図3.4である．上の図に示される通常の人口重心の変化をみると，重心が20世紀を通して西方へ移動していることがわかる．これは上述した西漸運動以降も継続して国土の西部，特に西海岸への人口移動が生じた結果である．また人口重心の移動には，南側への変化も生じて

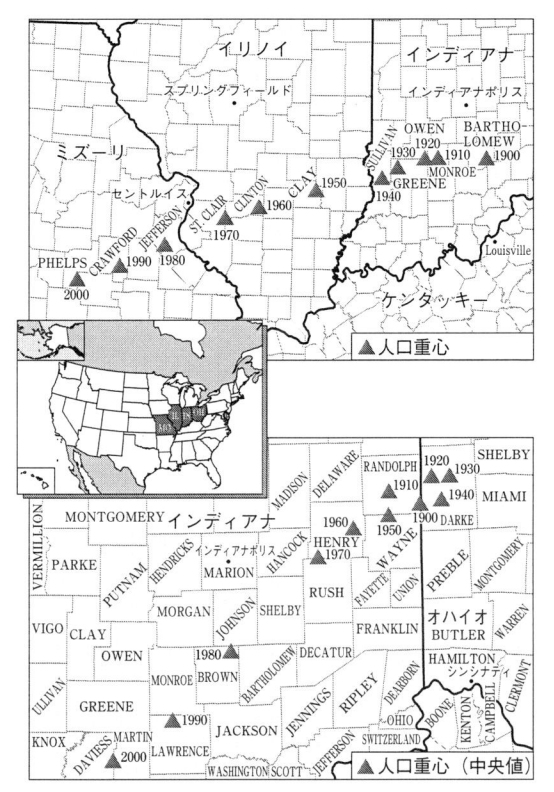

図 3.4 人口重心の移動（1900～2000 年）
Bureau of Census（http://www.census.gov/prod/2002pubs/censr-4.pdf）による.

いることがわかる．これは第 4 章で説明されるサンベルトの成長による影響である．下図では南側への移動がより顕著に表れている．下図は，人口重心を中央値で示したものである．つまり，人口分布を東西に二分する経線と南北に二分する緯線が交わる位置の変化を示している．特に 1970 年以降のサンベルトの成長が反映されている変化と言えよう．

3.3.2 都市圏内の人口移動

交通の発達が人口分布の変化に大きな影響を及ぼした例として，都市の中心部から郊外への人口移動が挙げられる．Yeates（1998）によると，1970 年までには都市圏内に居住する労働者の 4 分の 3 は自動車通勤になったという．その後も一家に 2

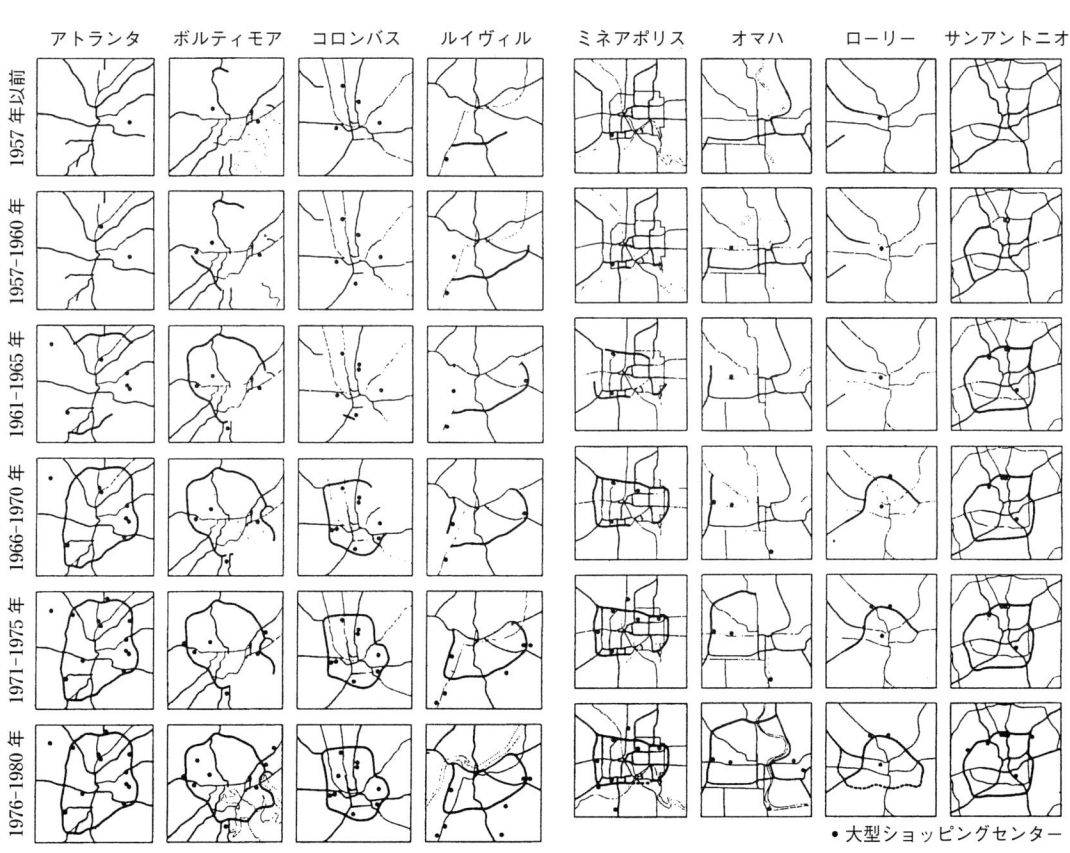

図 3.5 大都市圏における環状道路の整備
Moon（1994）による.

3.3 移動する人々

台以上の自家用車を有する世帯が増え，自動車への依存度は高まるばかりである．前述のインターステートハイウェイに加え，都市圏内部における自動車専用道路の整備が進み，郊外の住宅開発も盛んに行なわれた．図3.5に示されるように，大都市において環状の自動車専用道路が整備されたことにより，主要道路が交差する自動車交通の要所を中心に業務機能や商業機能が集積し，自立した郊外圏の形成に貢献したのは前述した通りである．経済格差の大きいアメリカ合衆国では，所得水準の高い人々を中心に郊外居住が進んだ．都心部周辺が，深刻な衰退問題を抱えるインナーシティ化することによっても郊外の成長が促された．

郊外の成長が進んだ結果，アメリカ合衆国の大都市では，いわゆる多核心構造が形成されている場合が多い．郊外のオフィスパーク，ショッピングモール，空港周辺の業務集積地などが形成され，ベッドタウンとしての郊外ではなく，住んで働くという自立した郊外が形成された．図3.6は，1990年時点ですでに郊外の自立化がかなり達成されている状況を示している．図の左側の楕円は1つの都市圏を示している．都市圏の郊外部に住み郊外で働く人の数は，全国で3320万人と通勤者の約28%を占めている．日本の大都市で一般的な，郊外に住み中心市に通勤する人の割合は14%（1640万人）にすぎない．郊外間の移動がしやすい自動車通勤が一般的なため，このような都市圏構造になったと考えられる．また中心市に住み，そこで働く人の割合も23%（2690万人）と高い．

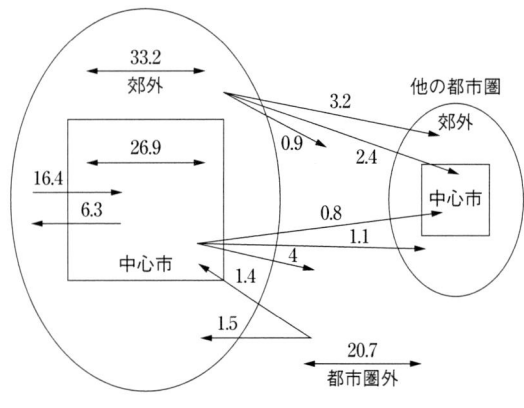

図3.6 都市圏における通勤パターン（1990年）
数値の単位は100万人．Yeates（1998）による．

3.4 経済の発展と地域

紙幅の関係から，ここでは網羅的な地域区分ではなく，経済の発展との関係で特徴的な地域を2つ取り上げることとしたい．

3.4.1 マニュファクチャリングベルト

大陸国家の形成（3.1節）が進んだ19世紀の後半になると，工業地帯の形成が認められるようになった．北東部沿岸地域から内陸部に向かって西方に伸びるこの工業地帯はマニュファクチャリングベルトと呼ばれる．このベルト地帯は複数の地域的まとまりから構成されていた（図4.2参照）．それぞれの地域には核となる主要都市が存在し，そうした都市にある金融・卸売り・物流などの機能と組み合わさって，各地域特有の製造業が成長した．例えば，当時のボストンは綿製品を中心とした繊維産業の中心として栄え，フィラデルフィアでは鉄鋼業，シカゴでは農機具の生産が重要であった．この頃になると，それまでの，周辺地域が必要としたものを生産・供給する自給自足的な工業とは異なり，マニュファクチャリングベルトに展開するそれぞれの工業地域は各地域が競争力のある製造業に特化し，交通の発達とともに全国を市場とするようになっていった．その一方で，南部地域は奴隷制度のもとプランテーション単位の自給自足的な経済構造であったこともあり，工業化が遅れた．また，マニュファクチャリングベルトが形成されてからも交通の発達は続いたが，すでに形成されたこの工業地域は全国の需要に対応することができ，これ以上の拡大は進まなかった（Meyer, 2001）．

20世紀に入ると，このマニュファクチャリングベルトにアメリカ合衆国を代表する製造業である自動車産業が加わることとなった．19世紀の終わり頃から始まった自動車産業は当初，当時の主だった都市部に分散して小規模生産を行っていた．しかし，20世紀のはじめにはデトロイトを中心とするミシガン州南東部に集積するようになり，自動車の世紀と位置付けられる20世紀を通してその重要性を増していった．この地に集積するようになった理由としては，自動車産業の基盤

となった農業機械と馬車製造の技術が蓄積していたことと，当時まだ将来の発展が見込めるわけではなかった自動車生産に投資するベンチャーキャピタルの存在が指摘されている（山本, 2005）．その後，自動車のさらなる普及とともに組み立て工場が国内に分散したが，ミシガン州南東部はアメリカ合衆国を代表する自動車関連産業の一大集積地としての地位を保った．

20世紀の後半になると国際競争が激しくなり，このマニュファクチャリングベルトも大きな転機を迎える．例えば，第二次世界大戦の被害を受けず，戦前からの施設で操業を続けることの多かった製鉄業界は，日本や韓国の成長により次第に競争力を失っていった（Hartshorn and Alexander, 1988）．1980年代以降，日本やヨーロッパの自動車メーカーの進出により，アメリカ合衆国の3大メーカーが苦境に立たされたのは多くの人の知るところである．その一方で，アメリカ合衆国が競争力を持つハイテク産業は，必ずしもマニュファクチャリングベルトに集積しているわけではなく，むしろ第4章で取り上げるサンベルトに立地する場合が多い．こうした集積地の例としては，シリコンバレーをはじめ，アリゾナ州フェニックス周辺の集積であるシリコンデザートや，テキサス州に広がるシリコンプレーンなどが有名である．

こうした変化のもと，マニュファクチャリングベルトではかつての重化学工業が衰退し，ラスト（錆びた）ベルトと呼ばれる場合もある．表3.3では，マニュファクチャリングベルトにおける製造業就業者数の顕著な減少が認められる．マニュファクチャリングベルトは，おおよそ表中の地域区分のうち上の3つ（ニューイングランド，ミドルアトランティック，イーストノースセントラル）に該当する．こうした衰退は，この地域に位置する都市の再生も促した．例えばピッツバーグは，オハイオ川水系に位置し物流の点で有利だったことなどから製鉄工場と関連工場が集積し鉄の町として知られたが，かつての面影をひそめ，むしろ大手企業の本社立地都市としての地位を築くようになった（Paterson, 1994）．

3.4.2 I-75およびI-65回廊

I-75というのはインターステートハイウェイ75号線のことで，ミシガン州北部から南下しフロリダ州南部まで延びる．同様にI-65はI-75の西をほぼ並行して，シカゴ付近からアラバマ州モービルまで延びている．これらのインターステートハイウェイに挟まれた地域には，図3.7が示すように日本の自動車関連工場が数多く進出している．また図には示されていないものの，ロッキード社やノースロップ・グラマン社など軍需産業関連の工場もこの地域に進出している．

この地域周辺における自動車産業の一大集積地は，デトロイトを中心とするミシガン州南東部であるが，その南に広がるこの新たな集積をどのようにとらえればよいのだろうか．オハイオ州は前述したマニュファクチャリングベルトに属する

表3.3 製造業就業者の地理的分布の変化（1950～2001年）

	1950年	1970年	1980年	1990年	1996年	2001年
ニューイングランド	9.6	7.5	7.5	6.4	5.9	5.7
ミドルアトランティック	27.2	21.4	17.9	14.8	12.9	11.6
イーストノースセントラル	29.5	26.0	23.0	22.1	23.0	22.9
ウェストノースセントラル	5.7	6.3	6.8	7.3	7.9	8.3
サウスアトランティック	11.0	13.9	14.8	16.2	16.2	15.9
イーストサウスセントラル	4.5	6.3	6.4	7.3	7.8	7.8
ウェストサウスセントラル	4.3	6.3	8.0	8.0	8.8	9.4
マウンテン	1.1	1.9	2.7	3.3	3.8	4.1
パシフィック	7.0	10.3	12.8	14.5	13.6	14.3
アメリカ合衆国全体	15257	19369	20651	18843	18669	15950

数値の単位は％，最下段のみ実数（単位：1000人）．
Statistical Abstract of the US, 1982-83, 1992, 1999, 2004-2005, Weinstein *et al.* (1985) *Regional Growth and Decline in the United States*. New York: Praeger, pp.15-16, 山本（2005）による．

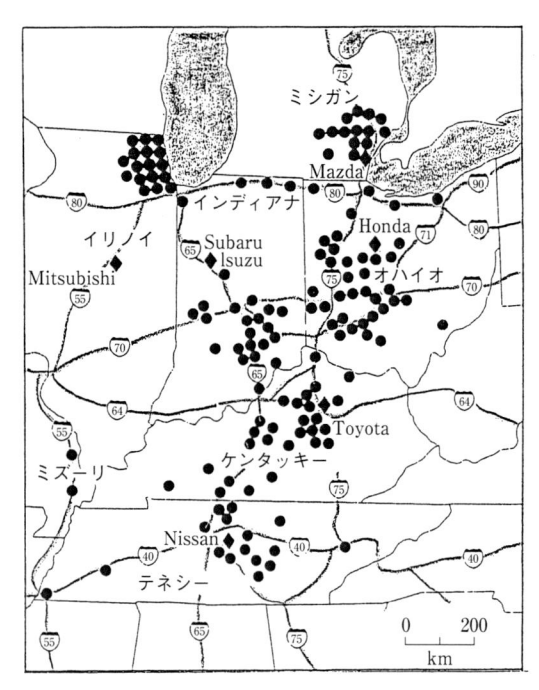

図 3.7 I-65 号線と I-75 号線沿いに広がる日本の自動車関連工場

◆ 組立工場，● 部品工場
Moon (1994) による．

が，その南に位置するケンタッキー州とテネシー州は，アメリカ合衆国でも比較的経済発展の遅れたアパラチア地域に属する（9.2 節参照）．ある推定によると，1980 年代半ばの製造業における投資のうち，15% ほどがこの地域に行われたという（Finn, 1987）．こうした地域に外国企業である日本の自動車企業が進出を進めた主な理由として，以下の点が指摘されている（Moon, 1994）．

まず，交通網（特に道路網）の整備により，工場の分散が促進されたことである．既存の工業集積地に進出する利点ももちろんあるのだが，逆に集積が進むと分散化を促す場合もある．すなわち，集積の進んだ地域は一般に地価の水準が高くなり，新規投資の点でハードルが高い．生活費も高めとなるため，賃金水準もそれに合わせる必要がある．また，特に自動車産業では強力な労働組合が形成されており，既存の集積地から離れた，労働組合の組織率が低い地域は企業にとって好都合である．さらに，この地域は既存の自動車産業集積地に比較的近く，インターステートハイウェイで結ばれているため，新規投資を行うのに適した地域であったと考えられる．加えて地元経済への貢献を見込んだ自治体の誘致も，新たな工業地域の形成に貢献した．このように自動車生産関連の新たな集積地として知られるようになったインターステートハイウェイ 65 号線と 75 号線は，「カンバンハイウェイ」として地元で知られているともいう（Moon, 1994）．つまり，日本で看板方式とも呼ばれるジャストインタイム方式が採用され，自動車組み立て工場の周辺に，必要な日時に必要な量の部品が納入できるように取引き相手の部品製造工場が分散して立地しているためである．こうした生産方式の点でも，既存の集積地よりも納入時間の見通しが立ちやすい農村部での立地が有利と言える．

［髙橋重雄］

引用文献

山本健兒 (2005)：経済地理学入門（新版），228p., 原書房.

Ferrell, R. and Natkiel, R. (1987): *Atlas of American History*, 192p., Facts on File Publications.

Finn, E. A. (1987): Cruising into the 21st Century. *Forbes*, August 24, pp. 80-83.

Guinness, P. and Bradshaw, M. (1985): *North America: A human geography*, 349p., Barns & Noble Books.

Hartshorn, T. A. and Alexander, J. W. (1988): *Economic Geography, 3rd ed.*, 385p., Prentice-Hall International.

Meyer, D. R. (2001): The national integration of regional economies, 1860-1920. *North America: The historical geography of a changing continent, 2nd ed.* (McIlwraith, T. F. and Muller, E. K. eds.), pp.307-331, Rowman & Littlefield.

Moon, H. (1994): *The Interstate Highway System*, 121p., Resource Publication in Geography, Association of American Geographers.

Paterson, J. H. (1994): *North America: A geography of the United States and Canada, 9th ed.*, 529p., Oxford University Press.

Yeates, M. (1998): *The North American City, 5th ed.*, 574p., Longman.

> コラム 4

サウスウェスト航空の成長

　アメリカ合衆国における格安航空会社の代表といえるサウスウェスト航空は，1971年6月に，ボーイング737型機3機で営業を始めた．当初はテキサス州の3都市（ダラス，ヒューストン，サンアントニオ）を結ぶだけだったが，現在では同型機548機を有し，72都市を結んでいる（同社ホームページ，2011年3月現在）．機種を1つに絞って営業している点が，低価格運賃を提供する鍵の1つである．機種をそろえることにより，航空機の整備・保守業務を効率化でき，また，機種ごとにライセンスが必要となるパイロットの確保の点でも好都合である．本文中の表3.2に示すように，現在は従来の大手と肩を並べる航空会社に成長した．

　成長に伴い，利用空港の点でも変化が認められる．同社のホームページによると，近年は主要空港も積極的に利用しているようである．ただし，従来の大手航空会社に比べると，主要都市間の直行便が少ないので，途中で乗り換え，あるいは乗り換えはないものの途中の空港にいったん着陸して乗客の乗り降りを待つ場合が増え，利用者の利便性は犠牲にされる．例えば，西海岸のロサンゼルスから東海岸のボストンに行く場合，シカゴなどで乗り換えていくことになる．また，シカゴでもオヘア国際空港ではなく，小規模のミッドウェー空港を利用する．大手ユナイテッド航空の場合は，乗り継ぎ便に加えノンストップの直行便が1日2便運航されている（2011年3月現在）．また，大都市のロサンゼルスを離発着する便がロサンゼルス国際空港を利用することも増えたが，サウスウェスト航空の場合，周辺のバーバンク，オンタリオ，オレンジ・カウンティの各空港を利用する路線も多い．こうした空港はロサンゼルス大都市圏の郊外に位置する小規模空港で，他社の路線との接続には都市圏内の移動を伴うことになる．

　サウスウェスト航空のホームページやマスコミの報道によると，同社は低価格のサービスを提供するだけではなく，顧客満足度を高める工夫にも努めている．顧客が満足するサービスを提供するためには，まず従業員自身が仕事に満足していなくてはならないとの考えに基づき，大手他社以上の給与水準で従業員を待遇し，家族的な雰囲気の職場にする努力を重ねた結果，従業員の勤労意欲や満足度も高いという．航空行政を管轄している省（Department of Transportation）に報告された苦情件数は，発生の割合に換算して，大手航空会社の中で一番低くなっているとのことである．また同社独自の方針で，顧客サービスの一環として出発前に客室乗務員によるパーフォーマンスが推奨されているという．「ふざけすぎている」との意見もあるようだが，ジョークを好む国民性もあり，おおむね好意的に受け入れられているという．

　サウスウェスト航空の成功もあり，他の国々においても格安航空会社が増えている．日本の地方空港にも，すでに中国などの格安航空会社の乗り入れが始まっている．2010年12月には，マレーシアを拠点とするアジア最大規模の格安航空会社であるエアーアジアXが，羽田とクアラルンプールを結ぶ直行便の運航を開始した．また大手航空会社である全日本空輸（ANA）も，子会社を設立して格安航空市場に参入する計画であることが報道された．アメリカ合衆国をはじめ世界の航空業界にとって，格安航空会社の動向が今後大きな影響を与えると予想される．

［髙橋重雄］

4 工業の発展・衰退・立地移動

アメリカ合衆国の工業には衰退のイメージが強いが，実は依然として工業生産額は世界第1位で，国内の産業総生産額の約5分の1を占める大きな産業である．主要な工業地域であった北東部・五大湖沿岸地域の工業がいかに発展・衰退したかをみると，工業活動に必要な要因と衰退要因を理解することができる．また，北東部・五大湖沿岸の工業地域に代わって南東部や太平洋沿岸地域の工業地域が発展して，新しい工業も生まれている．このような新しい工業の成長についても説明する．

4.1 伝統的工業地域の形成

4.1.1 独立期から南北戦争頃まで

アメリカ合衆国経済において工業の役割は極めて重要である．直接的には工業は多数の労働者を雇用し，間接的には工業労働者の増加は他の部門の雇用を生み出している．工業の性質と技術は社会のすべての部門に広がり，社会の生活様式と質に影響を及ぼし，国の物質的幸せの水準を大きく上昇させてきた．

アメリカ合衆国の工業化は繊維工業における工場制工業の発達から生じた．その最初の工場は，サミュエル・スレーター（Slater, S.）が1790年にロードアイランド州ポータケット（Pawtucket）に設立した水力紡績工場と言われている．水力紡績機を用いるこの工場は，工場内での紡績を主とし，織布は外部に依存していた．このような工場は小規模であったが，着実に発展し，ロードアイランド型工場と呼ばれるようになった．一方，1884年にボストン近郊のウォルサム（Waltham）には，海運業で得た資本を利用したボストン工業会社の工場が設立された．この工場には力織機が導入され，紡績，織布，染色，仕上げの全行程が工場内で行われるようになった．工場内では，部門ごとに標準化された製品を大量に生産し，会社も近代的な組織形態となり，市場目当ての生産が行われた．このような工場はウォルサム型工場と呼ばれて，ローウェル（Lowell），チコピー（Chicopee），ホリヨーク（Holyoke），マンチェスター（Manchester）に相次いで建設された．

1860年までにニューイングランドの綿工業の生産量は，全米の綿織物の4分の3を占めるようになった．毛織物工業も1830年代から工場制度を採用するようになり，1860年にはニューイングランドは全米の毛織物の約3分の2を生産するようになった．綿織物業と毛織物業が急速に発展すると，これらと関連する他の工業部門も発展することになった．最初，綿織物工場は自分の所で製造した機械を用いて綿製品を生産していたが，綿工業が成長するにつれて綿織物機械を製造する専門の工場が生まれることになった．やがて，これらの工場は生産ラインを拡大して，その他の機械，蒸気機関車をも製造するようになった．また，織物機械との関連で鋳物，金属加工，機械部品工業も発展した．

ニューイングランドでは，綿織物業・毛織物業と並んで製靴業も重要であった．1830～1860年にかけて製靴業は工場制度を導入し，後には工業用ミシンで大量の靴生産を行うようになった．それらの工場の多くはマサチューセッツ州の東部，特にリン（Lynn），ウースター（Worcester）に集中し，その製品はボストンを経て国内市場に送り出された．

このようにニューイングランドでは中小都市に製造業従業者の多くが集中していたが，ニューイングランド以外の地域では大都市に製造業従業者

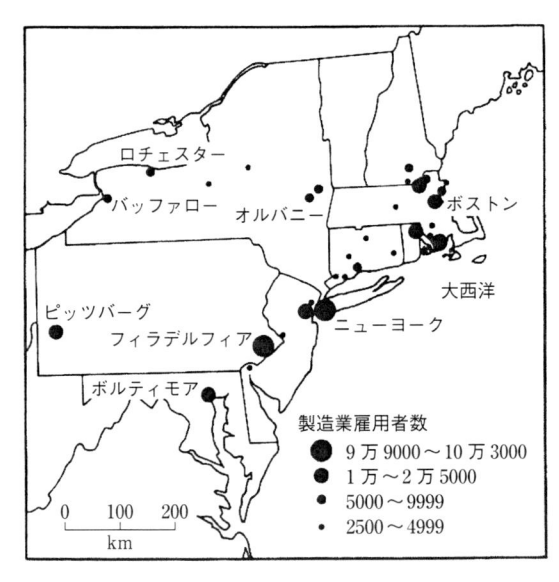

図4.1 北東部の工業都市（1860年）
Groves (1987) による.

が多かった．ボストンがマサチューセッツ州の製造業従業者数の11%を占めていただけなのに対して，ニューヨーク，フィラデルフィア，ボルティモアは，それぞれ州の製造業従業者数の45%以上を占めていた．したがって，南北戦争以前の北東部の工業立地パターンは，①ニューイングランドの中小の工業都市（ローウェル，ニューベッドフォード，リン，ローレンス [Lawrence]，マンチェスターなど），②大都市（ニューヨーク，フィラデルフィア，ボルティモア，ボストンなど），③エリー運河沿いの加工都市（オルバニー，ロチェスター，トロイ）の3つに分けることができる（図4.1）．

4.1.2 南北戦争から1920年頃まで

南北戦争後，アメリカ合衆国の工業の動力として石炭と石油が大量に利用されるようになり，さらに工業技術の発展によって製鉄業と機械製造が飛躍的に成長すると，工業立地も変化した．1860～1920年にかけて，工業用動力として重要な石炭の産地はアパラチア山脈北部のリッジアンドバレー（Ridge and Valley）の地区とアレゲニー（Allegheny）台地であった．リッジアンドバレーの無煙炭とアレゲニー台地の瀝青炭がペンシルヴェニア州西部やオハイオ州の製鉄所に運搬され，一方で製鉄に必要な鉄鉱石は埋蔵量の多いスペリオル湖周辺のメサビ鉱山から鉱石運搬船で五大湖南岸の製鉄所や港に輸送されて，五大湖沿岸の地区において工業化が進展した．

こうしてアメリカ合衆国北東部から五大湖沿岸にかけての工業地域は，1860～1880年にかけてその枠組みが形成された．この時期に鉄鉱石と石炭が結びついて重工業地帯が形成されただけではなく，この地域の都市を中心とする地域的工業システムが相互に結びついて，一大工業地域が出現した．すでに1840～1860年の間にこれらの地域的工業システム相互間の出荷が増えつつあったが，これが1860年以降の工業システム変化の前兆であった．製造業者は地域内の市場よりもむしろ他の複数の地域の市場を対象にして生産活動を行うようになり，また，全米市場を対象にする製造業者も次々に出現した．製造業者の基盤としての地域的市場の重要性は低下し，開発の遅れた地域が新しい製造業者を誘引するのは困難であった．さらに，この工業地域には技術，効率的な工場，そして流通網が強固に確立されたため，工業地域がさらに西方に拡大することはなかった．1860年以降はこの工業地域の中で各地区が全米の市場を求めて専門化を成し遂げ，工業地域全体としては各地区の結びつきをいっそう強めながら発展していったのである（図4.2）.

北東部-五大湖沿岸の工業地域はすでに1860年には国内工業生産の半分以上を占めるほどになっていたが，この工業地域の中では製造業の地域分化が進展していた．1860年，ニューイングランド南部は繊維・織物，製紙，皮革，金属，機械・器具の生産で他の地域をリードしていたし，大西洋中部沿岸地域は食品，衣料，家具，印刷・出版，ゴム製品，輸送機器の生産が多く，五大湖沿岸はまだ製造出荷額が少なく，食品，木材，木工製品，家具などの生産がみられる程度であった．

ところが1900年になると，ニューイングランド南部は繊維・織物，皮革製品の生産では全米1位を維持したが，その他の工業製品のシェアは低下してしまった．大西洋中部沿岸地域は，衣料，印刷・出版，機械・器具，金属の生産で他の地域をリードしたが，食品，ゴム製品の生産では地位

4.1 伝統的工業地域の形成　41

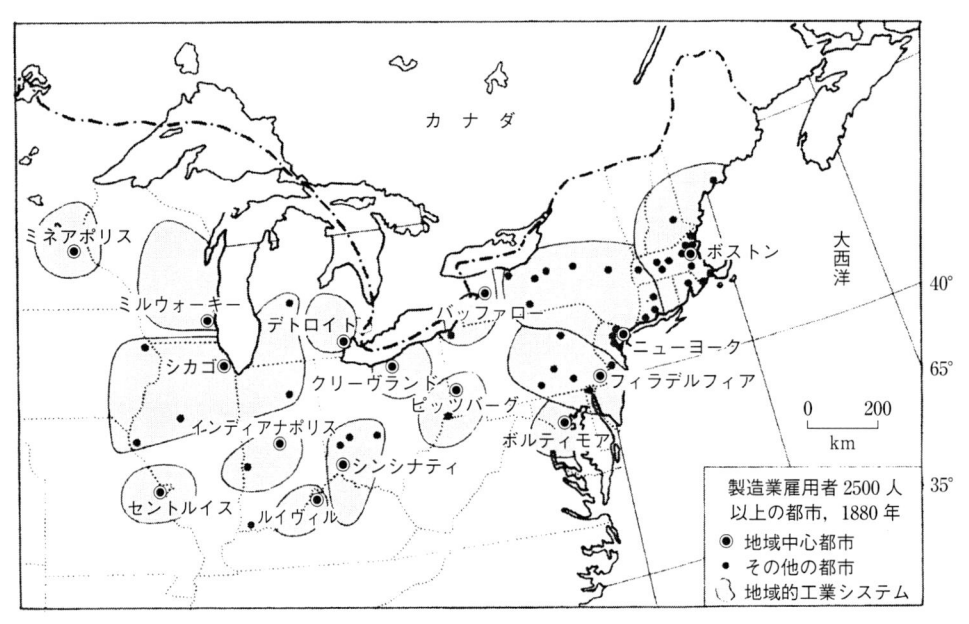

図 4.2 工業地域における地域的工業システム (1880 年)
David (1987) による.

地域的工業システム内にある名称のついた都市は「地域中心都市」である．ボストン，ニューヨーク，フィラデルフィア，ボルティモア，バッファロー，ピッツバーグ，クリーヴランド，シンシナティ，ルイヴィル，インディアナポリス，セントルイス，シカゴ，デトロイト，ミルウォーキー，ミネアポリス．

を低下させた．一方，五大湖沿岸地域は，木材・木工製品，家具，金属，金属部品，機械，輸送機器の部門で著しく生産を増加させた（図 4.3）．

　製造業の専門化は地域だけではなく，都市においてもみられた．分化の顕著な例としては，ボルティモアの紳士用衣類と果物・野菜の缶詰，ミルウォーキーのビールと紳士用衣類，フィラデルフィアの繊維・織物，ピッツバーグのガラスと鉄・鉄鋼，ボストンの楽器，シカゴの食肉加工，クリーヴランドの箒とブラシ，バッファローの冷蔵庫，ケンタッキー州ルイヴィルのタバコなどがある．これらの都市以外にも，ミシガン州グランドラピッズの家具，イリノイ州ペオリアのウイスキー，オハイオ州スプリングフィールドの農業機械，マサチューセッツ州ウースターの靴，ニューヨーク州オルバニー，トロイ，インディアナ州フォートウェイン，ニュージャージー州パターソンの鋳物・機械などが専門化した例として挙げられる．このような専門化が都市間の物資の流動をますます増加させたため，この工業地域内での結合がさらに強化された．都市相互がこのように結合することによって，都市の卸売，金融，倉庫，輸送などの機能が活発になって相乗効果をもたらし，都市と地域の工業を大いに発展させたのである．

4.1.3 第二次世界大戦から 1980 年頃まで

　北東部-五大湖沿岸の工業地域は，地域内に存在する炭田，製品を出荷する港，十分な労働力によって存立してきたが，第二次世界大戦後の新しい工業は，こうした伝統的な立地条件に強く制約されるものではなかった．また，第二次世界大戦後，主要都市を結ぶインターステートハイウェイ（無料の高速自動車道路）が完成し，工業製品と部品を安く，迅速に遠距離まで輸送できるようになった．アメリカ合衆国において生産費が北東部-五大湖沿岸と同程度のところは 10 カ所以上も存在し，それらの場所は特定の地域に製品を供給するという役割も果たす．石炭産地や原料産地への近接性の重要性が少なくなると，工業は以前とは異なる基準，例えば，市場の規模，労働者が働きやすい環境，あるいは立地する都市のコミュニティライフの豊かさなどで立地を決定するようになった．さらに立地条件に制約の少ない工業は，労働力が豊富で，税制の優遇策やインフラの整備と

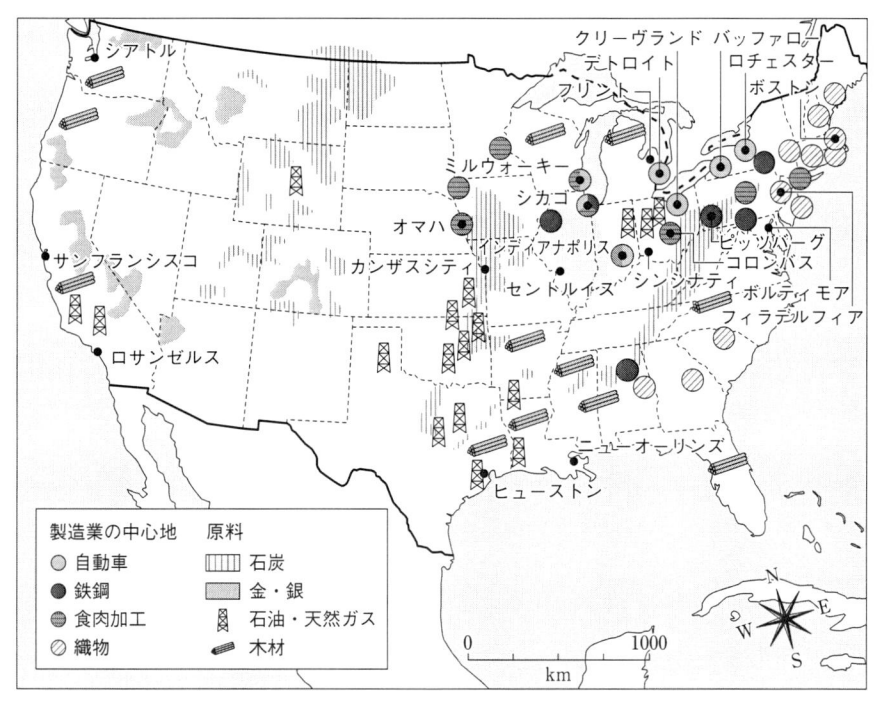

図 4.3 工業の分布（1920 年）
Tanner, H.H.（1995）による.

いった工業誘致政策をとる地域に引きつけられることになった．工業による地域発展を指向した地域が多く，州レベル，郡レベル，都市レベルで激しい競争がみられた．工業を誘致する地元は清潔な工場，高賃金の熟練労働者を連れてくる工業を望み，このような工業の工場は地元の商工会議所から熱望され，さらなる誘致策として税金の優遇が提供された．

このような工業立地の変化によって，アメリカ合衆国の工業は北東部-五大湖沿岸の工業地域への集中から各地域への分散へという動きになり，大都市から小都市へ，都市部から農村部への移動が顕著になった．アメリカ合衆国の工業地域は，その発展時期によって分類することが可能である（図 4.4）．

a. 北東部-五大湖沿岸工業地域

この地区は古くから工業が発展した伝統的な工業地域で，実際には数カ所の小さな工業地域に分けることができる．

1) ニューイングランド南部地域：マサチューセッツ州とボストン大都市圏を中心とするこの地域は北アメリカ大陸で最古の工業地域で，19 世紀初頭には繊維・衣料生産の中心であった．アメリカ合衆国南部の州から繊維・衣料の原料としての綿花が輸送され，この地域で加工された．多くは地元と国内で消費されたが，一部はヨーロッパに輸出された．ヨーロッパからの移民がこの地に定住して低賃金で働き生活水準を上昇させ，労働組合を結成するようになると賃金が上昇し，繊維産業は賃金の安い南部に移動した．現在，この地域は高付加価値の繊維と衣料を生産しているが，主な製造品は電気機械，金属部品，電子機器である．ボストンを中心とするマサチューセッツ州東部の工業は，電子機器，薬品製造，宇宙工学，計測器，兵器，そしてコンピュータを含むハイテク産業の発展によって復活した．1980 年代中頃までに，マサチューセッツ州の工業の 3 分の 1 以上はハイテク産業部門が占めるようになった．多くの新企業はボストン地域の熟練した労働者，経営的能力，技術者の創造性，ベンチャー資本，研究総合大学，そして技術の相互関連（集積の経済）に誘引されて創立された子会社である．これらの会社の設立には，地域内にあるボストン大学，マサチューセッツ工科大学（MIT），ハーヴァード大学の

4.1 伝統的工業地域の形成

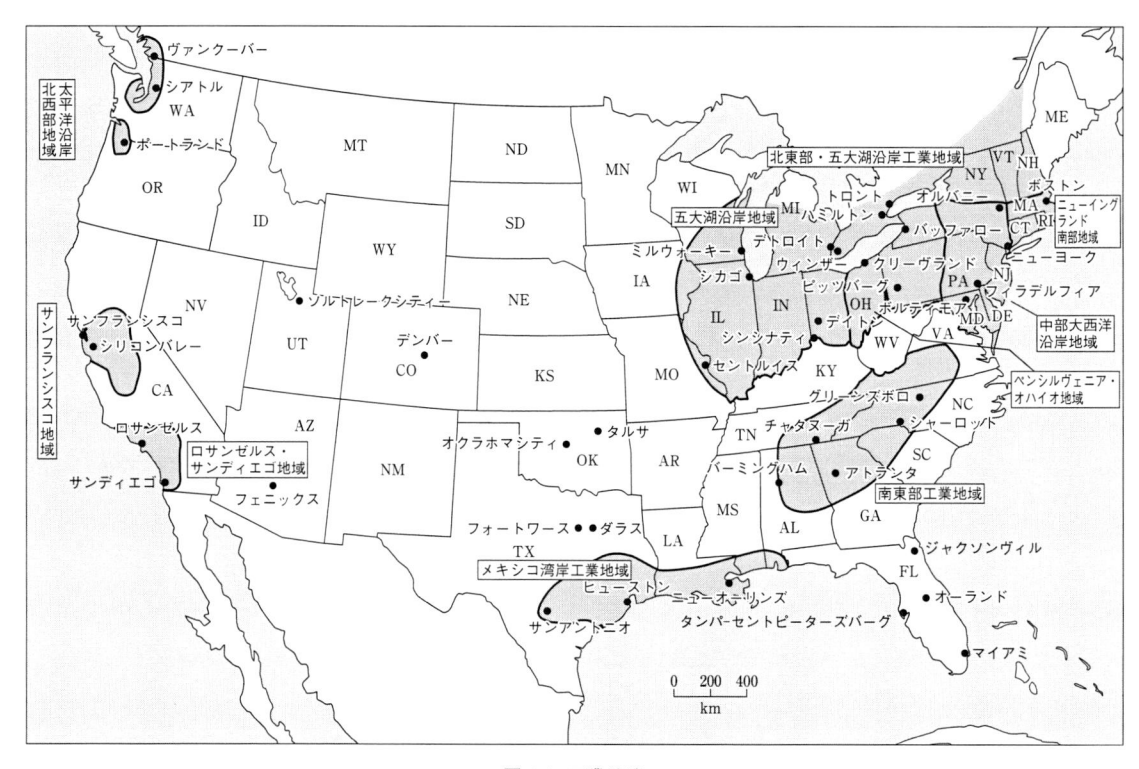

図 4.4 工業地域
Stutz and de Souza (1998) を一部修正.

出身者が貢献している.

2) **中部大西洋沿岸地域**：ここはニューヨーク市を中心にして，メリーランド州ボルティモア，ペンシルヴェニア州フィラデルフィア，デラウェア州ウィルミントン大都市圏を含む地域である．そして，これらの大都市圏の間にある都市とそれらの西側にある都市を含む地域である．北アメリカ大陸で最大の港を持っていたニューヨーク市には，国際貿易と人口集中地への近接性を求めて多くの製造業が立地した．多数の製造業が集中したためにニューヨーク市の工業は多様化し，しかも20世紀はじめまで多くの工場がマンハッタン島に位置していた．しかし，オフィス業務がマンハッタン島に集中するようになると，高層建築物が建築されて，重工業はハドソン川対岸のニュージャージー州の湿地帯に移転するようになった．ニューヨーク大都市圏はニューヨークやボルティモアを経て外国の市場へ輸出することもできるし，また外国の原料を輸入することもできる．ニューヨーク市は人口が集積して最大の市場であると同時に最大の労働力を持っている．また，アメリカ合衆国の東海岸における大都市群の中心的位置を占め，経済誌「フォーチュン」によると全米大企業500社の多くがこの地域に本社を置いている．ニューヨーク地区は世界各地との貿易の利点があるだけではなく，合衆国全体の人口集中地にも近く，金融，コミュニケーション，情報メディアにも近い．この工業地域の主な製品は衣料，鉄鋼，化学製品，機械，金属部品，各種の食品加工である．また，ここは北アメリカの出版業の中心であり，多数の出版会社がこの地域に立地している．

当初，フィラデルフィアとボルティモアにおける工業の内容は異なっていたが，現在では類似したものになってきている．フィラデルフィアの工業はニューヨークと同様に多様化しているが，食品加工業はニューヨークの2倍ほどの生産を誇っている．これは，ニュージャージー州南部，デラウェア川下流地域，ペンシルヴェニア州南東部，そしてメリーランド州沿岸部の園芸農家からの農産物を集めて加工することができるためである．フィラデルフィアはニューヨークから約120km離れているだけであり，ニューヨークは良港と内

陸へのアクセスが良かったために，フィラデルフィアの工業の発展はニューヨークに遅れをとっていた．しかし，ペンシルヴェニア州西部の石炭・鉄鋼地域への近接性，フィラデルフィアの港，そして合衆国初期の政治的・文化的中心地の伝統がフィラデルフィアの工業発展を支えてきた．

一方，ボルティモアは終始北東部の工業地域の縁辺に位置してきたが，フィラデルフィアと同様に内陸部の石炭・鉄鋼地域と鉄道で結ばれ，良港を持ち，これらを反映して輸送機器製造，造船，船舶修理などが盛んである．

3) **ペンシルヴェニアの石炭・鉄鋼地域とオハイオ州東部地域**：ここはピッツバーグを中心とした重工業地域である．この地域は北のエリー湖岸まで延び，クリーヴランドとバッファロー，そしてオハイオ川流域の都市とカノーハ（Kanawha）川流域の都市を含む．近くのアパラチア山脈で鉄鉱石と石炭が採掘され，ピッツバーグで製鉄が行われる．ピッツバーグは古くからアメリカ合衆国の製鉄業の中心であった．ユナイテッドスティール社の創立が，鉄鋼生産の中心地としてのピッツバーグの発展を促進した．ピッツバーグが発展すると，鉄鋼に依存する産業が鉄鋼工場への近接性と安い水上交通を求めてアレゲニー（Allegheny）川とモノンガヒラ（Monongahela）川の狭い谷底に立地した．金属部品産業，機械部品製造，大量の鉄鋼を使用する他の工業部門がピッツバーグとその周辺に立地したのである．近くの都市も鉄鋼の誘因力によって利益を与えられ，オハイオ州ヤングズタウン（Youngstown），カントン（Canton），ストゥーベンヴィル（Steubenville），ウエストヴァージニア州ホイーリング（Wheeling），ペンシルヴェニア州ニューカッスル（New Castle）とジョンズタウン（Johnstown）も，この地域で鉄鋼と鉄鋼製品工業を発展させた．しかし，ユナイテッドスティール社の生産量が減少するとともに，これらの都市も経済的困難に直面することになった．

アパラチア山脈の鉄鉱石が枯渇すると，新しい鉄鉱石がミネソタ州北部で発見され，そこから五大湖の水運によって湖岸の工業都市と港に運ばれ，そこから鉄道でピッツバーグ地域に運搬されるようになった．現在，この地域の主要生産物は鉄鋼，電気機器，機械，ゴム製品，工作機械である．

4) **五大湖沿岸地域**：東部のデトロイト，西部のシカゴを中心とする地域である．これらの都市の他にオハイオ州トレド（Toledo），ウィスコンシン州ミルウォーキーも，輸送機器，鉄鋼，自動車，金属部品，機械の製造，出版・印刷で重要な地位を占めている．1906年にユナイテッドスティール社がゲーリー（Gary）に大規模な製鉄・鉄鋼工場を建設したときには，シカゴもすでに大きな鉄鋼工場を持つ工業都市であった．その後，工業はシカゴとゲーリーからミシガン湖沿いと，そこから半径160 kmにわたって拡大し，シカゴとゲーリーはアメリカ合衆国の伝統的な工業地帯の西部における中心となった．これらの地域から，工業地域の中の間隙地帯，特にミシガン州南部に自動車産業が広がった．シカゴは，ロサンゼルスと首位を争う合衆国最大の工業都市である．この地域の工業の主体はミシガン湖の南岸にある鉄鋼業である．ここはミネソタ州の鉄鉱産地から鉱石運搬船で運搬されてくる鉄鉱と，ウエストヴァージニア州，ケンタッキー州，イリノイ州南部から鉄道で輸送されてくる石炭が一緒になる場所である（図4.5）．

b. 南東部工業地域

南東部工業地域（またはピードモント工業地域）はヴァージニア州中央部からノースカロライナ州，サウスカロライナ州西部を経て南に延び，ジョージア州北部，アラバマ州北東部，テネシー州北東部を含む地域である．この工業地域はノースカロライナ州グリーンズボロ（Greensboro），シャーロット（Charlotte），ウインストン・セーラム（Winston-Salem），サウスカロライナ州グリーンヴィル（Greenville）とコロンビア（Columbia），ジョージア州アトランタ，アラバマ州バーミングハム（Birmingham），テネシー州チャタヌーガ（Chattanooga）とノックスヴィル（Knoxville）を中心都市としている．すなわちアパラチア山脈の南麓部を取り囲むように延びている．この地域内

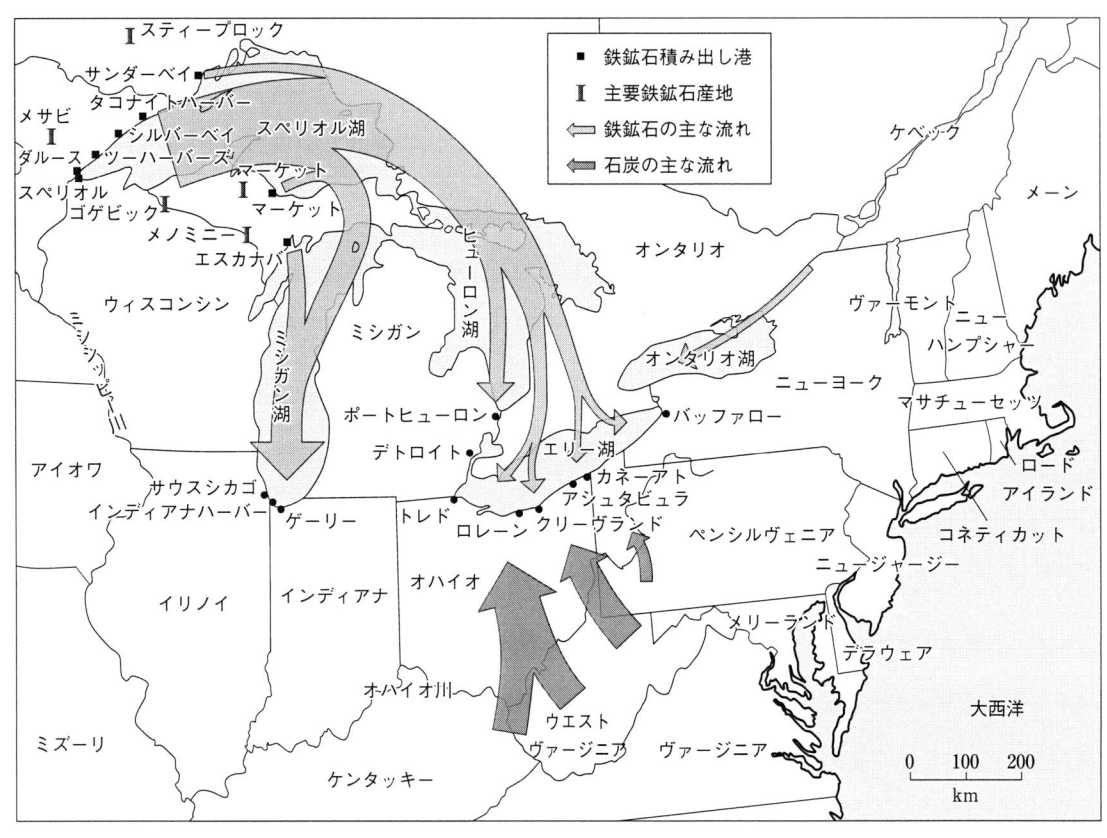

図4.5 五大湖沿岸の石炭と鉄鉱石の流れ
Birdsall, et al. (2005) による.

のノースカロライナ州とサウスカロライナ州のピードモント地帯では，1920年代後半にニューイングランドから安い労働賃金と低い労働組合組織率を求めて繊維産業が移転した．ノースカロライナ州のピードモント地帯の工業はタバコ，繊維，化学製品，家具などが中心で，上記の3都市とその周辺の小都市に工場が立地している．1970年代以降のサンベルト発展期に，工場はさらに余剰労働力を求めて農村部に進出した．ノースカロライナ州とサウスカロライナ州における製造業従業者の比率は国内でも大きく，この地域における製造業の重要性を示している．ノースカロライナ州ローリー（Raleigh），ダーラム（Durham），チャペルヒル（Chapel Hill）を含む地域はリサーチトライアングルと呼ばれ，企業の研究開発部門が集中している．ここは，ノースカロライナ大学チャペルヒル校，ノースカロライナ州立大学，デューク大学との関係が強く，産業・環境部門の研究活動を行い，地域の経済成長を促進している．

アパラチア地域は大恐慌期を経験したが，その後はTVA計画に基づいて建設された発電所からの安い電力を利用して，アルミニウム産業も参入した．輸送機器，家具，食品加工，木材もこの工業地域の主要製品である．アラバマ州バーミングハムは，近郊で鉄鉱石と石炭が採掘されたことから長い間，南東部の鉄鋼産業の中心であった．しかし，1980年代にアメリカ合衆国の他の製鉄業都市と同様に衰退を余儀なくされた．近年はハイテク産業を発達させ，製鉄業ではなく医学研究と医療サービスの分野で経済発展を遂げている．

c. メキシコ湾岸工業地域

メキシコ湾岸工業地域はテキサス州南東部からルイジアナ州南部，ミシシッピ州南部，アラバマ州南部を経てフロリダ州北西部のパンハンドル地域まで延びている．テキサス州ヒューストン，ルイジアナ州バトンルージュ（Baton Rouge）とニューオーリンズ，アラバマ州モービル（Mobile），フロリダ州ペンサコーラ（Pensacola）がこの工業

地域の中心都市である．この工業地域の立地条件は，①工業資源としての石油，天然ガス，硫黄，石灰の存在，②燃料としての豊富な天然ガスの存在，③容積のある工業製品を運搬するのに有利な水上交通が利用可能なことが挙げられる．

この地域の工業製品の種類は限定的であるが，メキシコ湾で採掘される豊富な石油と天然ガスがあるため，その規模は大きい．石油精製と化学製品の生産が主要な工業活動である．フロリダ州ペンサコーラからテキサス州コーパスクリスティの間には多数の石油精製所，石油タンク，石油の積み出し港があり，工業施設とパイプライン網で結ばれている．原油の多くはメキシコ湾岸の油田から得るが，メキシコ湾岸地域の北にある油田地帯から来る石油や輸入石油も精製される．メキシコ湾岸工業地域は全米の精油能力の約40％を持っている．主要製油施設はテキサス州南東部のヒューストン-テキサスシティ，そしてボーモント-ポートアーサー（Beaumont-Port Arthur）に立地している．

石油精製と並んで，石油化学産業も発達している．これらは石油精製の過程で分離され，他の部門で利用できるブタン，ブタジエン，トルエンなどと，さらに複雑な工業用炭化水素を製造する．石油化学工場は精油所の近くに立地し，複雑なパイプラインによって液体やガスが工場から工場へと送られる．ある工場の完成品が他の工場の原料となり，工場と工場が深く結びついている．石油化学工場はアラバマ州モービルからテキサス州ブラウンズヴィル（Brownsville）まで分布しているが，その主な集積地域はテキサスシティを中心としたヒューストンシップカナル（Houston Ship Canal）近辺，レイクチャールズ（Lake Charles）周辺，そしてバトンルージュとニューオーリンズの間である．また，アルミニウムを含む非鉄金属，電気機械，電子機器も主要工業製品である．

d．西海岸工業地域

西海岸工業地域は3つの地区に分かれる．

1）**ロサンゼルス・サンディエゴ地域**：カリフォルニア州ロサンゼルスとサンディエゴ地域では航空機，宇宙工学産業と電気機器が主要製品である．1930年代に年間330日も航空機の試験飛行ができることや，飛行機格納庫の暖房も冷房も必要としない気候が誘因力となって，航空機産業がこの地に立地した．航空機に必要とされる無数の電子部品と電子機器，そしてそれらに関係するハイテク航行用機器の製造が行われ，電子機器産業がこの地に引きつけられ定着した．今日，航空機，アパレル，石油精製はロサンゼルス地域の重要な製造業であり，サンディエゴ地域では化学薬品，軍需品，輸送機器が主な製造品である．

2）**サンフランシスコ地域**：サンフランシスコ地域は西海岸工業地域の中で2番目に重要な工業地域である．電子機器，食品，船舶，機械が主要な工業製品である．サンフランシスコの南にあるシリコンバレーは世界最大の半導体，マイクロプロセッサ，コンピュータ部品の製造地域である．

3）**太平洋沿岸北西部地域**：この地域はワシントン州シアトル，オレゴン州ポートランドを含み，航空機製造のボーイング社が最大の雇用者である．ボーイング社の創立者ウィリアム・ボーイング（Boeing, W. E.）は太平洋沿岸北西部の豊富な森林資源を利用する木材会社の経営者で，その木材を利用して航空機製造を始めた．第二次世界大戦中は爆撃機の製造が主流であったが，その後，ジェット旅客機の製造で確固たる地位を確保し，世界市場に航空機を供給している．1960年代には雇用者が10万人を超えたが，1970年代に5万人となり，1980〜1990年代にはまた10万人に回復するなど，雇用者数は国際経済と市場の変化に強く影響される．2001年に本社をシカゴに移転したが，航空機製造の工場は近郊のエヴァレット（Everett）にある．また，この地域では製紙，木材，食品加工も重要である．

4.2 産業構造の変化と工業の再配置

工業はいったん立地すると，地形と同じように不変のものとみなされがちであるが，常にその性質を変化させている．アメリカ合衆国の工業の大部分は100年未満の歴史しかなく，産業革命によってもたらされた工業はそれ以降衰退してしまったり，認識できないものに変化してしまったりし

ている．工業におけるこれらの変化はいくつかの要因によって引き起こされた．それらの要因を順にみていく．

4.2.1 資源・エネルギー・労働力の変化

工業活動において投入するものは原料，エネルギー，労働力である．これらのうちの1つの変化が工業を変化させた例として，原料の変化をみてみよう．製鉄業における原料は鉄鉱石が主体であるが，鉄鉱石や銑鉄に代わってスクラップが原料として使用されるようになると，鉄鉱石供給地そして石炭産地への工業立地の誘引力が減少した．化学繊維工業においても変化があった．初期の化学繊維は木からとるセルロースから開発されたが，最近の化学繊維は石油から作られる．したがって，初期の化学繊維工業は林業の盛んな地域であればどこにでも立地できたが，最近の石油依存の化学繊維工業は石油産業の盛んな場所に大きく依存する．

工業エネルギーを石炭から電気，ガスに転換する産業は多数みることができる．このようなエネルギー資源の転換によって，工業立地が比較的自由になった．かつて工業エネルギー資源の不足のために工業の立地がなかった，例えばテネシー川流域では，TVA計画で発電所が建設されて安い電力が供給された結果，電力を必要とするアルミニウム工業や肥料工場が立地するようになった．また，メキシコ湾岸では豊富な石油と天然ガスが採掘された結果，石油化学産業が立地することになった．こうして，石炭産出地域への工業の立地という古い工業立地パターンは消滅した．

工業活動に必要とされる労働力も変化する．かつて工業の工場化が進展した段階においては，重い製品を上げ下げする強い力を持った多数の人手と，厳しい条件でも安い賃金で長時間にわたって働く非熟練労働者を必要とした．しかし，工業技術の発展によって，近代の工業では人手に頼る作業から機械による作業に替わり，必要とされる工業労働者の数も減少することになった．アメリカ合衆国の国勢調査では，生産労働に携わる労働者を生産労働者（production worker）として他の労働者と区別している．工業労働者の中でも企業の経理，宣伝，研究・開発，営業に従事する人々がいて，実際の生産労働に従事する人々の数は工業労働者の総数よりも少なくなる．工業部門において生産労働者の占める比率は1967年には72.5%であったが，1970年には69.9%，1990年には64.4%と下がり，1995年には65.5%となった．かつては新移民や学歴の低い非熟練労働者を多数雇用した時期もあったが，現代の企業は教育を受けた人々を労働者として雇用する．この結果，教育水準の低いアフリカ系アメリカ人，ヒスパニック，ネイティブアメリカンなどは仕事を求める際に不利となることになった．

また，労働力に占める女性の比率が増加していることも大きな変化である．1970年の女性労働者数の男性労働者数に対する割合は1：1.62であったが，1980年には1：1.35となり，2000年には1：1.15となった．アメリカ合衆国において女性労働者数は男性労働者数に着実に近づいてきているのである．このように女性労働者数が増加すると，女性の労働分野，賃金，そして女性労働者の将来は男性労働者とどのように異なるのかという点に研究の関心が移ってきている．

4.2.2 消費市場の性格の変化

工業製品の販売は国内市場の規模と国民のライフスタイルと購買力に大きく左右される．さらに工業製品の外国への販売は国際競争と政治状況，つまり関税，輸入規制，戦争などと密接に関わり，これらが工業製品の販売を増加させたり減少させたりする．アメリカ合衆国の国内市場は，全米の生活水準の向上，低開発地域の開発，特に深南部（ルイジアナ，ミシシッピ，アラバマ，ジョージア，サウスカロライナ）とアパラチア山脈における経済開発によって消費水準が上昇し，工業製品の需要が増大した．これらの地域は，国内市場において自動車，冷蔵庫など現代的生活を営むための道具と機器を製造する業者の格好の市場となった．また，1960年代後半以降の，北部から南部（スノーベルトからサンベルト）への人口移動による人口分布の変化も，工業製品の需要に影響を与えた．アパラチア山脈を含む南部への人口移動は，エアコンディショナー，屋外の庭園設備，夏

物衣料などの需要を増加させ，逆に雪靴，暖房器具の需要を減少させることになった．何万もの世帯が関係してくると，このような変化は市場に大きな影響を与える．また，農村部から都市部への人口移動も市場の需要に大きく影響する．

国際市場の変化も国内工業の動向に影響を与える．日本，ヨーロッパ諸国，韓国，台湾，中国はアメリカ合衆国の国内市場に進出し，特に衣料品，自動車，電気器具，鉄鋼，コンピュータ市場においてかなりの市場占有率を持っている．国際市場におけるアメリカ合衆国の工業製品の割合は，人件費が安く，技術を取得した国々の進出によって次第に低下している．1994年の北米自由貿易協定によってメキシコからは衣料品をはじめとして多数の消費物資が流入するようになった．中南米諸国からの消費物資も国内市場で競合するようになった．

4.2.3 工業製品の変化

どのような工業製品でも浮き沈みがあり，拡大する工業もあるが，衰退してしまう工業もある．発展するか否かは，新しいものに対する需要と，研究・開発の結果としての新製品の開発にかかっている．新製品の例としては，宇宙開発と電子工学の研究から生まれたものを挙げることができる．シリコンチップとコンピュータの開発によって，いわゆるハイテク産業が発展し，サンフランシスコ湾南部にシリコンバレーの一大工業地域を形成した．

これとは対照的に衰退の一途を辿る工業もある．ただ単に需要が減少してしまった例として鉄道客車がある．かつて重要な交通機関であった鉄道は旅客列車の本数と利用客数が減少し，鉄道客車製造業もほとんど消滅してしまった．

工業製品の性質が変化したものもある．重い材質のものから軽い材質のものへと変化した例として，鉄に代わるアルミニウムの使用が挙げられる．自動車のボディや部品でも，鉄鋼に代わってプラスチックが使用される．鉄鋼の需要として大規模な市場を構成してきた自動車産業において鉄鋼の需要が減少することは，鉄鋼産業にとって大きな打撃である．航空機の材料としても軽くて強度の高いものが使用されるようになった．

4.2.4 産業構造の変化と工業の再配置

アメリカ合衆国の産業構造は第二次世界大戦後，大きく変化してきたが，これはいくつかの変動過程を含んでいる．

その1つは工業化に伴う専門化（分業化）と関係がある．工業化は卸売・小売業，サービス業を発展させただけではなく，これらに関係する交通・運輸・通信，電気・ガス・水道，流通・マーケティング・広告，金融・保険・不動産という分野での雇用を増加させた．一方，農業と工業部門では機械化によって労働力の省力化がなされた．そして，消費者は所得を次第に増やして耐久消費財をほぼ備えるようになると，サービスに対して支払う所得の割合を増加させてきた．そこで，サービス部門への投資が増加し，また製造企業はできるだけ安い製品，より良い製品を生産する方法や新製品の開発を進めるようになった．連邦政府や地方公共団体も，複雑化していく経済・社会組織に対応して活動の範囲を拡大し，公務部門のサービス的雇用が増大した．

このような様子が表4.1の産業別雇用者数の変化に示されている．1960年には全体の27.9%を

表4.1 産業別雇用者数の変化（1960～2005年）

	1960年	1980年	2000年	2005年
農林水産業	5723 (8.4)	3364 (3.4)	2464 (1.8)	2197 (1.6)
鉱業	709 (1.2)	979 (0.9)	475 (0.4)	624 (0.4)
建設業	2882 (4.8)	6215 (6.3)	9931 (7.3)	11197 (7.9)
工業	16762 (27.9)	21942 (22.1)	19641 (14.3)	16253 (11.5)
運輸・通信業	4017 (6.7)	6525 (6.6)	7380 (5.4)	7360 (5.2)
卸売・小売業	11412 (19.0)	20191 (20.3)	19979 (14.6)	21404 (15.1)
金融保険不動産業	2684 (4.5)	5993 (6.0)	9374 (6.8)	10202 (7.2)
サービス業	7361 (12.3)	28752 (29.0)	61532 (44.9)	65961 (46.5)
公務	8520 (14.2)	5342 (5.4)	6113 (4.5)	6530 (4.6)
計	60070 (100)	99303 (100)	136889 (100)	141728 (100)

単位：1000人．（　）内は比率（%）．
Statistical Abstract of the United States による．

占めていた工業の雇用者が，1980年には22.1%，2005年には11.5%まで低下した．一方，サービス業は1960年に12.3%であったが，1980年には29.0%となり，2005年には46.5%まで上昇した．サービス部門で高い伸びを示したのは情報・調査・研究，医療・福祉サービス，公共部門でのサービス活動，および非営利の高等教育であった．雇用者数に占める比率が減少した工業においては1996～2006年の間にほとんどの部門で雇用を減少させているが，航空機，金属部品製造の分野では雇用を増加させている．繊維・織物，衣料，木材，機械，コンピュータ・電子機器の分野では大きく雇用を減少させている．

国内総生産額に占める各産業の割合も変化した．表4.2によると，1980年に国内総生産額の21.6%を占めていた工業は，2005年にほぼ半分の11.9%に低下し，サービス業は同じ時期に13.9%から25.6%へとほぼ倍増した．まさに，経済活動のサービス経済化が急速に進展したのである．

産業構造のこのような変化は工業活動の再編成を促進した．工業活動は分散化に向かう傾向が顕著である．工業活動の分散化は，都市圏内の中心都市から郊外への分散，都市から農村への分散，旧来の工業地域から新興の工業地域への分散，合衆国本土から海外への分散という様々なスケールで認められる．

中心都市から郊外への工業の移動は20世紀初頭からみられた現象である．製造業者は，交通の混雑，利用できる土地の少なさ，そして高い地価のために中心都市内部を避けて，土地が安く，税金も一般に安く，鉄道路線と道路も整備されている郊外に工場を建設するようになった．第一次世界大戦後，トラックと乗用車の普及率が高まり，工場の分散が進んだ．第二次世界大戦後はインタースーテートハイウェイの整備が進んで国内の大都市間が結ばれ，さらに大都市圏では市街地を取り囲むようにインタースーテートハイウェイのバイパスとして環状道路が建設された．その利便性を求めて，この環状道路と都心から放射状に延びる幹線道路との交点に工業団地（industrial park）が建設され，郊外の工業化が進展した．

最近は雇用の分散が郊外を飛び出して都市圏の外側にまで広がっている．交通・通信の発達によって製造業，卸売業，そしてオフィスまでも都市中心部に立地する必要性を減少させ，企業は生産コストの空間的差異を利用して環境の良いところに立地するようになってきた．都市部から農村部への雇用の分散の主な要因は，農村部の比較的安い労働賃金，安い用地，安い地方税，労働組合の低い組織率などであった．安い労働力は，また非熟練労働を意味するので，これらの誘因力が最も強いのは比較的労働集約的な衣料，繊維・織物，金属部品，電気製品組立などの業種に対してであった．

4.3 新しい産業の展開

4.3.1 ハイテク産業

アメリカ合衆国の工業活動の中で注目されているのがハイテク産業である．ハイテク産業はまったく新しい技術に基づいた半導体，コンピュータ・ソフトウェア，バイオテクノロジー，ロボットなどである．このようなハイテク産業は新しい雇用を生み出すばかりでなく，工業活動の新しい「苗床」ともなる．したがって，ハイテク産業は新

表4.2 国内総生産に占める産業別生産額（2005年）

	民間産業									政府		
	農林水産業	鉱業	建設業	工業	卸売・小売業	交通・運輸・公益	情報	金融・保険・不動産業	サービス業	国	地方	総計
1980年	77 (2.9)	107 (4.0)	138 (5.1)	581 (21.6)	439 (16.4)	241 (9.0)		401 (14.9)	374 (13.9)	322 (12.0)		2684 (100)
2005年	133 (1.1)	224 (1.8)	605 (4.9)	1481 (11.9)	1547 (12.5)	604 (4.9)	558 (4.5)	2527 (20.3)	3175 (25.6)	502 (4.0)	1067 (8.6)	12422 (100)

単位：10億ドル．（ ）内は比率（%）．
Statistical Abstract of the United States, 2009による．

しい相乗効果を通して地域の工業の成長をもたらし，アメリカ合衆国の工業地域の構造を変化させる可能性を秘めている．

ハイテク産業における雇用の構造は，先進資本主義国の他の経済部門と同様に両極分化する傾向があり，高給取りの専門職と安月給のサービス労働者に分かれていく．ハイテク産業は，設立者が親会社から独立して組織化する会社が多いということで，企業組織の点では独特な性格を持っている．しかし同時に，大企業が水平統合あるいは垂直統合によって，成長しつつある会社を合併あるいは買収する例も多い．

ハイテク産業も他の工業活動にみられるように分散化の立地傾向を示し，局部的集積が特色となっている．その典型的な例がカリフォルニア州サンフランシスコ湾の南のパロアルト (Palo Alto) とサンタクララ (Santa Clara) の間にあるシリコンバレーへの半導体企業の集中である．ここはコンピュータや電子機器の部品を生産するマイクロプロセッサ産業の本拠地で，地元の立地条件の良さに相当量のハイテク産業が引きつけられている好例である．最近の研究によれば，シリコンバレーの立地条件とは，①近郊にあるスタンフォード大学の工学系大学院が優れた技術者を養成し，②コスモポリタンな都市サンフランシスコに近く，③熟練労働者と半熟練労働者が豊富に存在し，④年間を通じての温暖な気候，および野外でのレクリエーションの機会が豊富で，⑤近くに質の良い住宅があり，⑥企業の繁栄にとって有利な経営風土が存在することであるという (de Blij and Muller, 1997)．シリコンバレーの成功は同様の産業集積を各地にもたらした．それらの例として，カリフォルニア州サンディエゴとロサンゼルス，テキサス州オースティンとダラス，ノースカロライナ州ローリー–ダーラムがある．

コンピュータ・ソフトウエア産業の雇用はロサンゼルスとサンフランシスコ湾岸地域とマサチューセッツ州ボストン郊外の州道128号沿いの地域に，ロボット産業の雇用はデトロイトのような伝統的な工業都市と，マサチューセッツ州，テキサス州，コロラド州，カリフォルニア州の新しいハイテク産業地域に分かれる傾向にある．

ハイテク産業の集積した地域内では，ハイテク産業は郊外に立地することが多い．シリコンバレーもボストン郊外の州道128号沿いの地域も新しく開発された自動車依存の郊外地域であり，中心都市から離れたところである．しかし，個々のハイテク企業は信頼を得るために地名（住所）の重要性を認識して，これらの地区に集中するので，地価が上昇する．地価の上昇は工業用地と住宅用地に影響を与え，企業は専門技術者を確保するために高額の給料を払わなければならなくなった．その結果，ハイテク企業は経営管理部門と研究開発部門をハイテク企業の集積する場所に残し，生産部門と販売・サービス部門を他地域に分散させるようになった．例えばインテル (Intel) 社は，オレゴン州ヒルズボロ (Hillsboro)，アリゾナ州チャンドラー (Chandler)，ニューメキシコ州アルバカーキ (Albuquerque) に工場を建設した．さらに，コンピュータや半導体の大企業は，技術の獲得，そして安い労働力を求めて外国へも進出するようになった．

4.3.2 情報技術産業

アメリカ合衆国においては脱工業化の徴候が明確に現れていて，それらは「情報社会」や「電子時代」という言葉で表現されている．脱工業化という言葉は，アメリカ合衆国の経済の中心であったものがもはや別のものに置き換わったことを物語っている．脱工業化社会においては通信とコンピュータが知識の交換と処理に重要な役割を占めるようになった．情報は富と権力を与える鍵となり，機械の技術からではなく知識から生み出されて操作されるものとなった．しかし，脱工業化社会が完全に工業化社会に取って代わったわけではない．新しい発展が過去の層に乗っかって，過去の一部の特性を消し去り，社会全体としての構成を厚くしているのである．

アメリカ合衆国の情報技術産業では，インテル社が1971年にマイクロプロセッサの製造に成功し，ワンチップ・コンピュータが実現した．これがコンピュータ・ハードウェアの中核であり，インテル社は現在でも世界のCPUメーカーのリー

ダーである．一方，パソコン市場では1978年にアップル社が8ビットパソコン，アップルIIを売り出し，普及した．1981年にはIBM社が16ビットの高速処理ができるIBMパソコンで市場に参入し，わずか1〜2年でアップルIIの販売を上回った．このIBM-PCに搭載されていたCPUがインテル社製であり，また基本ソフトがマイクロソフト社MS-DOSであった．インテル社のペンティアムとマイクロソフト社のウィンドウズの組合せは，パソコン市場における世界的な標準となった．その後も，IBM-PC用表計算ソフト「ロータス1-2-3」が成功し，さらにIBM-PC互換機コンパックの成功もあり，IBM社，インテル社，マイクロソフト社がパソコン市場において最大のシェアを確保するようになった．

現在でも世界のソフトウェア市場におけるマイクロソフト社とIBM社のシェアは大きい．世界のソフトウェア市場においてアメリカ合衆国は約半分の販売額を占めていた（2000年）．販売額1位と2位はIBM社とマイクロソフト社であり，ソフトウェア業界で圧倒的な地位を保っている．アメリカ合衆国のコンピュータ業界の中心はすでにハードウェアから関連サービス業やネット関連事業に移っている．1990年代に急速に普及したインターネットやLANに関連したネット関連事業でも，アメリカ企業が世界で圧倒的に優位な地位を維持している．検索サイトのヤフー，グーグル，ネット小売のアマゾン・ドット・コムなどは世界市場での占有率も高い．これらの会社の本社をみると，IBM社はコンピュータ時代の到来以前からの会社であり，本社はニューヨーク州アーモンク（Armonk）にある．しかし，マイクロソフト社はワシントン州シアトル，ヤフー社はシリコンバレーのサニーヴェイル（Sunnyvale），グーグル社も同じくシリコンバレーのマウンテンヴュー（Mountain View）に本社を置き，いずれも西海岸である．

4.3.3 R&D部門の立地

工業活動の再編成過程における重要な現象はR&D（研究・開発）部門の立地変化である．企業は市場競争に勝ち抜くために既成製品の改良，新製品の開発を行う研究開発部門を重視している．R&D部門は情報の収集の容易さから大都市に集中すると考えられるが，マレッキーはアメリカ合衆国のR&D部門の立地を分析して，R&D部門の集中は，①政府の試験・研究機関，②研究機関としての大学，③工業生産活動，④企業本社と関連していると述べている（Malecki, 1979）．これら4つの要素が作用して，アメリカ合衆国のR&D部門は大都市と工業地域に集中する．企業のR&D部門は特に北東部-五大湖沿岸工業地域の大都市に集まる．マレッキーが指摘するように，企業のR&D部門が集積する大都市は，企業本社や製造企業の経営管理機能を少なからず持っている都市である．R&D部門が集中するのはマサチューセッツ州ボストン，ローレンス，ローウェル，ワシントンD.C.，ペンシルヴェニア州フィラデルフィア，デラウェア州ウィルミントン，ニュージャージー州トレントン，ウィスコンシン州マディソン，インディアナ州ラファイエット（Lafayette）地域である．これらの北東部・中西部以外の地域では，カリフォルニア州サンフランシスコ，オークランド，サンノゼ，コロラド州デンバー，ボールダー，ノースカロライナ州ローリー，ダーラム地域にR&D部門が集積している．

またR&D部門は，多様な経済活動を持ち，ある程度のハイテク産業の活動があり，連邦政府からの研究開発援助を受けているイノベーション中心地，例えばテキサス州オースティン，アラバマ州ハンツヴィル（Huntsville），ネブラスカ州リンカーン（Lincoln）に集積する傾向もある．北東部および中西部においてR&D部門がみられるのは，前述の都市の他にコネティカット州ハートフォード，ロードアイランド州プロヴィデンス，ニューヨーク州ロチェスター，オハイオ州クリーヴランド，シンシナティ，ミシガン州デトロイト，インディアナ州インディアナポリス，ミズーリ州セントルイスといった都市である．北東部，中西部以外では，テネシー州メンフィス，ノックスヴィル，ミズーリ州カンザスシティ，アリゾナ州ツーサン（Tucson），ネヴァダ州ラスヴェガス，カリフォルニア州サンディエゴにみられる．

したがって，一般的にはR&D部門も企業本社のように分散化の傾向が認められる．これは，工業のR&D部門の約半数は開発業務が直接生産に結びつく工業都市に立地しているためである．その結果，ある工業都市に，ある特定分野のR&D部門が集中することになる．例えば，シリコンバレーとボストンには電子産業部門，サンディエゴには生物・薬学，フィラデルフィアには化学のR&D部門が集中する．

4.4 スノーベルトとサンベルト

4.4.1 スノーベルトとラストベルトにおける製造業の衰退

北東部-五大湖沿岸工業地域は，1970年代から南部や西部の工業の発展によって，相対的にも絶対的にも国内における重要性を減少させている（図4.6）．北東部-五大湖沿岸地域は冬になると雪に覆われるので，南部と南西部がサンベルトと呼ばれるのに対して，スノーベルトと呼ばれる．また，この工業地域の工業設備は旧式であることからラストベルトとも呼ばれる．1970年代にこの工業地域の主要な工業であった鉄鋼業と自動車工業は，工場の閉鎖と労働者の解雇という困難な事態を経験した．この工業地域の核となっていた鉄鋼業は，外国からの低価格製品との競争，高価格の製品，国内の鉄鋼需要の減少などにより，衰退を余儀なくされた．しかし1970年代以降，スクラップを原料とする電気溶鉱炉は小規模な鉄鋼工場で使用されるようになり，五大湖沿岸の自動車工場へ粗鋼を供給している．ペンシルヴェニア州西部の鉄鋼業の衰退に伴い，鉄鋼生産の不足を補うためにクリーヴランド，デトロイト，シカゴ，ゲーリーには鉄鋼一貫工場も建設された．1990年代には五大湖沿岸の工業地帯の鉄鋼生産は安定するにいたった．

自動車工業の衰退にもかかわらず，デトロイトはアメリカ合衆国における重要な自動車工業の都市であり続けている．ヘンリー・フォード（Ford, H.），ランサム・オールズ（Olds, R）といった自動車工業のパイオニアたちがデトロイトで自動車工業を興し発展させたことから，デトロイトは自動車工業の最初の中心地となった．フォードは特にデトロイトの自動車産業の発展に貢献した．1913年にハイランドパーク工場で彼が導入した，流れ作業による自動車組立工程，プレス工程による成型部品の高速製造，専用工作機械による部品の標準化によって，自動車は大量生産が可能となり，平均的な世帯が購入できるような価格となった．フォード社のこの大量生産方式はフォーディズム（Fordism）と呼ばれる．ポンティアック（Pontiac）やイプシランティ（Ypsilanti）など，デトロイトの近くの都市には自動車部品工場や組立

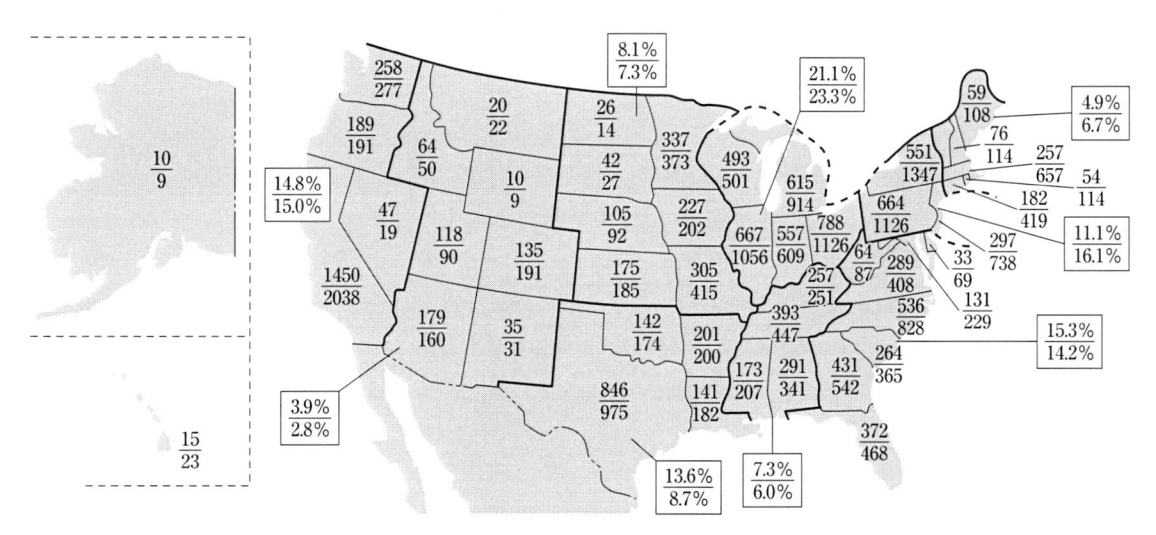

図4.6 州別・地域別工業就業者数（a）と，全米に占める付加価値額の比率変化（b）（1984～2006年）
(a) 州の中に分数の形（2006年/1984年）で示す（単位：1000人），(b) 四角い枠内に分数の形（2006年/1984年）で示す．Paterson (1994) をもとに2006年のデータを追加．

工場が建設されて，デトロイトを中心とする自動車工業地帯が形成された．

1970年代には外国車との競争に直面して，アメリカ合衆国の自動車産業は1980年代に生産を縮小した．しかし，伝統的な工業地帯における自動車生産はこれまで以上に重要になっている．アメリカ合衆国と日本の自動車会社はオハイオ州からイリノイ州にかけて新しい自動車組み立て工場を建設し，五大湖南岸地域の部品工場で製造されたエンジンやトランスミッション，車体などをカンバン方式（just-in-time）で輸送して自動車を製造している．

4.4.2 サンベルトの工業とグローバリゼーション

1960年代後半から北部の工業地域が生産労働の仕事を減少させたのに対して，サンベルトは労働集約的部門の生産労働の仕事を増加させた．サンベルトとは一般にノースカロライナ州，テネシー州，アーカンソー州，オクラホマ州，ニューメキシコ州，アリゾナ州，カリフォルニア州南部を結ぶ北緯37°線より南の地域を指す．サンベルト諸州は1970年代と1980年代に，エネルギーコストや労働組合の組織率の低さだけではなく，経営風土（business climate），労働賃金，地方税，地方公共団体の企業誘致政策，安い地価，そして連邦政府の支出パターンなどの比較優位性から工業事業所が増加し，雇用を増加させた．部門別には，①衣料，繊維・織物，電子製品，②コンピュータ・ハードウェア，科学機器，宇宙産業，化学，プラスチックなどの先端産業などが増加した．つまりサンベルト諸州は，安い労働力を求める労働集約的部門の仕事だけではなく，先端産業の部門でも雇用を増加させたのである．ただし，先端産業が発展したのはノースカロライナ州ダーラムを中心としたリサーチトライアングル，テキサス州ダラス・フォートワース，カリフォルニア州シリコンバレーとロサンゼルスといった地域であり，南部に広く先端産業が拡大したのではない．南部の各地に分散したのは衣料，繊維・織物と家庭用電気機械・器具製造業の工場であった．繊維・織物よりも遅れて南部に進出した衣料製造業は，低賃金労働者が豊富に存在する労働市場を求めて農村部に工場を立地し，農村部の工業化に主導的な役割を果たした．さらに衣料製造業の後に，大量生産，消費者指向の家庭用電気機械・器具製造業も農村部に工場を建設した．このような工場は決まりきった繰り返しの作業を行う工程の場所であり，分工場と呼ばれた．そして，これらの工場は比較的革新性の乏しい単純作業が中心であったので，ペリフェラルフォーディズムとも呼ばれる（Wilson, 1995）．

南部における工業の投資の多くは伝統的にこの地域の外から行われてきたが，1970～1980年代のサンベルト現象の時代になると外国からの投資も増加するようになった．外国資本は，安くなったドル，拡大する市場，安い労働力，組織化されていない労働力，低い税金，労働権法の存在（労働者に労働組合に加入しない自由を与え，個人の労働権を保障する法律），優遇策を打ち出す地方政府，そして安い生活コストといった南部の特性を利用して，南部に進出した．大量の労働者を雇用する自動車産業は，1980年にニッサン社がテネシー州スマーナ（Smyrna）に，1988年にトヨタ社がケンタッキー州ジョージタウン（Georgetown）に，1992年にBMW社がサウスカロライナ州グレーア（Greer）に，1993年にはメルセデスベンツ社がアラバマ州タスカルーサ（Tuscaloosa）郡に，ホンダ社が2001年にアラバマ州リンカーン（Lincoln）に，2003年にニッサン社がミシシッピ州キャントン（Canton）に，2005年にヒュンダイ社がアラバマ州モントゴメリー（Montgomery）にそれぞれ進出し，進出した地域とその周辺に自動車部品製造会社を引きつけることになった．

このような外国資本の南部への直接投資と並んで南部の工業を変化させた要因として，1994年に発効した北米自由貿易協定（NAFTA）がある．この協定によってメキシコの安い労働力を大量に利用した生産が可能となり，繊維・織物，衣料製造は生産部門をメキシコに移して，南部の工場を閉鎖するようになった．その結果，1996～2006年にかけてノースカロライナ州では製造業の仕事が35％も減少した（Walker and Cobb, 2008）．また，

同じ時期に他の南部10州も製造業就業者数が20％以上も減少した．これは，メキシコだけではなく，他の中南米諸国へのアメリカ合衆国からの企業投資と，そこでの安い労働力を利用した生産の増加によって，南部の製造業就業者数が減少したことを意味する．サンベルト現象が顕著であった1970年代と1980年代に南部の比較優位性として工場を誘引した安い労働力は，海外の安い労働力とは競争できず，労働集約的工業は海外で生産活動を行うようになったのである．その結果，かつてサンベルト現象として経済発展が約束されたような南部ではあったが，現在も経済発展が継続しているのは大西洋南部沿岸の州であり，南中部東部や南中部西部では停滞している（菅野，2009）．

[菅野峰明]

引用文献

菅野峰明（2009）：サンベルト現象後のアメリカ合衆国南部．地理空間，2(2)：79-98．

Birdsall, S. S., et al. (2005)：*Regional Landscapes of the United States and Canada, 6th ed.*, 398p., John Wiley & Sons.

David, R. M. (1987)：The national integration of regional economics, 1860-1920. *North America：The historical geography of a changing continent*（Mitchell, R. D. and Groves, P. A., eds.）. pp.321-346, Rowman and Littlefield.

de Blij, H. J. and Muller, P. O. (1997)：*Geography：Realms, regions, and concept, 8th ed.*, 539p., John Wiley & Sons.

Groves, P. A. (1987)：The northeast and regional integration, 1800-1860. *North America：The historical geography of a changing continent*（Mitchell, R. D. and Groves, P. A., eds.）. pp.198-217, Rowman and Littlefield.

Malecki, E. J. (1979)：Locational trends in R and D by large corporations, 1965-1977. *Economic Geography*, **55**：309-323.

Paterson, J. H. (1994)：*North America：A geography of the United States and Canada, 9th ed.*, 529p., Oxford University Press.

Stutz, F. P. and de Souza, A. R. (1998)：*The World Economy, Resources, Location, Trade, and Development, 3rd ed.*, 596p., Prentice Hall.

Tanner, H. H. (1995)：*The Settling of North America*, 208p., Macmillan.

Walker, M. and Cobb, J. (2008)：*The New Encyclopedia of Southern Culture, volume II, agriculture, and industry*, 376p., University of North Carolina Press.

Wilson, B. M. (1995)：From antebellum to Fordism; the role of the south and local regimes in U.S capitalist development. *Southeastern Geographer*, **35**：75-95.

> コラム5

アメリカ合衆国における日本企業の自動車製造

　1970年代の石油危機を契機として，1970年代後半から1980年代前半にかけて，アメリカ合衆国の自動車需要の大半は大型車から小型車に移り，その小型車の半分を輸入車が占め，しかもその大半を日本車が占めるようになった．アメリカ合衆国の日本車に対する輸入規制と日本の輸出自主規制が進むなかで，ホンダ社は日本の自動車企業としては初めて1980年にオハイオ州メアリズビルに工場を建設し，1982年から操業を開始した．ホンダ社のオハイオ工場が稼働した頃から州政府は日本の自動車工場を誘致する動きを活発にした．このような誘致政策もあり，ニッサン社は1983年にテネシー州スマーナで小型トラックの生産を開始した．トヨタ社は1984年にゼネラルモーターズ社と合弁で新会社を作り，カリフォルニア州フリーモントでゼネラルモーターズ社の旧工場を使用して乗用車の生産を始めた（2010年に閉鎖）．さらに，トヨタ社は1986年からケンタッキー州ジョージタウンに自社工場を建設し，1988年から生産を開始した．三菱社は1988年からイリノイ州ブルーミントンに，富士重工社は1989年にインディアナ州ラファイエットに，マツダ社は1987年にミシガン州フラットロックにそれぞれ工場を建設して，アメリカ合衆国自動車市場で競争を始めた．日系の自動車企業のアメリカ合衆国における工場建設は1980年代に一時終了したが，燃費が良く，故障のない信頼性と品質の高さから日本車の需要が増大したことを反映してトヨタ社は1996年にインディアナ州プリンストンに，そして2006年にテキサス州サンアントニオに，ニッサン社は2003年にミシシッピ州キャントンに，ホンダ社は2001年と2004年にアラバマ州タスカルーサ郡に，そして2008年にインディアナ州グリーンズバーグにそれぞれ組み立て工場を建設して自動車生産を開始した（図1）．

　1980年代に進出した日系の自動車企業の工場の多くは，アメリカ合衆国の生産車として認定されるのに必要な，現地での部品調達率を高めるため，デトロイトを中心とするアメリカ合衆国の自動車工業地域の周辺部に立地していたが，2000年代になると五大湖沿岸の自動車工業地域から離れた南部に工場を建設した．全米自動車労組（UAW）の組織が弱くて，賃金の安い南部を求めていたためである．また，日系の自動車工場は中西部と南部に離れて立地しているようにみえるが，これらの地域はインターステートハイウェイによって結ばれ，カンバン方式に沿って自動車部品の供給が行われる範囲と考えることができる．2000年以降のアメリカの国内新車自動車販売台数は1700万台前後で推移しているが，このなかで日本車の占める割合は約40%（2008年）である．2009年に販売された新車のトップ10に日本車が6車種入っている（1位：トヨタ・カムリ，2位：ホンダ・アコード，4位：トヨタ・カローラ，6位：ホンダ・シビック，7位：ニッサン・アルティマ，8位：ホンダ・CR-V）．ここに日本車の人気の高さが示されている．

［菅野峰明］

図1　日本企業の自動車工場
日本自動車工業会資料より作成．

5 農業地域の形成と食料生産

　ほとんどのアメリカ人は都市に居住し，経済活動総人口に占める農業従事者の比率は微々たるものである．一見したところ影が薄いようにみえる農業は，実はアメリカ地誌を理解するために重要な存在である．この国は18世紀に農業国として誕生し，それ以降，開拓と農業発展の過程を通してアメリカ人の生活文化が形成された．また，アメリカ合衆国の農業は，農産物の輸出，アグリビジネス企業の活動，農業関連技術の開発を通して，世界に大きな影響力を及ぼす．さらに，国内外の諸条件を反映して，農業と農業地域はダイナミックに変化している．本章では，農業地域と食料生産について考えてみよう．

5.1 農業の発展過程

5.1.1 アメリカ先住民の食料生産

　まず，食料生産の発展を振り返ってみよう．南北アメリカにおいて最初に農業を行ったのはアメリカ先住民（ネイティブアメリカン）であった．15世紀末のコロンブスの到来以前には，南北アメリカには5390万人の先住民が住んでいたと地理学者デネヴァンは推計している．前コロンブス時代には，アメリカ先住民は独自の文化を形成し，農業技術を発達させ，食料の生産を行った．狩猟・採集・漁労から灌漑による集約的農業にいたるまで，生業形態は多様であった．

　南北アメリカ全体でみると，メキシコ中部から中央アメリカ北部にかけての地域（いわゆるメソアメリカ）と，アンデス中部に大きな先住民人口が存在した．アステカ帝国やインカ帝国が支配したこれらの地域では，稠密な人口を維持できるだけの高度な農耕技術が発達した．アンデス山脈に特徴的にみられるように，険しい山腹斜面に造成された段々畑で灌漑を行って，多種類のジャガイモやトウモロコシなどが栽培された．また，河川や湖には人工的な盛土畑が造成された．メキシコ盆地ではチナンパと呼ばれる盛土畑が有名であるが，南アメリカでも類似の土木事業が広範囲にわたって行われた．このような集約的農業によって食料が増産され，アステカ帝国やインカ帝国のような国家が維持された．

　現在のアメリカ合衆国とカナダの地域の先住民人口は，デネヴァンによれば379万程度であったという．この地域には巨大な国家は形成されなかったし，集約的農業が組織的に行われることはなかった．前コロンブス時代には，南北アメリカ全体でみれば，北アメリカは周辺的な地域であった．しかし北アメリカでは，多様な自然環境に適応した先住民の生活様式が作り上げられた．

　アメリカ合衆国の気候は，中央部を境にして，湿潤な東部と乾燥した西部に大きく区分することができる．東部は一般に多雨であるが，緯度による気温の差を反映して，気候には南北の地域差が存在する．一方，西部ではステップ気候が広がり，一般に少雨であるが，地形の影響を受けて，気候には地域差がみられる．湿潤な東部では森林が卓越し，乾燥した西部では草原が卓越する．

　前コロンブス時代の東部の森林地域には，森林資源を活用しながら農耕を営む人々がいた．野生のイチゴが豊富に存在したし，木の実は冬季の保存食料となった．野生動物は貴重なたんぱく質であった．また，樹木から樹皮を剥ぎ取って立ち枯れさせることにより，森林のなかに小さな畑が作られた．森林の土壌は黒っぽい腐植土で，単純な農具により耕作が可能で，トウモロコシ，マメ，カボチャが混作された．

　トウモロコシ，マメ，カボチャを栽培する農耕文化は，高度な文明が栄えたメソアメリカから伝播したものである．これらの組み合わせは，持続

的な農地利用の観点からも，栄養の観点からも優れていた．トウモロコシは茎を地面から垂直に伸ばし，マメはトウモロコシに巻きついて成長した．マメは空気中の窒素を固定して，土壌養分の維持に役立った．一方，カボチャによって被覆された畑では，降水による土壌侵食から土壌を保護することができたし，土壌の温度が高温になることを防ぐことができた．栄養の点でも，澱粉や油に富むトウモロコシ，たんぱく質源となるマメ，ビタミンの豊富なカボチャは理想的な組み合わせであった．

しかし，以上のような先住民の人口と文化は，15世紀末に始まったヨーロッパ人との接触を契機として消滅の危機に瀕した．特にヨーロッパ人が持ち込んだ天然痘や麻疹などの病気は，免疫のない先住民に壊滅的な打撃を与えた．多くの先住民が病死して人口が激減した結果，ヨーロッパ北西部からの移住者が農業開拓を行うための空白地帯が作り出されたわけである．

5.1.2 ヨーロッパ農業の導入

ヨーロッパ人の移住者は，土地制度，農耕技術，農機具，作物や家畜を新大陸に導入し，それらはアメリカ式農業様式が形成される基盤となった．今日のアメリカ合衆国とカナダの地域には，イギリス，フランス，スペインが植民地を経営した．イギリスは大西洋岸，フランスは水域に沿った内陸部，スペインは西部を領有した．これらの植民地は，異なる自然環境のもとで，異なる目的のために，異なる人々の，異なる方法によって経営された．

スペインは南北アメリカに広大な植民地を経営し，北アメリカではハバナとメキシコシティを拠点として，それぞれフロリダ半島とアメリカ西部で植民活動を展開した．フロンティア開発のための組織としては，先住民をキリスト教に改宗し教化するための宗教集落（ミッション），防衛のための軍事基地（プレシディオ），そして民間人を入植させるための計画植民地（プエブロ）があった．理論的には，これらの組織が相互に関連し合いながら植民地の経営が行われるように意図された．これらのなかで最も数が多かったのはミッションで，先住民の人口が多い場所に建設された．また，植民の定着化を促進するために，ランチョと呼ばれる広大な牧場が退役軍人，役人，開拓の指導者などに賦与された．

ミッションは，農業に適した平坦で水の得やすい場所に建設された．河川から分流した灌漑水路によって，生活用水と農業用水が確保された．ここではコムギなどの穀物の栽培，野菜などの灌漑農業，ブドウ栽培とワイン醸造，オリーブやオレンジなどの栽培，飼料作物（牧草）の栽培が行われた．コムギとブドウはそれぞれパンと赤ワインの原料として重要であった．このように，ミッションにはイベリア半島から水路式の灌漑農業，作物栽培，家畜（ウマ，ウシ，ヒツジ）とイベリア的牧畜文化が導入された．

フランス植民地は，セントローレンス川，五大湖，オハイオ川，ミシシッピ川という水域に沿って展開した．その契機となったのは，北大西洋漁場におけるタラ漁であった．今日のカナダ東部にあたるニューファンドランド島やセントローレンス湾岸には，フランス人漁民の季節集落が建設され，漁期を通してタラの処理・加工が行われた．漁民がフランスに持ち帰った毛皮の人気が出ると，毛皮商人が先住民との物々交換によって毛皮を集めるようになった．水域に沿って内陸に毛皮商人が進出し，毛皮交易所が各地に設けられた．

毛皮交易所が各地に建設されるにつれて，農民もフランス植民地に引き付けられるようになった．フランス人が水域に沿って内陸に進出して農業に従事した地域では，短冊形の地割，すなわちロングロット方式の土地分割が典型的にみられた．農業経営の単位は家族農場で，自給的な混合農業が行われた．畑ではコムギのほかにオオムギ，エンバク，マメ類が，家庭菜園では野菜，タバコ，果物が栽培され，牧場ではウシ，ヒツジ，ウマ，ブタ，家禽が飼育された．

イギリス植民地は大西洋岸に沿って建設された．アメリカ東部の森林は北西ヨーロッパの森林に類似しており，落葉広葉樹が卓越した．ヨーロッパの森林文化が導入され，落葉広葉樹は薪炭や木工の原料として利用され，堅果は食用となっ

た. 大西洋岸のイギリス植民地は, スペイン植民地やフランス植民地と比較するとはるかに多様性に富んでおり, ニューイングランド植民地, 中部植民地, 南部植民地に分類される.

ニューイングランド植民地は, 17世紀に入って, イングランドからの移住者によって形成された. イングランド国王によって植民会社へ土地が賦与され, それが入植者や入植者集団に再分割された. 入植の単位はタウンで, これは同じ宗教を信じる人々によって構成された宗教共同体であった. タウンは, 中央部の集落, それを取り囲む農地や未開墾の林地から構成される農業集落であった.

タウンでは家族を単位とした自給農業が行われ, トウモロコシなどのアメリカ原産の作物や, イングランドから導入された穀物や牧草が導入され, しだいに畜産に対する関心が高まった. しかし, 入植者の多くはイングランドの都市出身で農業経験に乏しかったし, この地域の冷涼な気候は農業生産には最適ではなかった. こうして, ニューイングランド植民地では漁業, 海運業, 商業, 製造業が発達し, 農業は副次的な役割を担うようになった.

中部植民地には, 当初からヨーロッパの異なる地域から多様な人々が流入した. 中部植民地は, 民族的・文化的な多様性と集約的農業様式の形成という2つの点において, アメリカ合衆国を理解するために重要である.

中部植民地にはヨーロッパの農民が流入し, 18世紀の西ヨーロッパで展開した新しい農業が導入された. 特にドイツ人は定住性の高い農民で, 飼料作物と家畜を飼育する混合農業を発達させ, 肥料を用いて輪作を行い, 穀物栽培と家畜飼育の改良を行ったので, 農民として高い評価を受けるようになった.

中部植民地では, ヨーロッパから導入された混合農業にトウモロコシがいち早く組み込まれた. 西ヨーロッパに類似した気候のもとで, ヨーロッパの作物や家畜がよく成育した. 先住民にとって貴重な食料であったトウモロコシは, 良質な家畜飼料として高い評価を受け, 家畜飼育の生産性が高まった. こうして, トウモロコシにエンバク, コムギ, ライムギ, クローバーなどが組み合わされた飼料作物栽培と家畜飼育が家族農場で行われるようになり, これが中部植民地における典型的な農業経営となった.

南部植民地では, ニューイングランド植民地や中部植民地とは異なった社会と経済が展開した. もともと個人に払い下げられた土地が一部の地主に集積することにより, 大土地所有者が出現し, プランテーション経済が繁栄した.

プランテーションで栽培された作物として, ヨーロッパ市場向けのタバコが重要であった. また, サトウキビ, コメ, インジゴ, カイトウメン (海島棉), リクチメン (陸地棉) などの熱帯性の作物の栽培が盛んになった. 南部植民地では, ヨーロッパ市場への依存度の高い経済, 大土地所有制に基づく農業社会, そして明瞭な階層社会が形成された. 労働力としては, 当初はイギリスから下層階層の若い男性が単身で移住したが, 労働力不足を補うためにアフリカ人奴隷の重要性が増した. 都市の繁栄は, 都市の経済活動によって生み出されたのではなく, プランテーションにおける輸出用作物の栽培に支えられた.

5.1.3 アメリカ式農業様式の誕生

アメリカ合衆国の農業様式は, 以上のような先住民とヨーロッパの農業様式の伝統を受け継いで, 中部植民地で形成された. すなわち, 家族を農業経営の単位とする独立した農場である. 北西ヨーロッパから持ち込まれた混合農業の伝統および作物と家畜にアメリカ原産のトウモロコシが加わり, トウモロコシを中心とした飼料作物の優れた輪作体系が実現された. 中部植民地はアメリカ式農業様式の揺籃の地であり, アメリカ合衆国の農業発展の起点となった.

このような農業様式は, 開拓の進行に伴ってアパラチア山脈を越えて西へと伝播した. 東部の森林地帯では農業開拓が順調に進行したが, ミシシッピ川を越えて西へ向かうと降水量が減少して草原が卓越し, 北に向かうと冷涼な気候に直面した. 中部植民地とは異なる環境のもとで開拓と農業発展を実現するために, 作物, 経営規模, 農機

具，農業関連施設などについて各地で微調整が行われた．その結果，地域ごとに環境に適応した農業形態と農業地域が各地に形成された．

アメリカ式農業様式に基づいた農業発展を組織的に促進したのは連邦政府であった．アメリカ合衆国では，民主主義社会および農業の根幹をなすのは家族農場（ファミリーファーム）であるという認識が，開拓時代から比較的最近まで保持された．人口の大部分が農業に従事した時代には，民主主義社会の基盤をなすのは家族農場を経営する農業者であり，彼らは自給自足を基本として，自己所有の土地で自らの労働に基づいて自らの意思決定によって，自給的農業経営を行うものであると考えられた．第3代大統領のトーマス・ジェファソン（Jefferson, T.）もこうした考え方の提唱者であった．

大西洋岸から太平洋岸まで広大な土地を領有するようになった連邦政府は，さまざまな方法で公有地を処分した．土地政策の基盤として，東部や南部の一部を除いて，公有地法（1785年）に基づいて，タウンシップ・レンジ方式の方形測量を実施した（図5.1）．これは土地を平等に分配することを目的とした農業政策の前提であり，ジェファソンの提唱した，農民による民主主義の基盤をなすものであった．さらに，セクションを4等分して，クォーターセクション（160エーカー≒64.7 ha）を開拓民に販売あるいは賦与するための一般先買権法（1841年）やホームステッド法（1862年）は，家族農場の増加を促進した．こうして，西部フロンティアにはタウンシップ・レンジ方式による方形状の農業景観が形成されるとともに，家族農場から構成される農業社会が誕生したわけである．

19世紀後半以降，それぞれの地域における農業発展を促進したのは，州立の農科大学であった．連邦政府から賦与された土地を財源として，州政府は州立大学を創設し，それらは土地賦与大学（land grant college）と呼ばれた．カンザス州立大学（Kansas State University）のように，今日，○○州立大学という名称の大学の多くは土地賦与大学に起源を持つ．これらの州立大学の使命は州内の農業発展を促進することであり，農業試験場

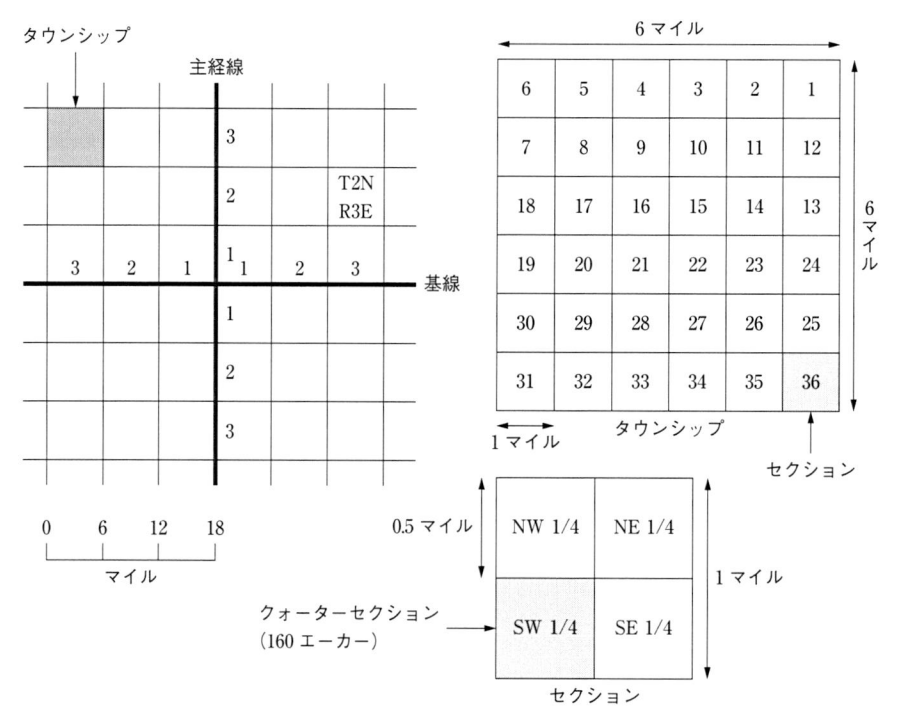

図5.1 タウンシップ・レンジ方式の方形測量
1マイル≒1.6 km，1エーカー≒0.4047 ha.

を経営して地域の条件に適した作物，機械，農法の開発に取り組んだし，各地に設置された農業改良普及所を通して生産者への指導が行われた．

5.2 農業と農業地域の変化

5.2.1 農業の地域分化

今日の農業様式と農業地域は，中部植民地で誕生したアメリカ式農業様式を基盤として，自然環境，歴史的過程，農業技術，農業機械，農業政策，経済の動向などの諸要因が複合的に作用した結果である．農業の地域分化について2つの材料を用いて考えてみよう．

表5.1は2007年農業センサスに基づいて，アメリカ合衆国全体および5つの州の農場規模を示すものである．アメリカ合衆国全体では，農場数は220万，平均農場面積は169 haである．規模別にみると，20〜72 haの農場が30%を占める．ホームステッド法による土地賦与やその他の法律に基づく土地売却の単位がクォーターセクションであったことからも，このような中規模の農場が多数であることが示唆される．ただし，地域によって農場規模は大きく異なる．

ペンシルヴェニア州は大西洋岸の中部植民地を構成した歴史の古い農業地帯である．小規模な農場が卓越することは，平均規模が50 haで，農場の82%が72 ha未満であることから理解できる．ジョージア州の場合には，ペンシルヴェニア州よりも平均規模は大きいが，72 ha未満の農場が75%を占め，プランテーションが繁栄した時代の面影はみられない．コーンベルトに位置するイリノイ州では，平均規模は141 haであり，小規模農場と大規模農場の存在が確認される．穀物地帯に位置するカンザス州では，平均規模は286 haに達し，4 ha未満の小規模農場は3%と極端に少ない一方，404 ha以上の大規模農場が19%に及ぶ．カリフォルニア州では小規模農場が多く，全体の66%が20 ha未満である一方，404 ha以上の大規模農場は6%を占める．すなわち，巨大農場と小規模農場への二極分化が進んでいる．さらに，集約的農業が盛んなため，農場当たりの農産物販売額は全国平均の3倍に達する．

農業の地域分化を知るためのもう1つの材料は農業地域区分図である．教科書や地図帳に頻繁に登場するこの主題図から，農作物と農業形態の地域差を大まかに把握することができる．年降水量500 mmにほぼ相当する西経100°線を境にして，農業地域の特徴は大きく異なる．降水量の少ない西部には粗放的な放牧地域が広範囲に広がり，部分的に農業の行われていない場所も存在する．また，河川などの灌漑用水に恵まれた地域では灌漑農業が行われる．一方，西経100°線を挟んで，中部および北部にはコムギ地帯が広がり，これより東側では酪農地帯，飼料穀物・家畜地帯（いわゆるコーンベルト），多角農業地帯，綿花地帯が，北からほぼ帯状に延びる．メキシコ湾岸地域やメガロポリスには園芸農業地域が形成されている．

このような農業地域区分図は，確かにアメリカ合衆国の農業の地域差の概要を把握するためには

表5.1 農場規模（2007年）

規模：エーカー（ha）	合衆国 農場数（%）	カリフォルニア 農場数（%）	カンザス 農場数（%）	イリノイ 農場数（%）	ジョージア 農場数（%）	ペンシルヴェニア 農場数（%）
10未満（4未満）	232849 (10.6)	25278 (31.2)	2123 (3.2)	8603 (11.2)	3504 (7.3)	5601 (8.9)
10〜50（4〜20）	620283 (28.1)	28080 (34.6)	10041 (15.3)	2059 (26.8)	16243 (33.9)	20267 (32.1)
50〜180（20〜72）	660530 (30.0)	12939 (16.0)	18992 (29.1)	18410 (23.9)	16244 (34.0)	26049 (41.2)
180〜500（72〜202）	368368 (16.7)	7014 (8.7)	14108 (21.5)	13116 (17.1)	7432 (15.5)	8799 (13.9)
500〜1000（202〜404）	149713 (6.8)	3267 (4.0)	7932 (12.1)	8309 (10.8)	2470 (5.2)	1816 (2.9)
1000以上（404以上）	173049 (7.8)	4455 (5.5)	12335 (18.8)	7830 (10.2)	1953 (4.1)	631 (1.0)
農場総数	2204792 (100.0)	81033 (100.0)	65531 (100.0)	76860 (100.0)	47846 (100.0)	63163 (100.0)
農場面積（ha，平均）	169	127	286	141	86	50
農場面積（ha，メジアン）	32	8	81	38	27	26
農作物販売額（ドル）の農場平均	134807	418164	219994	173421	148662	91965

USDA：2007 Census of Agricultureによる．

有効である．しかし，抽象化された農業地域区分図が表現できないことも少なくない．例えば，アメリカ合衆国のすべての土地がいずれかの農業類型に分類されているので，あらゆる場所で農業が行われているという誤解を与える可能性が高い．例えば乾燥した西部では牧柵の存在から放牧に使用されることは理解できるが，実際には，ウシの姿のみえない牧野が広がる．東部では森林が卓越し，農地を探すのに苦労する地域もある．

また，それぞれの農業地域で起きているダイナミックな変化について，農業地域区分図から読み取ることは難しい．例えばコーンベルトでは，家族農場でトウモロコシを中心とした輪作による飼料作物栽培と家畜飼育を組み合わせた混合農業が伝統的に行われた．しかし，農業経営の専門化が進行して飼料作物農場と畜産農場への分化が起こり，土地利用は単純化してきた．

農業の立地移動もみられる．牛肉生産を例にすると，20世紀中頃まではウシはコーンベルトでトウモロコシを飼料として肥育され，大都市の食肉工場に運ばれて解体・処理されていた．しかし20世紀後半には，グレートプレーンズの一部で大規模灌漑農業が発達してトウモロコシ生産が盛んになり，フィードロットや食肉工場が集積した結果，牛肉生産の中心はコーンベルトからグレートプレーンズに立地移動した．

さらに，農業経営体の変化についても農業地域区分図から読み取ることはできない．農業経営の単位としての家族農場は，第二次世界大戦後は継続して減少し，平均農場規模は拡大してきた．家族農業からビジネス農業への転換が進行しており，農業地域における大資本の影響力が増大している．以下では，このような変化をもう少し詳しく考えてみよう．

5.2.2 農業の工業化

アメリカ合衆国の農業と農業地域を構成した基本的な経営単位は，前述のように家族農場であった．しかし，20世紀に入って農業と農業地域のしくみに変化が起こり始め，それは20世紀中頃から加速化した．すなわち，伝統的な家族農場の衰退，農業の工業化，アグリビジネス企業の影響力の増大という変化である．

農場数の推移をみると，19世紀後半から漸増し，1930年代にピークの681万戸に達した．しかし，それ以降は減少に転じ，特に第二次世界大戦後は急速な減少を続けた結果，2007年には220万戸となった．一方，平均農場規模は19世紀末から1930年代まで大きく変化することはなく，60ha程度を長い間維持した．これはクォーターセクションの面積にかなり近い数値である．その後，農場数の減少に伴って農場規模は著しく増大し，2007年には169haに達した．すなわち，この半世紀あまりの間に農場数はピーク時の3分の1に減少し，平均農場規模は3倍に増加したわけである．

20世紀の農業地域では，生活の場としての農場と自給的な農業から，ビジネスとしての農業へという大きな転換が起きた．こうした変化を促したのは農業の工業化であった．この国では，当初から少ない労働力で広大な国土を開発することが課題であり，アメリカ型の生産様式や生活様式はこのような課題に取り組むなかで形成された．工業化した農業は，アメリカ式農業様式の最も新しい形態である．

市場経済が発達し商業的経営が拡大するにつれて，農業は収入を獲得するための手段となった．市場競争に打ち勝つために，生産性を向上して生産量を増大させる努力が必要となる．収入を増やすために，高価格の作物への転換，高収量品種の導入，特定の作物栽培への専門化，機械化と合理化などによって単位面積当たりの収量を高めたり，経営規模を拡大して生産量を増加させる努力がなされる．家族農場であっても，規模の拡大，機械化，低賃金労働者の雇用によって，企業的な農業経営体に転換することが迫られる．そうした転換の難しい農家は離農の道を選んだ．

家族農場が機械化・合理化や規模拡大によって姿を変えると同時に，農産物の流通，加工，そして農業関連のさまざまな資材の供給の分野においても新たな変化が進展した．農業は工業に類似した特徴を持つように変化し，第二次世界大戦後，農業の工業化はますます加速した．農産物需要の

拡大，農業労働力の減少，機械化をはじめとする生産技術の進歩，マーケティングの合理化，水利事業の進展，化学肥料や農薬の投入，新しい種子の開発は，伝統的な農業と農業地域の姿に大きな変化をもたらしている．農業はビジネスとなり，農業関連産業には非農業部門に属する企業も進出するようになった．

農業の工業化が進展するなかで，農業地域に与えるアグリビジネス企業の影響力がますます増大している．農産物の流通部門，加工部門，さらに種子，肥料，農薬，農機具などの農業関連物資の供給部門を含む農業関連産業では，垂直的統合が進んでいる．すなわち，アグリビジネス企業が複数の部門にまたがって事業を展開するのである．こうした傾向は，第二次世界大戦後，ブロイラー，鶏卵，肉牛肥育の分野で進行し，技術革新や農学研究の進展に伴って農業分野にも拡大した．一般に，実際の農産物の生産部門における利益率よりも農業関連部門における利益率のほうがはるかに高い．また，生産コストを各部門で負担することによって，競争力を高めることができる．一方，企業の吸収・合併による水平的統合も進みつつある．こうした傾向は，農産物の加工と流通に携わる企業において最も顕著にみられる．

多くの家族農場は，アグリビジネス企業と契約栽培を行うことにより，その影響下におかれている．特に市場価格の変動が激しい農産物や，長期保存が難しい農産物の生産において，契約栽培の比率が高い．生産者は契約栽培によって自らのリスクを縮小することができる．しかし，これは同時に農業生産者のサラリーマン化とアグリビジネス企業への従属性を強める結果となる．このように影響力をますます強めつつあるアグリビジネス企業の実態については，その経営組織が独立法人や家族法人であったり家族の共同経営であったりするので，その全体像を把握することは容易ではない．

5.2.3 アグリビジネス企業の台頭

アグリビジネス企業はアメリカ合衆国の多様な農業の文脈のなかから誕生し発展した．例えば，1865年にアイオワ州で穀物会社として設立されたカーギル社は，穀物の売買・加工・流通に従事する巨大穀物商社に発展するとともに，食肉産業を含む多角的な食品関連事業を中心として海外にも積極的に投資する多国籍アグリビジネス企業となった．ミネソタ州ミネアポリス郊外の大邸宅に本拠を構えるカーギル社は，株式非公開会社であるため，その企業活動の全貌は必ずしも明らかではない（Kneen, 1995）．1970年代から1980年代にかけて，カーギル社，コンチネンタルグレイン社，ルイドレフュス社，ブンゲ社，アンドレ社は5大穀物商社と呼ばれ，世界の穀物市場を支配した．1990年代の再編成を経て，現在ではカーギル社とADM社が2大穀物商社として影響力を増大している．

19世紀後半に野菜や果物の産地として発展を始めたカリフォルニア州において，巨大な缶詰会社として誕生したのがデルモンテ社である．19世紀末に，各地の缶詰会社が合併してカリフォルニアフルートキャナーズアソシエーションが誕生した．1916年にはさらに合併が進んで，カリフォルニアパッキング会社（カルパック社）が設立された．多くの農民と契約を結んで果物や野菜を調達し，缶詰に加工した後，全国に分布する倉庫へ出荷した．その際に用いられたのがデルモンテブランドであった．同社の活動は州境を超えて，さらに国境を越えて活発化してきた（Burbach and Flynn, 1980）．

多くのアグリビジネス企業は生産部門には直接には関わらない．それは，生産部門ではリスクが大きいからである．アメリカ企業のなかで早くから外国に進出して農場経営を行ったのは，アメリカ市場にバナナを供給するためにバナナプランテーションを経営する会社であった．ユナイテッドブランズ社は，もともとボストンフルーツ社として誕生したが，事業を拡大してユナイテッドフルーツ社となり，中央アメリカに巨大なバナナプランテーションを経営するとともに，バナナ輸送用の鉄道を経営した．その活動はバナナ帝国と呼ばれ，地域の社会と経済に支配的な影響を及ぼしたことで知られる．同社はすでに19世紀末にジャマイカ，ドミニカ，パナマ，コスタリカでバナナ

プランテーション経営を始め，キューバでは1901年に製糖業を開始した．創業から1世紀あまりを経た現在では，同社はチキータブランズインターナショナル社として知られる多国籍企業である．

5.3　食料生産のダイナミズム

5.3.1　穀　　物

作物の観点からアメリカ合衆国の農業をみると，食料として最も重要なのは穀物である．ヨーロッパから導入されたコムギは，パンの原料として，農業の中心となった（写真5.1）．日本人が開墾に伴って稲作地域を拡大したように，コムギはアメリカ合衆国の普遍的な作物となった．今日では野菜や果物の産地として知られるカリフォルニアは，19世紀末には全米有数のコムギ生産州でもあった．

もう1つの重要な穀物は，アメリカ原産のトウモロコシである（写真5.2）．大西洋岸に初期に入植した人々は，先住民からトウモロコシ栽培を教わった．トウモロコシは年による収量変動の少ない安定した作物であり，開拓民にとって頼りになる存在であった．また，トウモロコシはウシやブタの飼料として優れており，前述のようにアメリカ式の混合農業の中心的な作物として重要性を増した．トウモロコシはケンタッキー州やテネシー州で作られるウィスキーの原料でもある．

トウモロコシとコムギは乾燥に対する耐性が異なる．トウモロコシは年降水量が800mmよりも少ない地域では，天水に依存して栽培することは難しい．トウモロコシ生産を示した表5.2をみると，比較的降水量の多い中西部が主な産地である

写真5.1　コンバインによるコムギの収穫

写真5.2　トウモロコシ畑

表5.2　トウモロコシ生産（1940～2007年）

順位	1940年		1960年		1980年		2007年	
	州	%	州	%	州	%	州	%
1	アイオワ	19.3	アイオワ	19.8	アイオワ	22.0	アイオワ	18.0
2	イリノイ	13.4	イリノイ	17.4	イリノイ	16.0	イリノイ	17.7
3	ミネソタ	7.0	インディアナ	9.0	ミネソタ	9.2	ネブラスカ	11.2
4	インディアナ	5.9	ネブラスカ	8.5	ネブラスカ	9.1	ミネソタ	8.9
5	ミズーリ	5.0	ミネソタ	8.1	インディアナ	9.1	インディアナ	7.5
6	オハイオ	5.0	オハイオ	5.9	オハイオ	6.6	オハイオ	4.1
7	ネブラスカ	4.3	ミズーリ	5.4	ウィスコンシン	5.2	サウスダコタ	4.1
8	テネシー	2.8	サウスダコタ	3.1	ミシガン	3.7	カンザス	3.9
9	ウィスコンシン	1.5	ウィスコンシン	2.8	サウスダコタ	1.8	ミズーリ	3.4
10	テキサス	1.5	ミシガン	2.3	テキサス	1.8	ウィスコンシン	3.4
	その他の州	34.3	その他の州	17.7	その他の州	15.5	その他の州	17.8
総計	2461*	100.0	3908*	100.0	6645*	100.0	12739*	100.0

* 単位は100万ブッシェル．
Statistical Abstract of the United States および 2007 Census of Agriculture による．

コラム6

ローカルフード運動とファーマーズマーケット

　近年，アメリカ合衆国の各地で，週に数回の頻度でファーマーズマーケット（Farmers' Market）が開かれている．これは文字通り「農業者の市」であり，原則として農家自らが生産した農産物を販売する定期市である．生産者が主体的に参加・運営しながら定期的に開催される点で，ファーマーズマーケットは専属職員による販売や通年開催が一般的な日本の「道の駅」や農産物直売所と大きく異なる．

　各々のマーケットに関する運営規則は，生産者や農事普及所の職員や専属マネージャーなどによる話し合いで決められている．各地でマーケットの規則は異なり，すべてが同じように運営されていることはない．しかし，どのマーケットへ行っても農家が積極的に参加している点では一致している．

　そもそも，自動車が普及する以前には，人々が近隣で生産された農産物を購入するマーケットはアメリカ合衆国のどこででもみられた．現在でも，シアトルのパイクプレースマーケットやフィラデルフィアのレッディングターミナルマーケットは，由緒あるパブリックマーケット（公設の市場）として広く知られている．しかし都市の拡大とともに郊外化が進展し，都心部（ダウンタウン）で開かれるマーケットは次第に遠い存在となった．さらに自家用車を所有する世帯が増えたことで，買い物場所の選択が可能になったことから，人々は次第に街の中心地を避けて，郊外のスーパーマーケットで買い物をするようになった．こうして多くのパブリックマーケットが廃業へ追い込まれた．

　再びファーマーズマーケットが各地で展開されるようになったのは，1980年代後半からのことである．大型小売店の農産物販売に頼るのではなく，近接した地域（ローカル）で農産物の生産・消費を勧めるローカルフード運動の勃興が，各地でファーマーズマーケットが設立される大きな原動力となった．過去数十年でファーマーズマーケットが増加した背景には，次のような要因が挙げられる．①スーパーマーケットで販売される農産物や食品の質に多くの消費者が不信感を抱いたこと，②小規模な農家を支援する動き，③中心街（ダウンタウン）を活性化させる活動の1つとしてファーマーズマーケットが大きな集客効果をもたらしたこと，④生協や農産物の通販が普及していなかったアメリカ合衆国において，農家から直接購入できる直売型の取引きが広く受け入れられたこと．輸入品や遠隔地からの二次販売が普通に行われるパブリックマーケットとは異なり，ファーマーズマーケットは「農家による」マーケットであることが明確である．二次販売が排除される場合もある．

　「農家による」マーケットでは，時期に応じた旬の品ぞろえがみられる．フロリダやテキサスのように温暖な地域を除くと，多くの地域では作物生育期間が春から秋に限定されているため，いつどこのファーマーズマーケットへ行くかによって，購入できる農産物が異なる．筆者が現地調査を行ったケンタッキー州内のファーマーズマーケットでは，マーケットが始まる春先にはイチゴやアスパラガスが良く売れ，暖かくなるにつれて販売品目も増える．初夏にはインゲンやメロンが出回り，人々は農家に「トマトはいつできる？」と聞き始める．夏の暑い盛りにファーマーズマーケットが早朝から多くの人出で賑わい，人々が大量のスイートコーンを買い求める姿をみると，ファストフードやステーキに象徴される食文化とはまったく異なるアメリカの農と食の様相を垣間見ることができるのである．

［二村太郎］

写真1 オーウェンズボロファーマーズマーケット
（2006年7月）

ことがわかる．一方，コムギはトウモロコシよりもはるかに乾燥に強い．西部の乾燥した草原に進出した開拓民は，トウモロコシ栽培には失敗したが，コムギ栽培地域を形成することができた．農業地域区分図ではコーンベルトの西にコムギ地帯が存在するが，これは降水量を反映したものである．

1980年代以降の大規模灌漑農業の進展に伴って，新しいトウモロコシ生産地域が形成された．テキサス州北部からカンザス州西部，ネブラスカ州にいたるハイプレーンズと呼ばれる乾燥した草原では，地下深くに存在するオガララ帯水層の地下水を揚水し，大規模なセンターピボット灌漑装置を稼動させて，灌漑農業が発展した．その結果，緩やかに起伏した草原は，整然とした円形景観によって特徴付けられる集約的農業地域に変化した．

図5.2はカンザス州南西部の土地利用を示している．円形の圃場は，長さ400mmのセンターピボット灌漑装置（写真5.3）で灌漑された畑であ

写真5.3 センターピボット灌漑装置

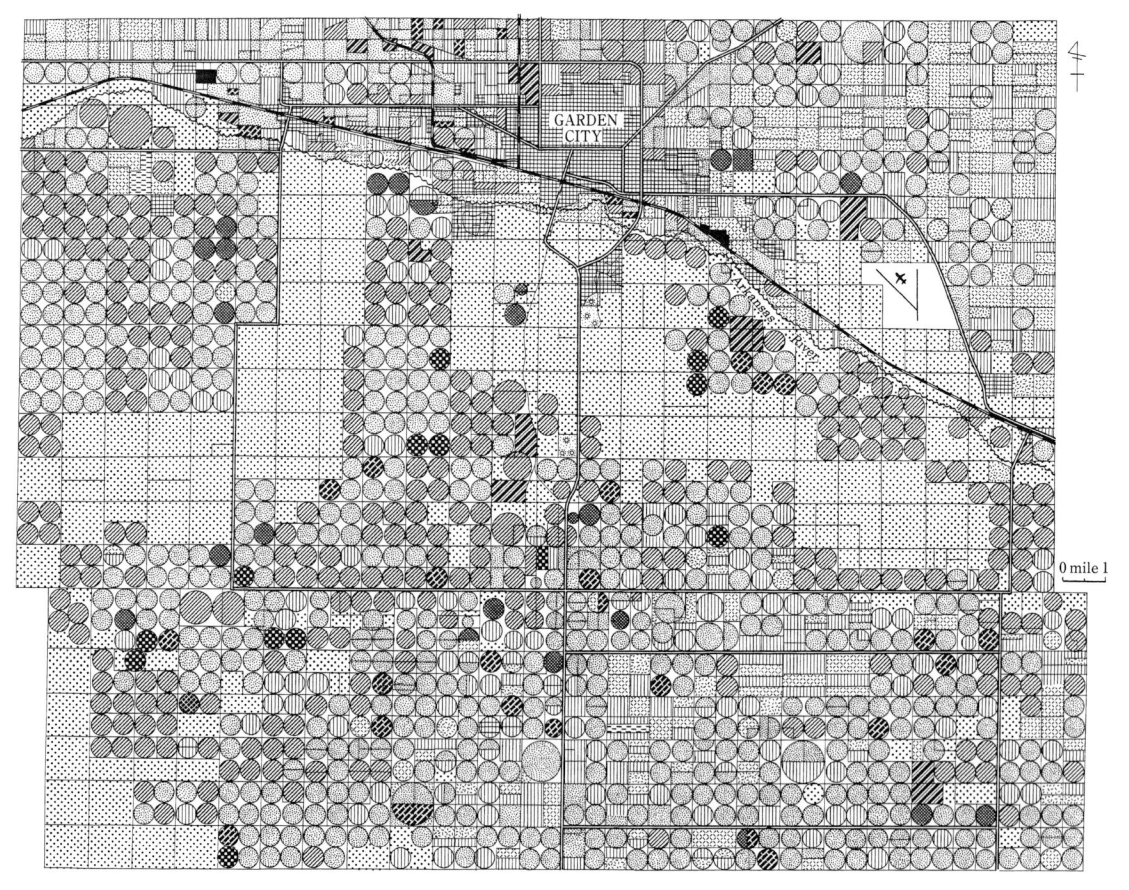

図5.2 カンザス州フィニー郡南部における土地利用
アルファルファ，トウモロコシ，コムギ，ソルガム，ジャガイモ，ダイズ，ブルームグラス，夏期休閑，放牧地，その他の作物，フィードロット，食肉工場，市街地，空港，ゴルフ場，河川，主な道路，鉄道，センターピボット灌漑．Saito, et al. (2000)による．

る．作付けされた作物は圧倒的にトウモロコシが多い．少雨のためにトウモロコシ栽培が難しかった草原に，灌漑の進展に伴って新しいトウモロコシ地帯が出現した．表5.2をみると，2007年にはカンザス州が主要なトウモロコシ生産州にランクされている．新しいトウモロコシ地帯の形成は，次に述べるように，総合的畜産地域の誕生を促進した．

5.3.2 畜産業の立地移動

アメリカ合衆国における最初の牛肉生産地域は，植民地時代に大西洋岸に形成された．ウシおよび飼育・処理の技術はヨーロッパから導入された．牛肉が主に消費されたのは，新鮮な牛肉の供給が可能な都市においてであった．冷蔵庫が普及する前は，ウシは消費地で解体・処理され，新鮮な牛肉が都市住民に提供された．19世紀を通じて，ニューヨークやシカゴなど大都市には生きたウシが集まり，食肉加工業が繁栄した．ウシの供給地域は，農業地域がアパラチア山脈を越えて西へ拡大するにつれて西へと移動した．

1860年代から1880年代まで，グレートプレーンズがウシの供給地域となった．それはテキサスで生まれたウシを東部市場に運搬するビジネスが成立した結果であった．当時，鉄道会社は連邦政府の土地賦与政策の恩恵をこうむりながら，鉄道を西へと敷設した．鉄道路線の西端にはウシの町（キャトルタウン）が繁栄し，ウシの売買が行われた．テキサスの南部や中部では，温暖な気候と豊かな草原に恵まれ，テキサスロングホーン牛が繁殖した．繁殖地のテキサスと，食肉工場のあるシカゴやニューヨークなどの大都市では，ウシの価格に著しい差があった．

テキサスの牧場主は600〜3000頭のウシを仕立てて，カウボーイを雇って，北のキャトルタウンを目指してウシを移動させた．3月にテキサスを出発したウシの群れは，決まったルート（キャトルトレイル）に沿って，水を飲み牧野の草を食みながら，5〜6月には北のキャトルタウンに到着した．このようなウシの長距離移動はキャトルドライブとかロングドライブと呼ばれた．連邦政府が所有する公有地は自由放牧に利用された．

キャトルタウンに到着したウシは家畜置場に入れられ，牧畜業者に売られた．ウシは鉄道貨車に積み込まれて，カンザスシティ，シカゴ，そしてニューヨークなどの東部の大都市に運搬された．大都市には必ず大きな家畜置場と食肉工場があり，町のいたるところに肉屋があった．なおキャトルタウンは，にぎやかな半年が過ぎると残りの半年は寂れるという，季節的に栄える街であった．鉄道が西へ延伸すると，キャトルタウンも西へ移動した．

1880年代以降，開拓民が流入してコムギ農業が発達すると，グレートプレーンズにおける自由放牧の時代は幕を閉じた．肉牛の供給地域としてのグレートプレーンズの役割は衰退したが，コーンベルトでは集約的牧畜が展開した．当初は豊富なトウモロコシを活用して農場で肥育が行われたが，肉牛を狭い囲いの中に閉じ込めて集中的かつ合理的に肥育するフィードロット（肥育場）も出現した．コーンベルトのフィードロットにはグレートプレーンズから子牛が供給されるようになった．

コーンベルトで肥育されたウシは鉄道貨車で出荷され，大都市の食肉工場で解体処理された．やがて，保冷技術と輸送技術の発達を基盤として，解体済みの牛肉を出荷するビジネスが登場した．19世紀末にシカゴに設立されたスウィフトアンドカンパニー社の大規模食肉工場が，食肉産業のあり方に大きな影響を与えるようになった．鉄道交通の要衝でウシが集まるシカゴでウシを解体し，冷蔵牛肉を鉄道貨車でニューヨークに供給するという形態への変化が始まった．20世紀に入るとシカゴは牛の解体処理業の中心となり，東部の大都市では冷蔵牛肉の消費が徐々に増加した．

大規模食肉工場が大都市に立地するという形態はその後も継続した．しかし，第二次世界大戦後，高速道路網の整備が進んでトラック輸送が物流の主役となり，保冷装置の改良・普及によって肉の長距離輸送が可能になった．その結果，食肉工場は交通の要衝や消費市場に近接して立地する必要はなくなった．さらに，ハイプレーンズでは，オガララ帯水層の水資源を利用したセンターピボッ

写真5.4 カンザス州南西部のフィードロット

ト灌漑による大規模灌漑農業が発展しトウモロコシ生産が拡大すると，肉牛を大規模に肥育する企業型フィードロットが発達し，大規模食肉工場が集積した．すなわち，半乾燥の草原に新しいコーンベルトが誕生したわけである．その結果，ウシの肥育地帯はコーンベルトからグレートプレーンズへと移動し，大規模牛肉生産地域が形成された（写真5.4）．グレートプレーンズでウシの肥育が盛んになると，大規模食肉工場が集積して，真空パックの箱詰め冷凍牛肉を出荷するようになった．特にカンザス州南西部には，1980年代から1990年代にかけて5つの大規模食肉工場が集積して1日のウシ屠殺数は2万頭あまりに達し，新しい牛肉生産地域の中核となった．

このような牛肉産業の立地移動は，州別の肉牛屠殺頭数の変化を示した表5.3からも理解できる．1960年にはアイオワをはじめとするコーンベルト諸州においてウシが解体処理された．1980年には状況の変化がみられ，2008年にはネブラスカ，テキサス，カンザス，コロラドというハイプレーンズ諸州が67%を占めた．

養豚業においても立地移動が進行した．もともと養豚は農家で自給的に行われ，秋に解体・処理された豚肉は樽に塩漬けにして長期間保存された．企業的養豚業が始まったのはノースカロライナ州においてであった．タバコ需要の低下に伴って不況に陥ったこのタバコ栽培地域では，タバコの栽培に代わる事業を模索した結果，養豚が導入された．旧タバコ農家は近代的な豚舎を持つ養豚農家となり，ノースカロライナ州は最大の養豚州に成長した．

しかし，企業的養豚業は難しい課題に直面した．悪臭の問題と糞尿処理の問題である．人口が集積した東部沿岸地域では，企業的養豚業が引き起こす環境問題が深刻化した．一方，1990年代後半にはグレートプレーンズで企業的養豚業が盛んになった．人口密度の低い草原では，悪臭や地下水汚染に関して住民から苦情が起こりにくく，また，オガララ帯水層の恵まれた地下水は養豚経営にとって重要であった．

さらに，グレートプレーンズにはメガデアリーと呼ばれる大規模酪農が成立した．豊富な地下水

表5.3 商業的肉牛屠殺頭数（1960～2008年）

順位	1960年		1980年		2008年	
	州	%	州	%	州	%
1	アイオワ	9.9	テキサス	17.1	ネブラスカ	20.8
2	カリフォルニア	9.8	ネブラスカ	16.6	テキサス	19.7
3	ネブラスカ	8.5	アイオワ	8.9	カンザス	19.0
4	テキサス	5.9	カンザス	8.8	コロラド	7.3
5	イリノイ	5.7	カリフォルニア	5.8	ウィスコンシン	5.0
6	ミネソタ	5.6	コロラド	5.0	カリフォルニア	4.6
7	オハイオ	4.7	イリノイ	4.0	ワシントン	3.0
8	カンザス	4.6	ウィスコンシン	3.4	ペンシルヴェニア	2.9
9	ミズーリ	4.4	ミネソタ	2.8	ミネソタ	2.5
10	コロラド	4.1	ペンシルヴェニア	2.1	ユタ	1.9
	その他の州	36.8	その他の州	25.5	その他の州	13.3
総計	25224000	100.0	33807000	100.0	34264000	100.0

USDA Livestock Slaughter Summary による．

を利用してアルファルファが栽培され，それを飼料にして乳牛が飼育される．酪農経営は大規模で，酪農場での搾乳規模は数千頭に及ぶ．事業を拡大するために，手狭になったカリフォルニアから移転した業者もいる．もともと牛乳は腐りやすいため，酪農地帯は都市に近接して形成され，新鮮な牛乳が都市住民に供給されてきた．しかし，道路の整備と保冷技術の発達によって，今では牛乳の長距離輸送が可能である．消費市場から遠く離れたグレートプレーンズは新しい牛乳生産地域として発展を始めている．

5.3.3 野　　菜

カリフォルニア州のレタス栽培について考えてみよう（斎藤・矢ケ﨑，2005）．20世紀はじめには，カリフォルニア州におけるレタス栽培の中心はロサンゼルス郡で，次いでインペリアル郡（インペリアルバレー）が重要であった．中部沿岸に位置するサリナスバレーでは，1920年代に入るとレタス栽培がブームとなり，出荷組合が設立され，鉄道貨車によって東部市場に出荷された．1930年には60の出荷業者が野菜栽培出荷連合会を組織した．鉄道貨車による長距離出荷には冷蔵のために氷が使用されたので，サリナスには複数の製氷会社が設立された．サリナスバレーにおけるレタス栽培は当初から，鉄道，出荷業者，製氷会社が結びついたアグリビジネスとして誕生した．

サリナスバレーでは，春，夏，秋にレタスの出荷が可能であった．当初から，出荷業者は冬季の出荷地域を求めて，メキシコ国境に接するインペリアルバレーやユマバレー（アリゾナ州南西部）にも進出した．1970年代にセントラルバレーの西側を南北に走るカリフォルニア水路が完成して，北カリフォルニアの水が南に向けて供給されるようになると，灌漑水路に近接して野菜産地が形成された．こうして，ヒューロン地区では4月と10月にレタスが出荷されるようになった．

季節に応じてレタス産地が移動することがカリフォルニアのレタス産業の特徴の1つである．しかも，レタスの出荷に携わるアグリビジネス企業は，管理スタッフ，労働者，装備を含めて，企業

写真5.5　カリフォルニア州インペリアルバレーにおけるレタスの収穫

全体が季節的に移動する（写真5.5）．サリナスバレーのあるレタス会社の場合，5月1日〜10月20日まではサリナスバレー，10月20日〜11月20日まではヒューロン，11月20日〜4月1日まではユマバレー（アリゾナ州），4月1日〜5月1日にはヒューロン，そして5月1日にサリナスバレーに戻るというサイクルで玉巻きレタスを栽培する．

なお，カリフォルニア州は全米最大のレタス産地であり，2009年の農務省の統計では，レタスの総収穫面積の79％がカリフォルニアに存在した．1年を通じてカリフォルニアから出荷されるレタスは，アメリカ人の食卓に欠かせない存在である．同時に，カリフォルニア産のレタスは，カナダ，西ヨーロッパ，日本にも輸出されている．最近では加工済みの袋詰めカット野菜の需要が増している（写真5.6）．

写真5.6　カット野菜の販売用パンフレット

5.4 アメリカ式農業の課題

5.4.1 農業労働力

アメリカ合衆国の農業と農業地域は，今後，どのように変化していくのだろうか．アメリカ式農業様式の課題について，地誌の観点から考えてみよう．

まず，農業労働力の確保は現代的な課題である．もともと少数の農業生産者が広大な農地を耕作する必要があり，労働力不足を補うために機械化と合理化が進行した．少数の生産者が大型機械を駆使して大規模経営に従事している．コンバインによるコムギの収穫は典型的な例である．しかし，野菜や果物の収穫のように，機械化できない作業は多く残っている．例えば，トマトやテンサイやオレンジの収穫は機械化されたが，レタスやブロッコリーやイチゴの収穫は依然として手作業で行われる．

19世紀末から園芸農業が発達したカリフォルニアでは，外国人労働者を受け入れることによって農業が成り立ってきた．農業地域を移動しながら低賃金の収穫労働に従事する季節移動労働者の存在は，昔も今も，カリフォルニアの集約的農業を支える重要な存在である．

カリフォルニアでは，広東地域からリクルートされて大陸横断鉄道の建設に従事した中国人が，発展を開始した農業地域の主要な収穫労働力になった．しかし，あまりにも増えすぎた中国人に対して排斥運動が展開し，中国人排斥法（1882年）が施行された．19世紀末から20世紀初頭にかけて，中国人に替わってカリフォルニアの農業を支えたのは日本人であった．日本人が1924年移民法によって入国できなくなると，フィリピン人やメキシコ人が農業労働を担った．第二次世界大戦中から20年余りにわたって，アメリカ合衆国とメキシコとの協定（ブラセロプログラム）によって，メキシコ人の農業労働者が組織的にアメリカ合衆国に送り込まれた．最近では，国境を越えて入国する不法就労者が，集約的農業を支える存在である．

このように，低賃金労働力の確保はカリフォルニアの農業の存続を脅かすほどの重要性も持っている．農業労働力の調達は移民政策とも関係する．セルヒオ・アラウ（Arau, S.）監督の2004年の映画『メキシコ人のいない日（*A Day without a Mexican*）』は，カリフォルニアからメキシコ人（ヒスパニック）が突然いなくなり，社会も経済も大混乱するという話である．収穫労働者が姿を消した農業地帯では，農作物の収穫作業が停止してしまった．これは非現実的な話だとして一笑に伏すことはできない．国境警備を強化して不法入国者を厳格に取り締まれば，農業の存立が危ぶまれる．しかもアメリカ社会では，不法入国者でも生活していけるようなしくみが，すでに出来上がっている．一方，不法入国者に対するアメリカ社会の対応は一般に厳しい．

5.4.2 農業の持続性

農業の機械化，合理化，大規模化の結果として，土地利用の単純化が進行してきた．これは農業の持続性に関する議論を引き起こす．19世紀までの家族農場では，農場をいくつかの区画に分けて輪作が行われた．家畜が飼育され，刈り跡放牧も一般的であった．農場単位において土地利用は多様であり，これが農地の持続的な利用を可能にしていた．

しかし，20世紀に農業の工業化が進行した結果，特定の作物への専門化が進み，伝統的な混合農業は衰退した．農場単位でみた場合，土地利用は単純化するとともに，家畜は姿を消した．少数の作物を大規模に栽培する農家では，殺虫剤や除草剤，そして化学肥料への依存度がますます高まっている．しかも，農場での生活をやめて，地方都市に居住しながら，自分の農地へ通って農業経営を行う農業生産者も多い．このため，農村地域では農家の廃屋をよく見かける．農業は男性の仕事であり，農家の主婦は都市で何らかの仕事に就く．

大規模灌漑農業地帯は水の問題に直面している．ハイプレーンズは，オガララ帯水層から揚水し，センターピボット灌漑装置を稼動することにより，新しいトウモロコシ地帯となった．これが企業型フィードロットと大規模食肉工場の集積を

招き，新しい牛肉生産地域が形成された．また，企業的養豚業や大規模酪農業の集積も，オガララ帯水層の水資源に基盤を置いている．しかし，この地下水資源は数千年の時間を経て貯留された化石水であり，補給をほとんど受けないため，有限な水資源である．そのため，揚水すれば地下水位は低下する．1980年代から1990年代にかけて，揚水に伴う地下水位の低下が大きな問題となった．

このため，オガララ帯水層地域では，いずれ地下水資源は枯渇するという前提のもとで，限られた水資源を有効に利用するための対策が行われている．各地に地下水管理組合が組織されて，地下水の管理や，新たな井戸の掘削を制限するなど地下水利用の規制に取り組んでいる．各農場においては，節水型の灌漑機器の導入が進んでいる．センターピボット灌漑装置の場合，低ノズル方式という節水型が普及している．いつまで有限な地下水が利用できるかは，生産者にとって重要な関心事である．

もっとも，地下水資源が枯渇しなくても，大規模灌漑農業は維持できなくなるかもしれない．というのは，揚水の経費は地下水位が低下するにつれて上昇する．安価な天然ガスが利用できるが，作物の販売価格が低いままでは，灌漑農業はいつかは経済的に成り立たなくなる．すなわち，作物の販売価格とエネルギー経費の関係が経営存続の重要な要素となる．大規模灌漑による農業経営が成り立たなくなれば，天水に依存する農業に戻ったり，農地が放棄されることになる．放棄された農地の管理が失敗すれば砂漠化を招くかもしれない．実はオガララ帯水層の地域は，1930年代のダストボウル時代に深刻な農業の衰退と人口流出を経験したことで知られる．

5.4.3 アグリビジネス企業の影響力

農業生産者がアグリビジネス企業との契約栽培によって大資本の支配下に置かれることについてはすでに述べた．最近話題になっているのは種子ビジネスである．もともと農業生産者は，収穫物のなかから翌年の栽培のための種子をとっておいた．しかし，交配種トウモロコシのようにハイブリッド種の栽培が盛んになると，生産者は種子会社から種子を購入し続けることが必要になった．さらに，バイオテクノロジーの発達によって，遺伝子組み換え作物が普及し，農業生産にとっては有利ではあっても，さまざまな問題が指摘されるようになった．食の安全性の問題，原種の確保の問題に加えて，種子会社への農業生産者の従属が高まることも問題である．

例えば，モンサント社はアメリカ合衆国に本拠を置く多国籍アグリビジネス企業で，バイオテクノロジーで著名である．除草剤を販売するとともに，遺伝子組み換え作物において圧倒的な市場占有率を持っている．除草剤に耐性を持つ作物や害虫に抵抗性を持つ作物の種子を販売することにより，世界的に影響力を強めつつある．

アグリビジネス企業の影響力が増大すると，農業地域におけるフィールドワークだけでは，食料生産の本質を十分に説明できないという問題に直面する．今日の農業地域では，大資本，農業政策，グローバル市場など，農業生産者の手の届かないさまざまな要因が働いている．すなわち，このような世界は，農業地域での聞き取り調査や資料収集によって研究を進めるという伝統的な地理学がアプローチすることの難しい領域である．もっとも，これはアメリカ式農業の課題というよりも地理学の課題である．

5.4.4 アメリカ合衆国と発展途上国

最後に，アメリカ合衆国の農業をグローバルな枠組みにおいて考えてみよう．図5.3は，アメリカ合衆国と発展途上国の農業の関係について，食料に焦点を当てて模式化したものである．左側はアメリカ合衆国における農業と農業地域の構造を示している．連邦政府の農業政策の下で，農業の工業化が進行し，アグリビジネス企業の農業関連産業における活動が活発化した結果，国内消費量を上回る余剰穀物が生産される．これは，一部はフィードロットや食肉工場を経由して食肉に転換される．また，余剰穀物は連邦政府によって発展途上国への戦略的な食料援助に活用される．

発展途上国では，伝統的農業によって自給的な食料生産が行われてきた．しかし，食料不足に陥ると食料援助を受け入れざるをえない．援助物資

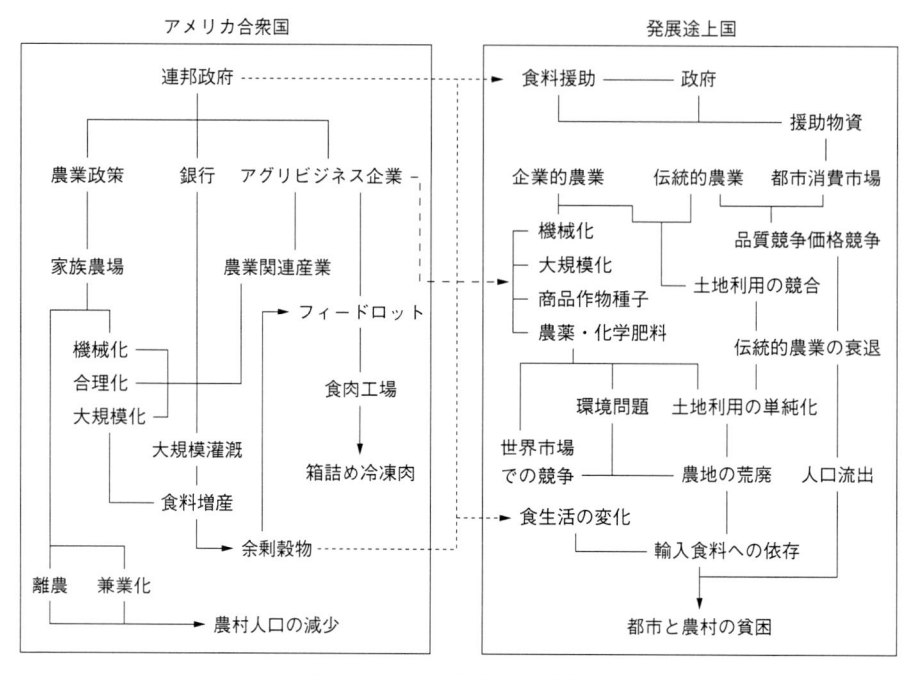

図 5.3 アメリカ農業と発展途上国

が何らかの理由で市場に出回ると，伝統的農業によって生産された農作物は高度に改良された低価格の援助穀物との競争に敗れ，その結果，伝統的農業の衰退が起きる．これは大都市への人口流出を引き起こす．また，大地主がアグリビジネス企業の支援を受けて農業経営を機械化・大規模化し，農薬・化学肥料を投入して商品作物の企業的経営に乗り出すと，伝統的農業との土地利用の競合が生じ，これが伝統的農業の衰退を招く．

このような現代のアメリカ式農業様式は土地利用の単純化と環境問題を引き起こし，これが農地の荒廃の原因となる．また，企業的農業によって生産された商品作物は世界市場に供給され，発展途上国の農業地域はグローバルな経済の影響を直接的に受けることになる．農地の荒廃によって食料が確保できなくなれば，輸入食料へ依存せざるをえない．また，食料援助を受けることによって生じた食生活の変化は，輸入食料への依存度を高める要因となる．こうした一連の作用の結果，都市においても農村においても貧困が深刻化する．

以上のように，アメリカ合衆国の農業と農業地域を理解するためには，アメリカ合衆国が世界に与える影響について検討することが必要であり，グローバルな枠組みにおける地誌学的な考察が重要性を増している．

[矢ケ﨑典隆]

引用文献

斎藤 功・矢ケ﨑典隆（2005）：サリナスバレーにおける野菜栽培とサラダ加工会社の広域的展開．地学雑誌，**114**：525-548.

Burbach, R. and Flynn, P. (1980)：*Agribusiness in the Americas*, Monthly Review Press［中野一新・村田 武 訳(1987)：アグリビジネス——アメリカの食糧戦略と多国籍企業．大月書店］．

Kneen, B. (1995) *Invisible Giant*：*Cargill and its transnational strategies*, Pluto Publishing［中野一新 訳(1997)：カーギル——アグリビジネスの世界戦略．大月書店］．

Saito, I., et al. (2000)：Changes of crop combination regions and land use in Kansas High Plains. *Science Report, Institute of Geoscience, University of Tsukuba, Section A*, **21**：107-129.

> コラム7

食肉工場の解体ラインから自動車の組立てラインへ —— オートメーションの起源

　自動車王として知られるヘンリー・フォード（Ford, H.）は，20世紀はじめに自動車を大量生産するシステムを構築したことで有名である．彼が設立したフォードモーター社では，流れ作業による組立てラインを確立することによって，それまで高価だった自動車を大量生産することに成功した．組立て作業を行う労働者は定位置にとどまって，分担する作業を専門的に行い，自動車が移動しながら組立てが進行するという方式である．大量生産されることによって値段の下がったT型フォードは庶民にも急速に普及し，モータリゼーションを促進することになった．組立てラインは自動車産業に革命的な影響を及ぼしたわけである．

　それでは，自動車工場の組立てライン方式はどのように着想されたのであろうか．実は，流れ作業方式を導入して最初に発展したのは，シカゴの食肉工場であった．コンベヤーに沿って屠殺されたウシが移動し，労働者は移動することなく同じナイフで同じ部位の解体作業を繰り返し行った．そして，解体ラインの終着点でウシの解体作業は完了した．すなわち，食肉工場では解体作業を細分化し，それぞれの作業を役割分担することにより，単純化と能率化が図られたわけである．フォードは食肉工場の解体ラインから，自動車工場の組立てラインを発想したといわれている．　　　　　　　　　　［矢ケ﨑典隆］

> コラム8

農業の発展に貢献した日本人移民

　世界各地からの移民はアメリカ合衆国の発展にさまざまな形で寄与した．農業においても，移民は本国から家畜，農作物，農業技術などを導入したし，農業労働者や農場経営者として発展の原動力となった．日本人移民が果たした役割も大きい．

　第二次世界大戦前に多くの日本人移民が存在したカリフォルニア州では，特に大きな貢献が認められる．19世紀後半から20世紀はじめにかけて，灌漑事業の進展，保冷装置の普及，そして人口増加に伴って農業が集約化した．すなわち，牧畜やコムギ栽培から，野菜・果物の栽培を中心とした農業への転換が進んだが，農業の集約化は当然のことながら多数の農業労働者を必要とした．最初に農業労働力の中心となったのは中国人移民であった．大陸横断鉄道の完成（1869年）に伴って，それまで鉄道建設に従事した中国人が農業労働者となった．しかし，農業地域における中国人の存在は白人社会にとって脅威の存在と認識され，中国人排斥法（1882年）の成立につながった．中国人は農業地域からしだいに姿を消し，農業労働力の不足が深刻化した．

　ここで登場したのが日本人移民であった．日本人は，農業地域を季節的に移動しながら農業労働に従事するようになった．なかには，土地を購入あるいは借地して，自ら農場を経営する人々も現れた．農業階梯を上り始めたわけである．しかし，日本人移民の増加は日本人排斥運動を引き起こし，排日的な土地法や移民法が制定された．こうした制約にもかかわらず，第二次世界大戦前を通じて，農業はカリフォルニア州の日本人移民にとって最も重要な経済活動であった．

　日本人は，カリフォルニア州中部の湿地帯（サクラメント・サンホアキン・デルタ）の干拓を推進したことで知られる．セントラルバレーの半乾燥地域では，メロンをはじめとする集約的農業で成功した．サンフランシスコやロサンゼルスの近郊では，野菜や花卉・植木の栽培で中心的な役割を果たし，卸売市場の経営にもあたった．各地に組織された農業協同組合は，経済ばかりでなく文化的・社会的な役割を演じた．マサカズ・イワタの著作（Iwata, 1992）には，アメリカ合衆国の農業と農業地域において日本人移民（一世）が果たした貢献の全体像が詳細に描かれている．　　　［矢ケ﨑典隆］

引用文献
Iwata, M. (1992): *Planted in Good Soil: A history of the Issei in United States agriculture.* 2 volumes, 960p., Peter Lang.

6 多民族社会の形成と課題

　植民地時代より多様な人々から構成されてきたアメリカ合衆国は，しばしば多民族社会の典型として取り上げられる．しかし，アメリカ合衆国が一様に多民族社会というわけではなく，人種民族構成には地域性がみられる．それには，アメリカ合衆国の多様な自然環境，東から西へと進んだ開拓の歴史，時期により異なる移民の出身地などがかかわっている．また，アメリカ社会への移民の適応やエスニック景観も，アメリカ合衆国を理解するうえで重要な要素である．本章では，アメリカ合衆国における多民族社会の形成と課題について考えてみよう．

6.1 移民と多民族社会の発展

　アメリカ合衆国は移民の国，さらには多文化・多民族社会の典型としてしばしば取り上げられてきた．アメリカ合衆国が世界各地からの移民とその末裔によって構成される多民族社会であることはまぎれもない事実であるが，その形成過程は決して一様ではなく，時代により地域により，複雑な過程を経てきたものである．

　はじめに McKee (2000) にしたがって，アメリカ合衆国への移民史と移民政策の変遷を概観しておこう．アメリカ合衆国への移民の流入は，先住民を別にすれば，コロンブスによるアメリカ大陸の「発見 (1492 年)」の後，1607 年のジェームズタウン建設に始まる．独立革命以前にアメリカ大陸にやってきた人々の多くはイングランドとウェールズの出身であった．また，黒人（アフリカ系）の到来もほぼ同じころで，一般には 1619 年にオランダ船によりジェームズタウンに送られてきたと考えられている．その後，メリーランド，南北カロライナ，ジョージア，中部植民地，ニューイングランド諸植民地が奴隷制を導入し，黒人の流入が進むことになる．独立戦争の終結後，1790 年に実施された最初のセンサス（国勢調査）によれば，アメリカ合衆国の人口は約 393 万であり，その 75% 以上が英国系，8% がドイツ系で，ほかにオランダ，フランス，スペインなどの出身者がいた．また，黒人の人口は約 76 万であり，そのうち約 70 万が奴隷であった．1790 年代には帰化や市民権に関する法律が制定され，紆余曲折を経て，5 年間居住することが帰化の要件とされた．

　独立戦争に加え，ヨーロッパにおいてもナポレオン戦争が起こるなど大西洋の両岸で混乱した状況がしばらく続いたため，アメリカ合衆国の建国以降は移民の流入が少なくなっていたが，1820 年代に入ると増加に転じるようになる．その多くは北西ヨーロッパからで，特に 1840 年代にはアイルランドにおけるジャガイモ飢饉や中央ヨーロッパ地域の政情不安定などを受けて，約 171 万人が入国した．1820 年代と 1830 年代とを合わせても入国者は約 74 万人だったので，急激な増加ぶりがよくわかる．移民の出身地に関しては，1820 年代から 1840 年代まではアイルランドが中心であったが，1850 年代から 1870 年代にかけてドイツが中心となっていく．1821〜1880 年の 60 年間でアジアからの入国者は 25 万人弱にすぎず，そのほとんどが中国人であった．また，1808 年に奴隷貿易が停止されたことを反映して，アフリカからの入国者は 1000 人足らずであった．この時期は北西ヨーロッパからの移民が中心であり，文化的には比較的均質であったといえるが，カトリックを信仰するアイルランド系に対する反感や，ノーナッシング (Know-Nothing) 党など，文化的に異質な移民の流入に反発する政党の設立がすでにみられている．

　1881〜1920 年は「殺到の時代 (the Great Deluge）」と呼ばれている．この時期には，アメリカ合衆国において産業革命が進展する一方，ヨーロッパでは産業構造の変化が農村地域の疲弊をもたらしており，特に南・東ヨーロッパからの移民が急増した．1881 年から 1930 年にかけてアメリカ合衆国に入国したのは 2757 万 2583 人であり，ピークとなった 1907 年には 1 年だけで 128 万 5349 人が入国している．出身地をみると，イタリアやオーストリア・ハンガリー帝国などの南・東ヨーロッパが 49%，北西ヨーロッパが 35% などとなっている．また，カナダからの移民も多く，北アメリカからの入国者が 8% を占めている．これは，かつてはカナダを経由して最終的にアメリカ合衆国への入国を希望する移民が多かったことが一因である（のちに，第三国を経由したアメリカ合衆国への移住は禁止される）．それに加え，産業構造の変化と 1867 年のカナダ連邦の結成に伴う急速な周辺化により経済が疲弊した大西洋沿岸の諸州や，人口圧の高いケベック州の農村地域から流出した人口の一部が，特にニューイングランドの繊維産業都市へと向かったことも大きく影響している．

南・東ヨーロッパ出身者を中心とするこの時期の移民の多くは，言語や宗教などの点で大きく異なる特徴を持っていた．例えば，イタリアやポーランドからの移民はカトリックを信仰し，また，東ヨーロッパからの移民にはユダヤ人も多かった．カナダからの移民には多くのフランス系カナダ人が含まれており，彼らは一般に敬虔なカトリック教徒であった．人口規模の点ではあまり大きくないにもかかわらず最も激しい排斥の対象となったのは，言語や宗教だけでなく，肌の色や生活習慣が大きく異なるアジア系であった．中国人は苦力（クーリー）としてカリフォルニア州での鉄道建設に貢献したが，1882 年に制定された中国人排斥法によりアメリカ合衆国への入国が禁じられた．これが撤回されるのは第二次世界大戦中の 1943 年である．そして，1880 年代からアメリカ合衆国本土への移住が増加し始める日本人移民が中国人労働者の穴を埋める形になったが，中国人同様，やはり差別と偏見の対象となる．これは日米両政府を巻き込む外交問題に発展し，1907 年に日米紳士協約が締結されて日本からの移民は規制されることになるが，その後も日本人をターゲットとした排斥運動は継続した．

このような移民をめぐるさまざまな問題は，1920 年代になって国別割り当て制度の導入によって解決が図られるようになる．1921 年に制定された緊急割り当て法では，ある国からの入国者数を，1910 年のセンサスによる当該国生まれ人口を基準に，その 3% を上限とした．さらに，1924 年にはその基準が改められ，ある国からの入国者数を 1890 年のセンサスによる当該国生まれ人口の 2% を上限とした．1890 年までさかのぼることにしたのは，1890 年の時点では南・東ヨーロッパ出身者やアジア出身者がまだ少なかったため，望ましくない移民の流入がより効果的に抑制されるからである．この 1924 年移民法（ジョンソン・リード法）は帰化不能外国人（白人およびアフリカ系とその子孫以外の者）の入国も禁止したことから，割り当ての厳しさとともに日本人を主なターゲットにしたとされ，しばしば排日移民法と呼ばれている．なお，この法律では年間の入国者数の上限が 15 万人とされ，完全施行された 1929 年には割り当ての基準とする外国生まれの人口を 1920 年のセンサスによると改められた．ただし，西半球諸国には上限が設けられなかったので，メキシコ出身者の増加が目立つようになった．また，南・東ヨーロッパからの移民が減少したことで北部の諸都市に生じた労働力不足を補ったのは，南部から移住したアフリカ系であった．1900 年にはアフリカ系の 89.7% が南部に居住していたが，その比率は 1940 年に 77%，さらに 1960 年までに 60% に下落した．

戦争花嫁（アメリカ軍人が出征先で結婚した外国籍の女性）や難民の受け入れなどを別にすれば，こうした移民政策が転換されるのは 1950 年代になってからである．1952 年のマッカラン・ウォルター法では帰化不能外国人の入国を禁止する条項が撤廃され，1965 年移民法では，東半球と西半球とに分けて上限を定める方式は踏襲されたものの，国別の割り当て制度が撤廃された．その結果，

表6.1 アメリカ合衆国の移民

出身国・地域	1841～1860	1861～1880	1881～1900	1901～1920	1951～1970	1971～1990	1991～2000
ヨーロッパ	4050 (93.9)	4338 (84.6)	8296 (92.9)	12513 (86.1)	2731 (46.8)	1507 (12.7)	1311 (14.4)
イギリス	691	1155	1079	867	438	266	136
アイルランド	1695	873	1044	485	95	107	59
ドイツ	1386	1506	1958	485	669	546	68
ノルウェー・スウェーデン	35	321	890	602	77	—	—
ロシア/ソ連	1	42	719	2519	62	127	232
オーストリア・ハンガリー	—	81	946	3042	123	—	—
イタリア	11	67	959	3155	395	163	23
アジア	42 (1.0)	188 (3.7)	140 (1.6)	436 (3.0)	602 (10.3)	4451 (37.6)	2892 (31.8)
中国	41	188	77	42	129	591	531
日本	—	0	28	214	83	91	62
フィリピン	—	—	—	—	119	856	506
インド	—	—	—	—	34	439	383
ベトナム	—	—	—	—	7	581	421
韓国	—	—	—	—	43	611	171
ラテンアメリカ	36 (0.8)	33 (0.6)	69 (0.8)	584 (4.0)	1859 (31.8)	5276 (44.6)	4420 (48.6)
メキシコ	6	7	3	269	763	2291	2251
その他	183	568	429	998	645	597	472
合計	4311 (100.0)	5127 (100.0)	8934 (100.0)	14531 (100.0)	5837 (100.0)	11831 (100.0)	9095 (100.0)

出典：Statistical Abstract of the United States による．
単位は1000人．( ) 内は％．

1960年代以降になるとラテンアメリカ諸国やアジア諸国からの移民が中心となり，特に1960年代には全体の12.9％にすぎなかったアジア諸国からの移民は，1970年代には34.2％を占めるに至っている．ラテンアメリカ諸国とアジア諸国からの移民が多数を占める傾向は，現在に至るまで続いている（表6.1）．

6.2 人種民族構成の地域性

6.2.1 全国的な居住分布

アメリカ合衆国の開拓が東から西へと進められたことと，時期により移民の出身地に違いがみられることは，人種民族構成の地域性に反映されている．すなわち，最も早く入植が進んだ東部や南部は英国系を中心とする比較的均質な社会であり，少し遅れて19世紀半ば以降に入植したドイツ系やスカンジナビア系などは主に中西部に農業社会を形成した．1880年代以降に増加する南・東ヨーロッパからの移民の多くは，産業革命の進行に伴って急成長する東部の諸都市に流入し，下層の労働力を提供した．日本や中国からの移民のほとんどは西海岸諸州に居住し，差別や偏見，戦争，日系人の強制収容などを経た現在でもその傾向は変わっていない．ただし，ローカルなスケールでは，産業構造の変化に伴う労働力需要の高まりに対応して，従来は白人中心の社会だった地域にも移民が増加する傾向にあり，例えばアメリカ合衆国有数の牛肉生産地域に変貌した中西部のハイプレーンズでは，東南アジア系住民が労働者として移住し，移民社会を形成している．

それでは，アメリカ合衆国の各地域において卓越している集団を示す図6.1にしたがって，より詳細にみてみよう．まず，ニューイングランドの大部分とニューヨーク州，ヴァージニア州からオクラホマ州およびテキサス州内陸部にかけて，ユタ州からオレゴン州およびカリフォルニア州北部にかけて，イングランド系が卓越している．ニューイングランド，特にメーン州やヴァーモント州，ニューハンプシャー州のカナダ国境付近ではフランス系が卓越する．メーン州北部のマダワスカ地方には，カナダのケベック州およびニューブランズウィック州のフランス系住民とルーツを共

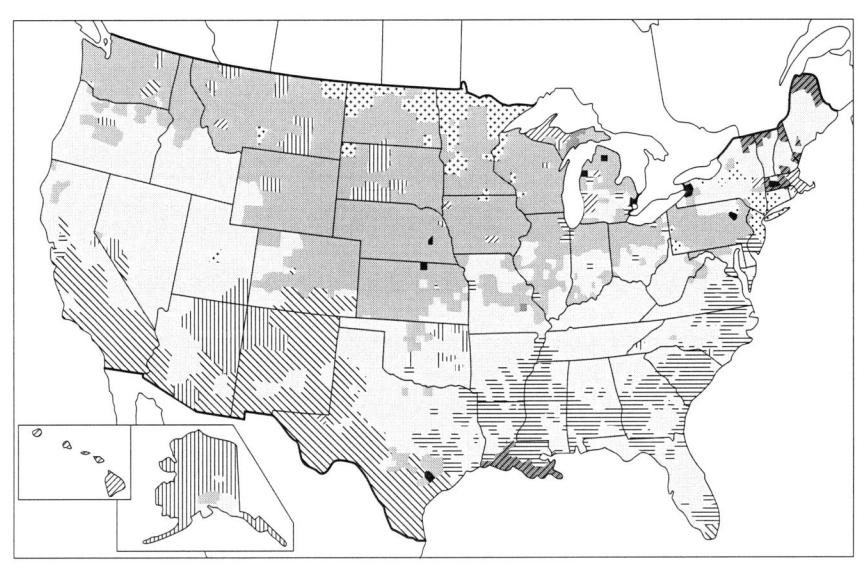

図6.1 エスニック集団の分布（Jordan-Bychkov, et al., 2006を一部改変）
□イングランド系，▩ヒスパニック，▨フランス系，▥先住民（イヌイットを含む），
≡アフリカ系，▦イタリア系，▨ドイツ系，▦スカンジナビア系，■スラブ系，▨その他.
イングランド系は厳密な定義にしたがえばエスニック集団ではないが，便宜的に含めてある.

有する人々が居住するが，カナダとの国境が確定したことによってアメリカ合衆国に含まれてしまった地域である．また，マサチューセッツ州にもフランス系が多い．これは，上述のように19世紀後半から20世紀前半にかけて，ケベック州やニューブランズウィック州のフランス系カナダ人がニューイングランドの繊維産業都市に労働者として流入したからである．なお，北アメリカでは多くの場合，姓からエスニックのルーツを知ることができるが，フランス系カナダ人の子孫は，例えば

　　ルブラン（LeBlanc）→ ホワイト（White）

のように，一定の規則（この場合には意味）にしたがって英語の姓に変えている場合が多い．

ペンシルヴェニア州から中西部一帯，さらに西部を経てワシントン州に至るまでの広い範囲に卓越するのがドイツ系である．また，ウィスコンシン州の北西端，さらにミネソタ州からノースダコタ州のカナダ国境沿いにはスカンジナビア系が卓越する．ミシガン州半島部のスペリオル湖沿岸にはフィンランド系が多い．中西部ではこれらの人々が，多くの場合，母国の自然環境と類似した地域を選んで入植し，開拓に従事した．

南部に目を転じてみると，ヴァージニア州から南北カロライナ州の沿岸部，さらにはジョージア州からルイジアナ州にかけてアフリカ系が卓越する．いわゆるブラック・ベルトであり，最近では，大恐慌時代から第二次世界大戦前後にかけて北部の諸都市に流出したアフリカ系の南部への回帰が観察されている．また，ルイジアナ州南部にはケイジャン（Cajun）と呼ばれるフランス系が卓越する地域がある．さらに，メキシコとの国境地帯にはヒスパニックが多く居住していることがわかる．ヒスパニックとは一般に中南米にルーツを持つスペイン語話者を指すが，白人と黒人の双方が含まれるうえに出身地も多様な集団である．その多くはメキシコ系，キューバ系，プエルトリコ系であり，メキシコに隣接する南西部の諸州のほか，キューバに近いフロリダ州（特にマイアミ），大都市を抱えるニューヨーク州やイリノイ州に多く居住している．南西部にはほかに，ニューメキシコ，アリゾナ，コロラド，ユタの各州が接する，いわゆるフォーコーナーズ付近に先住民が多く居住している．ハワイ州では，かつて日本からサトウキビ農園の労働者などとして移住した人々の子孫である日系人が最大の集団となっている．

6.2.2 都市地域の移民

エスニック集団の分布や文化の継承，あるいは同化のプロセスおよびそれと密接にかかわる居住分布の変化には，古くから関心が寄せられてきた．例えば都市地域を研究対象とする場合，都市におけるエスニック集団の集住地域の崩壊と居住の郊外化が同化のプロセスと結びつけられる形で盛んに研究されてきた．すなわち，19世紀末以降，アメリカ合衆国に流入した移民の多くは都市に居住するが，英語をあまり話せない非熟練労働者がほとんどであり，経済的に最下層に位置し，その結果，都心周辺のあまり環境のよくない区域に集住することになる．その後，第2世代，第3世代と代を重ねるにしたがって経済的階梯を上昇し，集住地域を離れて郊外に居を構えるようになっていく．この過程で集団固有の言語を失ったり，異なる集団間あるいは異なる宗派間での婚姻がみられたりするようになり，ホスト社会への同化が進んでいく．

都市におけるエスニック集団の集住地域にはゲットーなどさまざまな呼称が与えられてきたが，最近ではエスニックタウンと称されることが多い．また，集住がみられなくなってもエスニック社会の機能，例えば宗教施設やコミュニティ組織，あるいは当該集団を主たる顧客とするビジネス（エスニックビジネス）などは，従来の集住地域にシンボリックな形で残存している場合もある．そこで，エスニック集団の集中居住を要件とするエスニックネイバーフッドと，当該集団のエスニシティを背景とした経済活動の存在を強調するエスニックタウンとを区別し，それらを包括して「エスニック都市空間」とする立場もある．

6.2.3 農村地域の移民

農村地域における小規模な集住地域は文化島（cultural island）ないし民族島（ethnic island）とも呼ばれてきた．それらの多くは，19世紀前半から半ばにかけて北西ヨーロッパからの移民が流入した中西部に分布している（図6.2）．この時期の移民は都市における非熟練労働者としてではなく，農業移民として流入する場合が多かった．そして彼らが形成した集落は空間的に孤立している場合が多く，結果として他の移民集団との交流の機会が少なかったために，自らの文化的伝統を最近まで維持し続けてきた．

ここで興味深いのは，これらの移民集団に入植地の自然環境との親和性がみられることである．すなわち，19世紀半ばまでに流入したドイツ系やスカンジナビア系など北西ヨーロッパからの移民の多くは，母国の自然環境と類似した地域に入植することで北アメリカにおける生活基盤を確立した．一例を示そう．図6.3は中西部ウィスコンシン州における民族島の分布と自然環境との対応を示すものである．北部の針葉樹林地帯にフィンランド系集落が多く分布し，南部の広葉樹林地帯にイングランド系集落が多く分布している．また，入植時にはすでに鉱山地帯として知られていた英国コーンウォール地方の出身者が南西部の亜鉛鉱地帯に多く入植しているのも興味深い．

この現象は最近，生態学から導入した前適応（preadaptation）という概念により説明されるようになってきた（Jordan, 1989）．前適応とは，人間社会が移住に先だって所有する特性の複合体であり，新しい環境のもとで植民活動にあたる際に競争力となるので，前適応の水準が高ければ，北アメリカの環境において成功しやすい．そして，母国の自然環境と類似した地域であれば，ヨーロッパから持ち込んだ文化が定着する可能性は高まるので，結果として移民集団と自然環境との親和性を示す事例が多く残存するということになる．逆に，前適応していない場合には，異なる適応戦略を採用することを余儀なくされる．なお，未開拓の土地に入植した中西部のヨーロッパ系移民集団と異なり，アジア系など後発の移民集団は自然環境だけではなく，受け入れ先の社会（ホスト社会）にも適応する必要がある．そこで前適応の概念は移民のホスト社会への適応を検討する場合にも有効である（矢ケ﨑, 2004）．

6.2.4 ホームランド

最近では，より大きなスケールの文化地域を扱う概念として，ホームランド（homeland）が提唱されている（Nostrand and Estaville, 2001）．ホームランドとは，単に文化特性を共有する集団の分

図 6.2 北アメリカにおける主要なエスニックホームランドと民族島（Jordan-Bychkov, et al., 2006 を一部改変）
□ エスニックホームランド，■ 民族島が多く分布する地域．

布を意味するのではなく，当該集団と土地との結びつきを重視する概念であり，時間，すなわち地域の発展プロセスも考慮に入れられている．図 6.2 には，北アメリカにおけるホームランドの分布が示されている．これによると，ニューメキシコ州を中心とするヒスパノホームランド（メキシコ系）や，ルイジアナ州南部のアカディアナ（Acadiana）ないしケイジャンホームランド，南西部のフォーコーナーズ付近のナヴァホホームランド（先住民）などが代表的なホームランドといえる．ここではアカディアナを例に，Noble（1992）や Nostrand and Estaville（2001）に基づいて，具体的に紹介しておこう．

北アメリカ大陸は当初，イギリス人によって大西洋沿岸の東部と南部から，フランス人によってミシシッピ川の水系に沿って北部から，さらにはスペイン人によって南西部から探検や入植が進められた（図 6.4）．その痕跡は，地名のみならず住民の構成にも残っており，それらが豊富にみられる地域の 1 つがルイジアナ州である．例えば，アメリカ合衆国では郡のことを一般にカウンティ（county）と呼ぶのに対して，ルイジアナ州ではカトリック教会の小教区を指すパリッシュ（parish）が使われているなど（写真 6.1），独自色が強く残っている．歴史的にみると，ルイジアナ南部のメキシコ湾岸は 17 世紀以降，カリブ海の覇権を狙うフランスの最前線であり，1718 年にニューオーリンズが建設されるなど，18 世紀に入ってフランス人の入植が進んだ．この地域は生態学的見地からすると北アメリカというよりもカリブ的であり，このころにはすでに言語や生活習慣の面でカリブ海沿岸地域の先住民やヨーロッパ

6.2 人種民族構成の地域性　79

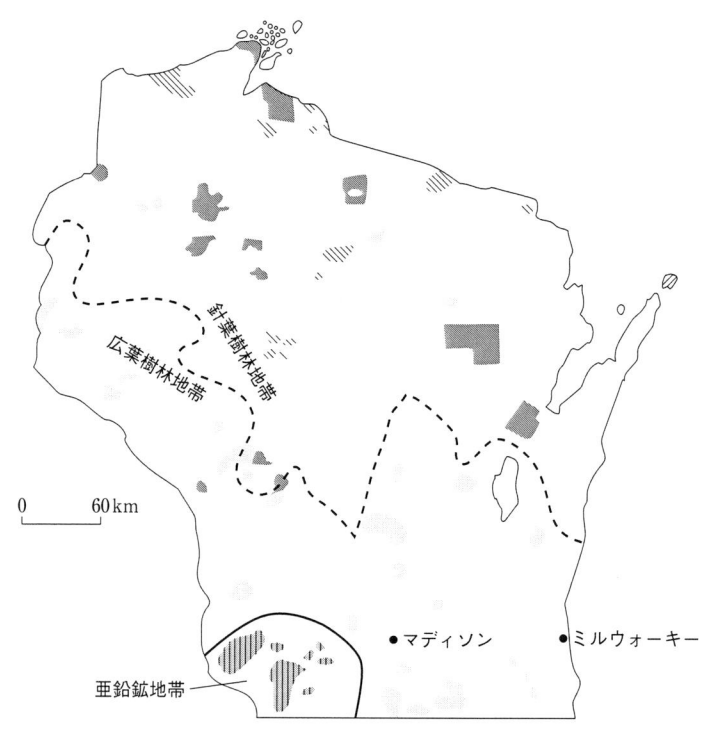

図6.3 ウィスコンシン州における民族島の分布と自然環境 (Jordan-Bychkov, et al., 2006 による)
☐ イングランド系，▦ コーンウォール系，■ 先住民族，▨ アイスランド系，▧ フィンランド系．

人が持ち込んださまざまな文化が混交し合うクレオール的状況となっていたようである．その後，ニューオーリンズとミシシッピ川西岸はいったんスペインの支配下に入り，再びフランス領になってまもなく，1803年にアメリカ合衆国に売却される．それ以来，アメリカ合衆国の主流文化が流入し，フランスやスペインが形成した社会や文化は変容を迫られることになる．

ルイジアナ州に暮らすフランス系の多くはケイジャンと呼ばれる人々であり，現在のカナダ・ノヴァスコシア州のファンディ湾沿岸に入植したフランス系住民であるアカディアン（Acadians）を祖先としている．北アメリカにおける英仏植民地抗争末期の1755年，アカディアンはイギリスへの忠誠を疑われて入植地を追放され，現在ではノヴァスコシア州の北に隣接するニューブランズウィック州に多く居住しているが，追放された人々の一部がルイジアナにやってきたのである．そこで彼らは，以前の入植地とまったく異なる，亜熱帯性の気候，スワンプ（swamp，湿地）とバイユー（bayou，小川）に特徴づけられるルイジアナ

図6.4 18世紀中頃のアメリカ

写真6.1 ルイジアナ州の道路標識（2005年）
ルイジアナ州では郡のことを county ではなく parish という．

写真 6.2 ルイジアナ州のスワンプ（ニューオーリンズ近郊，2005 年）
ニューオーリンズ近郊ではワニの生息するスワンプのツアーが盛んで，かつての暮らしがしのばれる住居や墓地の跡も観察できる．

南部の自然環境に直面する（写真 6.2）．そこでは衣食住のすべてをカナダとは異なるものにせざるをえなかった．例えばケイジャンハウスといわれる典型的な住宅は，正面しかペンキで塗られておらず，風雨にさらされたどんよりした灰色をしている．床を高くし，ギャラリーと呼ばれる正面のベランダや大きな扉，急傾斜の切妻造りの屋根に特徴がある（写真 6.3）．これらは通気性をよくしたり，熱の発散を促進したりする工夫である．また，現在ではジャンバラヤやガンボなどがケイジャン料理として市民権を得ているが，ケイジャン料理とは，ザリガニのように地元でとれる食材と，カリブ海地域から来たフランス系クレオールやアフリカ系の調理法，なかでも西アフリカからの奴隷が持ち込んだ赤いソースなどがもとになって形成されてきたものである．

アメリカ合衆国の主流文化が浸透し，政治や経済の主導権を握られると，フランス語の使用が制限され始め，近代化が進むにつれてスワンプを小舟で縦横に動き回る生活も廃れていった．20 世紀に入るとメキシコ湾岸の油田が開発され，多くのケイジャンが石油産業に従事するようになった．このようにして，ケイジャンはアメリカ合衆国の主流文化に飲み込まれていき，現在では農村地域でもケイジャンハウスを目にする機会はほとんどなくなった．

ところが，最近になってアメリカ合衆国において多文化主義的価値観が浸透し，逆に各地におけるエスニック文化への関心が高まっている．ルイジアナ州でもフランス語の復活が試みられ（写真 6.4），ニューオーリンズのマルディ・グラなどのフェスティバルが全国的な注目を集めるようになりつつある．また，「本家」ともいえるカナダのアカディアンが 2004 年に入植 400 周年を迎えるにあたって，1994 年にニューブランズウィック州モンクトンで第 1 回世界アカディアン会議を開催し，ケイジャンを含む，世界に散らばったアカディアンの子孫が集結した．1999 年には第 2 回世界アカディアン会議がラファイエット（ルイジアナ州のケイジャンホームランドの中心地）で開催され，本家のアカディアンとの交流が最近になって急速に拡大している．ルイジアナ州ではもはやフ

写真 6.3 ケイジャンハウス（ルイジアナ州ラファイエット，2005 年）
野外博物館アカディアンヴィレッジに移築されたもの．

写真 6.4 ルイジアナ州ラファイエットの街路名表示（2005 年）
フランス語で大きく表示され，上に小さく英語でも表示されている．

ランス語が母語として継承されることは期待できないとはいえ，アカディアンとの交流はケイジャン文化の継承やアイデンティティ維持を促進する要因になっている．

6.3 移民社会とアメリカ社会

6.3.1 同化論からサラダボウル論へ

アメリカ社会は植民地時代から多様な人々により成り立っていたが，基本的には最初期に入植したイギリス人が形成した社会を基礎としており，19世紀半ばまでにはこうした共通の理解が確立した．移民は，のちにワスプ（WASP, White Anglo-Saxon Protestant）と呼ばれるようになる白人プロテスタント中心でイギリス的要素の強いアメリカ社会に順応することが求められた．これがアングロコンフォーミティ論であり，より一般的な表現をするなら同化論といえる．イギリス的伝統と移民の持ち込んだ文化は相互に作用しており，19世紀，特に南・東ヨーロッパからの移民が流入してからも変化した．しかし，このアングロコンフォーミティ論は，南・東ヨーロッパやアジアから移民が流入するようになった19世紀末から20世紀にかけて，不寛容なイデオロギーの代名詞のようになってしまった（明石・飯野，1997）．

そのころに登場したのがメルティングポット（人種のるつぼ）論である．メルティングポットとは，ユダヤ系作家イスラエル・ザングウィル（Zangwill, I.）の戯曲 "*The Melting Pot*"（1908年初演）に由来しており，アメリカ合衆国では，さまざまな人種や民族が溶け合って混ざり合い，最終的にはアメリカ人というまったく新しい民族になるというものである．この戯曲は，ともにヨーロッパから移住してきたユダヤ教徒とキリスト教徒との結婚を題材としたもので，当時はともかく，異なるエスニック集団間，あるいは異なる宗教間での婚姻が増加している現在では，まったくの夢物語とは言いがたい状況になっているかもしれない．しかし，異なるエスニック集団が融合して1つのまったく新しい民族が創出されているとまではいえないのが現実であろう．そこで，異なるエスニック集団が同じ器のなかに溶け合わずに混在しているという意味で，サラダボウル論が現在では支配的となっている．すなわち，アメリカ合衆国はさまざまな文化を持つ集団からなる多様な社会ということである．最近では，1960年代の公民権運動以来，アフリカ系のみならず，これまでアメリカ合衆国の発展に貢献してきたさまざまなエスニック集団の歴史や文化の見直しが進められ，各地でエスニックフェスティバルが開催されている．

6.3.2 求められるアメリカ社会への適応

しかし，程度の差こそあれ，移民がアメリカ社会への同化を期待されることに変わりはない．例えば，社会的地位の上昇には英語の習得や高い教育レベルが不可欠であり，実際，歴史的にはその過程で多くのエスニック集団の同化が進んでいる．また，20世紀にアメリカ合衆国はいくつかの戦争にかかわっており，敵国からの移民は厳しい立場に立たされることになった．すなわち，第一次世界大戦の際には，移民の歴史が古く，規模も大きかったドイツ系社会においてアメリカ社会への同化が急速に進んだ．また，第二次世界大戦に際しては，西海岸に居住していた日本人移民と日系アメリカ人は強制立ち退きを迫られ，内陸部の収容所に送られた．そして，戦後は再び差別や偏見の対象となることを恐れて，戦前のように集住せず，子弟への日本語の教育も十分に行わなかった．その結果，戦後に生まれた三世には日本語を話せない人が多くなり，日系人以外との婚姻が急増するなど，同化が急速に進行した．

移民や異なる文化に寛容になってきた現在においても，移民とアメリカ社会との間に微妙な軋轢が生じることが少なくない．例えば，近年のスペイン語話者の急増を背景に，アメリカ合衆国ではスペイン語への対応が進んでいる．一方で，英語のみを公的に使用する言語にしようという運動も活発になっており，州レベルではかなりの広がりをみせている（図6.5）．あるいは，都市の再開発事業もエスニック社会との軋轢を生じさせる場合がある．サンフランシスコやロサンゼルスの日本町では，1960年代に日本資本が中心となって，かつての歴史的な遺産を生かした再開発が進められ

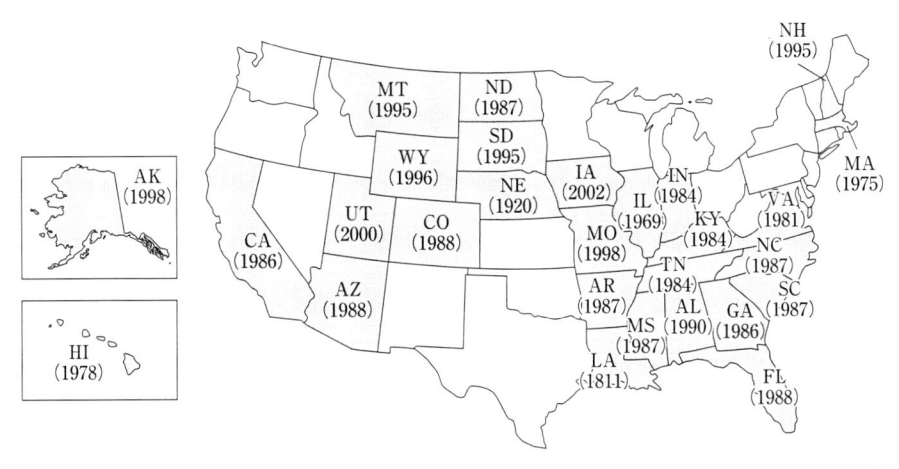

図6.5 英語のみを公的に使用できる言語とする法律を制定した州（Jordan-Bychkov, et al., 2006による）
（ ）内は制定年を示す．内容は州によりさまざまである．

写真6.5 ロサンゼルスのニューオータニホテル（2007年）
リトルトーキョーに立地し，日本町のランドマークだったが，2007年に地元資本に買収された．

6.3.3 第二次世界大戦前の日本人移民とアメリカ社会

アメリカ合衆国への移民は全土に散らばって居住するのではなく，局地的に集中する傾向にある．そこで，アメリカ社会全体をホスト社会とする見方に加えて，特定の地域において移民と日常的に接するホスト社会（ローカルホスト社会）の対応と移民の適応とを地域的枠組みのなかで考えることの必要性が指摘されてきた（矢ケ﨑，2003）．ここでは，第二次世界大戦前の日本人移民の事例を紹介しておきたい．

第二次世界大戦前の日本人移民はほとんどが西海岸に居住し，なかでもカリフォルニア州に多く居住していた．日本人移民は，すでに中国人排斥法により入国できなくなっていた中国人が担っていた労働力を提供することになるが，差別や偏見は日本人移民にも向けられた．特に，1906年に起きたサンフランシスコ大地震の後，再建される学校において日本人児童が隔離される問題が起こったのをきっかけに，日米両政府の交渉が始まり，1907年の日米紳士協約により，日本政府は労働を目的とする者に旅券を発行しないことになった．ただ，労働目的以外の移民は認められたため，日本から家族を呼び寄せることは可能であった．そこで，写真の交換のみで日本人移民と結婚した女性の入国が目立つようになり（このような結婚を写真結婚といい，女性を写真花嫁という），もともとは出稼ぎの意識が強かった日本人移民の定着

た経緯がある（写真6.5）．しかし，最近になってサンフランシスコにおいてもロサンゼルスにおいても日本資本の撤退が相次いでおり，特にサンフランシスコでは日本町の中心となっていたボウリング場の跡地の利用をめぐって利害が対立した（杉浦・小田，2009；小田，2010）．

ところで第二次世界大戦後，アメリカ合衆国は難民の受け入れに積極的であり，各地で難民が暮らしている．彼らは一定の支援を受けられるものの，大都市のインナーシティなど居住や就業の条件の悪いところに生活の基盤がある場合も少なくない．そこで最近では，インナーシティの問題と関連づけながらNGOによる難民の生活支援が行われている（小田，2009）．

を促進することになった．

　しかし，写真結婚そのものが西海岸のアメリカ人の目には奇異な風習とうつり，偏見を助長した．制度的にも，1913年にカリフォルニア州で外国人土地法が制定されたように，事実上日本人をターゲットにした法規制が進められる状況であった．ただし，これも帰化不能外国人であった一世のみが対象であり，国籍の出生地主義によりアメリカ合衆国で生まれた二世は国籍の上ではアメリカ人であったため（在外公館に出生届を提出していれば血統主義に基づき日本国籍も自動的に取得できる），二世の名義で土地を取得ないし貸借することが可能であった．その結果，日本人移民への差別や偏見がおさまることはなく，1924年の排日移民法の制定につながっていく．このように，とりわけカリフォルニア州というローカルホスト社会からの強い圧力の下で，日本人移民は都市近郊における野菜や花卉の栽培や庭師などに経済的なニッチを見出し，また，さまざまな組合を組織することにより，自らの利益を守った（矢ケ﨑，1993）．

　日本人移民に限らず，移民は個人のレベルでも集団のレベルでも，新天地の社会や経済に適応していかなければならない．現在もなお流入し続ける移民とホスト社会であるアメリカ社会との間に摩擦が生じることは不可避であり，移民社会に対するアメリカ社会の態度やそれに対する移民の適応は興味深い研究課題であり続けている．

6.4　エスニック景観

　移民は出身地からそれぞれの文化をアメリカ合衆国に持ち込んでくる．そして多くの場合，それは景観に反映される．エスニック景観は北アメリカの文化地理学においてポピュラーな研究課題であり，集団のアイデンティティや文化変容，同化などの状態を示す優れた指標として，北アメリカ各地のエスニックホームランドや民族島にみられる家屋やフェンス，納屋（バーン）などが盛んに研究されてきた．また，タウンシップ制が導入される以前の測量に基づく地割りも，その後の農業・農村景観に影響を与えている．例えばフランス人が入植した地域では，ロングロットという，川から細長く伸びる長方形の地割りがみられる．フランス人による探検と入植活動が行われた18世紀ごろは水運が重要な交通手段であったため，川へのアクセスが重視されたのである．ロングロットはカナダ・ケベック州のセントローレンス川沿岸には現在でもふつうにみられるし，アメリカ合衆国においてもミシシッピ川下流部の沿岸などに名残がみられる．

　文化島や民族島が数多く存在する中西部はエスニック景観の宝庫である．特に農村地域におけるエスニック景観の好例といえるのが，中西部のフィンランド系農家にみられる別棟のサウナである（写真6.6）．1960年代前半の調査によると，ミシガン州やミネソタ州のフィンランド系集落においては，非常に高い割合でサウナが民家に設置されていることが明らかにされている．それに加え，冷戦当時の状況を反映して，政治的な立場により，フィンランド系であることを強調する集団とそれをできるだけ表に出さない集団とに分離したという（Jordan-Bychkov, et al., 2006）．現在では，主流文化の浸透や合理的な建築様式の普及などにより，こうした独特の景観はあまりみられなくなってしまった．しかし，民家やその付属施設を移築した野外博物館が各地にあり，それらの多くは州や郡の歴史協会によって運営されている．そこでは，当時の衣装を身に着けたスタッフから当時

写真6.6　フィンランド系農家のサウナ（ウィスコンシン州イーグル，2010年）
野外博物館オールドワールドウィスコンシンに移築されたもの．

の生活について説明を受けながら，建築物を観察することができる．

　一方，都市においてもエスニック景観はしばしば観察されるし，その変化は激しくダイナミックである．すでに述べたように，移民は都市において集住地域を形成し，それらはエスニックタウンと呼ばれる．エスニックタウンはエスニック集団の集住地域であるとともに，経済的にはエスニック集団の需要を満たすエスニックビジネスの集積地であり，また文化的には学校や宗教施設など，エスニック集団の生活様式を維持するための諸施設が集中する地域である（山下，2008）．

　こうしたエスニック集団の活動は景観にも反映される．代表的な例は，日本を含め世界各地の都市にみられるチャイナタウンであろう．アメリカ合衆国の都市にもチャイナタウンがしばしばみられ（写真6.7），多くの場合，都市中心部に立地する．しかし，そうした歴史のあるチャイナタウン（オールドチャイナタウン）は老朽化が著しく，最近では裕福な中国人移民が居住条件のよい郊外にニューチャイナタウンを形成しつつある．チャイナタウンに限らず，コリアンやベトナム系などアジア系のエスニックタウンにみられる景観は文字に特徴がある．これらの集団では最近でも移民の流入が続いており，英語の能力が高くない人も多いため，エスニックビジネスが成立しやすく，英語が併記されているか否かによって同化の程度を推測することもできる．

　また南西部の都市では，メキシコ系住民の集住地域（バリオといわれる）でしばしば壁画が観察される（Jordan-Bychkov, et al., 2006）．例えば，メキシコ系住民が集中するロサンゼルス市ボイルハイツ地区における調査では90の壁画が確認されており，壁画のテーマが多様であること，制作年が判明するものでは1990年代のものが多く，組織的な企画と援助が行われたらしいこと，商業施設に描かれる場合が圧倒的に多いことが明らかにされている（矢ケ﨑ほか，2006）．　　［大石太郎］

引用文献

明石紀雄・飯野正子（1997）：エスニック・アメリカ（新版）——多民族国家における統合の現実，有斐閣．

小田隆史（2009）：ミネソタ州ツインシティ都市圏における非政府・非営利セクターによる難民への職住斡旋支援．地理学評論，**82**：422-441．

小田隆史（2010）：サンフランシスコ市における移民街区の保全と再建の「ガバナンス」——制度と主体の変化に着目して．季刊地理学，**62**：12-27．

杉浦直・小田隆史（2009）：エスニック都市空間における場所をめぐる葛藤——サンフランシスコ・ジャパンタウンの一事例から．季刊地理学，**61**：137-156．

矢ケ﨑典隆（1993）：移民農業——カリフォルニアの日本人移民社会，古今書院．

矢ケ﨑典隆（2003）：カリフォルニアにおける日系移民の適応戦略と居住空間．歴史地理学，**212**：57-71．

矢ケ﨑典隆（2004）：移民現象の地理学研究における「前適応」概念の適用．東京学芸大学紀要第3部門，**55**：49-53．

矢ケ﨑典隆，ほか（2006）：ロサンゼルス市ボイルハイツ地区における90の壁画．東京学芸大学紀要人文社会科学系Ⅱ，**57**：33-46．

山下清海 編（2008）：エスニック・ワールド——世界と日本のエスニック社会，明石書店．

Jordan, T.G. (1989)：Preadaptation and the European colonization in rural North America. *Annals of the Association of American Geographers*, **79**：489-500.

Jordan-Bychkov, T.G., et al. (2006)：*The Human Mosaic：A Thematic Introduction to Cultural Geography, 10th ed.*, Freeman.

McKee, J.O. ed. (2000)：*Ethnicity in Contemporary America: A Geographical Appraisal, 2nd ed.*, Rowman and Littlefield.

Noble, A.G. ed. (1992)：*To Build in a New Land：Ethnic Landscapes in North America*, Johns Hopkins University Press.

Nostrand, R.L., and Estaville, L. E. eds. (2001)：*Homelands：A Geography of Culture and Place across America*, Johns Hopkins University Press.

写真6.7 ボストンのチャイナタウン（2005年）

> コラム 9

ニューオーリンズのフレンチクウォーター——アメリカのなかのフランス？

　プラスチックのグラスに入ったビールを片手に通りを歩き，ときおりジャズバーに入って生演奏を楽しむ．公共の場所での飲酒に厳しいアメリカ合衆国でもそんなことが可能な場所がある．フレンチクウォーター，すなわちルイジアナ州ニューオーリンズの歴史地区である．ここには，ザリガニ（クローフィッシュ）やナマズなどのシーフードを食べさせるレストランがひしめき，もちろんガンボやジャンバラヤといったケイジャン料理の定番も楽しめる．気に入ったレストランに入って注文を済ませたら，袋に入った温かいフランスパンが供される．デザートにはブレッドプディングを試そう．さて，食事を終えたらフレンチクウォーターの代名詞ともいえるバーボンストリートを歩いてみよう．あちこちからジャズバンドの奏でるメロディーが聞こえてくる．楽しげな人々であふれる通りを歩いているうちに，夜はふけてゆく．

　朝になったら，もう一度フレンチクウォーターを散歩してみよう．そもそもどうしてフレンチクウォーターというのだろう．ニューオーリンズは1718年にヌーヴェル・フランス（現在のカナダ・ケベック州）生まれのフランス人探検家ビエンヴィル（Jean-Baptiste Le Moyne de Bienville）によって建設された．ジャクソン広場の近くに彼の銅像が建っている．フランス語ではヌーヴェル・オルレアンといい，アメリカ合衆国の地名のほとんどをフランス語読みするカナダのケベック州では，今でもそう呼ばれている．フレンチクウォーターはフランスとそれに続くスペイン時代に形成された中心地区であり，ミシシッピ川が大きく蛇行する付近に立地する（その三日月状の形からニューオーリンズはクレッセントシティとの愛称を持つ）．そして，中心にジャクソン広場があり，その正面にはフレンチクウォーターのランドマークである聖ルイス大聖堂がそびえたつ（写真1）．昼間もカメラを持った観光客でいっぱいだ．通りを歩いて目立つのは建物の2階や3階にみえるベランダで（写真2），これがフランスやスペインの時代を最も強くしのばせるものかもしれない．アメリカのなかのフランス，というのはおおげさだけれど，他のアメリカ都市からの旅人にとって異国情緒あふれる場所であることは間違いないだろう．

〔大石太郎〕

写真1　ニューオーリンズのジャクソン広場（手前）と聖ルイス大聖堂

写真2　ニューオーリンズのフレンチクウォーター
2階や3階にベランダのある建物が特徴的である．

7 アメリカ的な生活文化と生活様式

いままでアメリカ合衆国の自然的基盤や，その上に住む人々の人口・居住・経済構造について考えてきた．では，そのような基盤の上に，アメリカ人は，どのような生活を送っているのだろうか．本章では，アメリカ人の生活文化を，フロンティア精神，合理的な生活様式，宗教と地域社会，消費生活の側面から説明する．

7.1 フロンティアとフロンティア精神

アメリカ人の気質として，一般的によく述べられる言葉の1つに「フロンティア精神」がある．フロンティア（開拓前線）とは，アメリカ合衆国の国政調査において，1平方マイルの人口が2～5人の地域であると定義されていた．1790年に開始された国勢調査では，フロンティアは，主に東海岸に近い地域に限られていたが，10年ごとに行われる調査ごとに西側へ移動し，1860年の調査以降は逆に西海岸からも東進するようになった．そして，ついに1890年の国勢調査において，アメリカ政府はフロンティアの消滅を宣言したのである．

このフロンティアとアメリカ人の気質を結び付けて語ったのは，アメリカ人歴史学者フレデリック・ジャクソン・ターナー（Turner, F.J.）であった．それまでの歴史的研究が，アメリカ人のゲルマン的な特徴に注意を払っていたのに対して，ターナーは，アメリカ的性格はフロンティアによって形成される部分が多いと主張した．ターナーによると，フロンティアの環境は人間にはあまりにも苛烈なので，フロンティアが供給する諸条件を受け入れないかぎり，亡びざるをえない．すなわち，「不断の再生，アメリカ生活のこの流動性，新しい機会を伴うこの西部への拡張，原始社会の単純さとのたえまない接触，これがアメリカ的な性格を支配する力をなしている（Turner, 1893）」のである．

ターナー理論が出された19世紀末は，チャールズ・ダーウィン（Darwin, C.R.）の進化論を多様な現象に適用する可能性を模索していた時代であった．文化人類学においては，ルイス・モーガン（Morgan, L.H.）が未開から野蛮へ，野蛮から文明へと文化・社会現象が進化していくモデルを唱え，社会学においてはハーバート・スペンサー（Spencer, H.）が適者生存の概念を提唱し，地理学においてもウィリアム・モーリス・デービス（Davis, W.M.）が，地形が幼年期から壮年期を経て老年期に移っていく侵食輪廻の理論を唱えていた．

ターナーは，フロンティアを，経済の原初的形態から近代的な形態へ至る発展段階が集約的に投影される場であるとみなしていた．すなわち，フロンティアに最初にやって来る開拓民は狩猟や採集を営むが，次に来るのは，先住民たちと毛皮交易を行う原初的な交易者である．それから，牧畜業者，粗放的農業を営む者，集約的農業を営む者，最後には企業家たちが来る．人類が長い時間を経て体験してきた進化のプロセスを，フロンティアでは極めて短期間に体験することになり，その結果形成されたアメリカ独自の性格は，フロンティアの移動とともにアメリカ全土に痕跡を刻んでいくというのである．

ターナー理論は1893年にアメリカ歴史学協会で発表されて以来，多くの支持者を得ると同時に，定義の問題，過度な一般化，事実との整合性など

の観点から多くの批判が寄せられてきた．現代的な視点からみても，環境決定論的な説明法や，ヨーロッパ系入植者や男性をもって「アメリカ人」を代表させる視点など問題点が多くあるが，歴史的に「フロンティア」という表現が極めて頻繁に語られてきた過程自体が，アメリカ的アイデンティティの形成に一役買ってきたという事実は否定できないだろう．

すなわち，フロンティア精神という用語でアメリカ人が自らを表現するとき，そこには専制的，保守的，抑圧的なヨーロッパとは異なり，民主的，革新的で，自由を愛する国民であることに対する誇りが暗示されているのである．1960年代まで数多く作成された西部劇では，フロンティアに立ちふさがる先住民の「脅威」に対して，勇気ある白人男性の主人公が恐れることなく立ち向かい勝利を収めるストーリーが展開する．人々はアメリカ的正義に自らを投影し，アメリカに対する誇りを醸成させてきたのである．

このようなフロンティアは，アメリカ国民の誇りを刺激しながら，新たな方向に目を向けさせるうえで政治的に用いられやすいものであった．1890年にフロンティアの消滅が宣言された後，アメリカ合衆国は新たなフロンティアを目指して，海外に積極的に植民地を拡大した．1913年に就任したウッドロー・ウィルソン（Wilson, T.W.）大統領は，民主主義を世界に拡大させる使命のもとに宣教師外交と称される外交を展開し，また1961年に大統領に就任したジョン・F・ケネディ（Kennedy, J.F.）は，アメリカ合衆国が開拓すべき「ニューフロンティア」として，経済，教育，福祉などに加えて宇宙開発を挙げ，1970年までに人類を月に送るという夢のもとに国民の統合を図った．

現在，フロンティアという用語は，さまざまな分野における開拓すべき領域を示す一般用語として用いられてはいるが，フロンティア精神という用語自体は，ほとんど用いられなくなった．しかし，ビル・ゲイツ（Gates, W.H.）やスティーブ・ジョブズ（Jobs, S.）を筆頭とする，新しい領域への開拓者は，アメリカ的な成功者として賛辞を受け続けている．この開拓者への賛辞は，多様な国民を統合させ，新たな領域に積極的に進出していく力となっている．それは，イノベーションの推進という方向にも，人道的援助という方向にも，軍事的進出という方向にも向かいうるアメリカ的精神とでもいうべきものであろう．

7.2 合理的な生活様式

アメリカ合衆国の人々は合理的であると言われるが，その含意するものは，直線的な論理を好み，インセンティブに基づいた効率を追求する性格とでもいうものであろうか．一般的な日本人の目からみると，自分の利益を無視しても世界各地に出て行く慈善活動があるかと思うと，世界の世論を無視した軍事的侵攻まであり，合理的とは思われない点が多々存在する．アメリカ合衆国には，多様な側面から光を当てて分析する必要がある．

とはいえ，アメリカ合衆国に生活してみると，日本にはないような分かりやすさがあることに気づく．市街図として市販されている地図は，街路名とそのインデックスのみが書かれた単純なものであるが，しばらくすると，そのような単純な地図だけでも十分に市内の目的地に到達できることに気づく．一般的には，市内の基準となる地点に南北と東西に延びる道路がある．その地点より東（E），西（W），南（S），北（N）がラベルによって明示され，ブロックごとに100番ずつ番号が大きくなるようになっている．例えば，ルイジアナ州バトンルージュ市の 870 South Eugene Street は，同市で起点となる Florida Boulevard から南へ7番目と8番目の道路の間にあるという見当がつく．街路の片方が奇数で片方が偶数の番号であるために，住所を探し当てることは比較的容易にできるのである．

このような景観上の分かりやすさは，西海岸から東に向かう上空から，正方形に整然と現われるタウンシップ制と呼ばれる土地測量制度に従って生み出された景観によって，さらに印象付けられる．入植期において，東海岸では不規則型，テキサスではシティオと呼ばれる方形型，ルイジアナではアーペントと呼ばれる長地割型方式によって

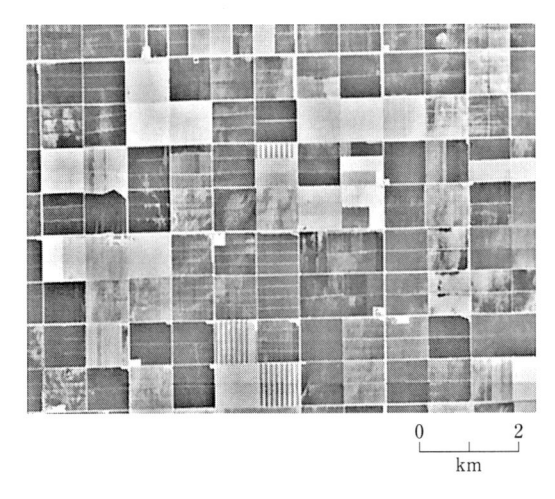

写真 7.1 カリフォルニア州フレズノ市近郊の農村風景
USGS 1998 年 8 月 15 日撮影.

土地が分割されていたが，独立以後，合衆国政府は西部開拓を容易に進めるために，公有地をあらかじめ正方形に区画することとしたのである（第5章の図 5.1，写真 7.1 参照）．

まず，政府が各地に基線と主経線を引き，そこから南北に 6 マイル（1 マイル ≒ 1.6 km），東西に 6 マイル間隔の線を引き，その線によって囲まれた 6 マイル四方の土地をタウンシップと呼んだ．それぞれの区画は，基線から北（N）か南（S）に何番目のタウンシップ（T）か，東（E）か西（W）に何番目のレンジ（R）かによって番号が付けられた．すなわち，北に 3 番目，東に 4 番目の区画は（T3N R4E）と呼ばれた．さらに，1 つのタウンシップは 1 マイル四方のセクション，すなわち 640 エーカー（1 エーカー ≒ 0.4 ha）に分けられ，それぞれに 1 ～ 36 の番号が振られ，州ごとにそのタウンシップのその番号のセクションがどこであるかが明確にされた．

アメリカ合衆国政府の合理性は，まず，その土地を資源として，西部開拓を誘導したことだった．当初は 1 エーカーを 1 ドル以上で売却する計画となっていたが，その後，占有した土地を優先的に購入できる先買権法（1841 年），5 年にわたって開墾・居住すれば 160 エーカーの土地を無償で取得できるホームステッド法（1862 年）などが制定・施行され，人々の開拓や開墾を促進した．次に，それぞれのタウンシップの中のセクション 16 は学校用地としてあらかじめ定められ，将来の公共的な土地利用をあらかじめ見越していたことも合理的である．さらに，それ以後の道路や都市設計も，このタウンシップに沿って行われることが多く，合理的な景観が持続的に形成されていった．

ただし，幾何学的な合理性は，必ずしも環境的な合理性と一致するわけではなかった．開拓した農民たちの中には，地形条件にかかわらず単一作物を方形区画に沿って生産するモノカルチャーを継続する場合が多く，土地の消耗や土壌侵食がみられた．そのような土地利用も関連して，1930 年代に大平原を襲った大干ばつ（ダストボウル）時には，土壌が風によって吹き飛ばされ，多くの農民が土地を離れざるをえない事態となった．その後，土壌の流出を防ぐために，等高線に沿って帯状に作付けする等高線耕作など，持続可能な農業を行う上での合理的土地利用に変化していった．

政治的な合理性という点では，三権分立を最初に導入したことや，国会議員の選挙の方法が挙げられる．上院議員は州 2 名と，州の代表としての性格が明確化されている．一方，下院議員は 10 年ごとに実施される国勢調査の結果に基づき，人口に比例する形で州に配分され，そのたびに選挙区割が見直されているので，1 票の格差問題は日本ほど大きな問題とはなっていない．当初 65 名であった下院議員は，現在は 435 名に固定されている．

教育の合理性という面では，大学教育において，市場の動向に応じてカリキュラムの再編が比較的早いペースで進められていくことが挙げられる．リースマンが 1980 年に予測した通り，学生は大学にとって重要な顧客として重視されるようになり，学生を集めるためのサービス向上と，カリキュラム，管理，サービス面の整備が行われてきている（Riesman, 1980）．入植期以来，大学教育の根幹をなしてきたヨーロッパの古典研究などの重要性は低下し，収入のよい職業に結びつく学問の地位が急速に向上した．このような大学教育の転換は，社会や学生のニーズに適合している部分は否定できないが，同時に最小の努力で最大の成

7.2 合理的な生活様式

果を求める消費者主義に迎合しているという批判も行われている．

7.3 宗教と地域社会

7.3.1 信仰心のあついアメリカ人

アメリカ合衆国の人々は宗教と大きなかかわりを持っている．ギャラップ調査機関が毎週発行している世論調査短報「チューズデイ・ブリーフィング」によると，2004年において，神の存在を信じる人は94％，毎週教会に出席する人々の割合は44％にも達する．この値は，宗教に関する世論調査が行われた半世紀以上にわたって，ほとんど変化がない（Gallup and Lindsay, 1999）．また，プリンストン宗教調査研究所発行の「エマージング・トレンド（1986年9月号）」の国別礼拝出席率調査によると，カナダ（30％），西ドイツ（21％），イギリス（14％），フランス（12％），スウェーデン（5％），日本（4％）など，先進工業諸国の中で，アメリカ合衆国の礼拝出席率（43％）の高さが際立っている．アメリカ合衆国よりも高いか同程度である国は，マルタ（91％），アイルランド（72％），メキシコ（54％），スペイン（41％）など，カトリックが大多数を占める国にほぼ限られている（森，1997）．アメリカ合衆国は，科学技術の革新をリードする超大国である一方，伝統的な宗教的実践や価値観が現在でも息づいている国である．

アメリカ合衆国の人々にとって，宗教は過去の遺物ではない．「宗教は自分の人生にとても大切」とする人が59％，「ある程度大切」とする人を含めると83％に達する（表7.1）．また，6割の人が「宗教は今日の問題のすべて，あるいはほとんどを解決する答えを提供する」と回答している．また，教会に対する信頼は高く，組織的宗教を信頼している人が53％，牧師や神父が高い倫理観を持つと評価する人が56％に達している．多くの人々にとって，宗教的世界はおとぎ話ではなく，現実のものである．天国を信じる人は93％，奇跡を信じる人は79％，神の存在をしばしば強く意識する人は82％である．また，特に力強い宗教的体験があるとする人も36％いる．

表7.1 ギャラップ調査に基づくアメリカ人の信仰

項目	割合（％）	調査年
神を信じる	94	2004
教会員	63	2004
過去7日間に教会に出席	44	2004
宗教は自分の人生にとても大切	59	2004
宗教は問題に対する答えを与える	59	2004
組織的宗教を信頼している	53	2004
牧師・教役者は高い倫理観を持つと評価する	56	2004
新生した（born-again）福音派のクリスチャンである	42	2003
奇跡を信じる	79	1994
天国を信じる	94	1994
聖書を持っている	93	1997
聖書を文字通り信じる	33	1998
毎日聖書を読む	21	1996
子どものときに宗教の訓練を受けた	79	1998
自分の子どもに宗教的訓練を与えたい	89	1998
特に力強い宗教的体験がある	36	1996
神の存在をときどき意識する	82	1996
霊的成長の体験を必要だと思う	82	1998

Gallup and Lindsay (1999) および The Gallup Tuesday Briefing (2004) による．

2004年のギャラップ調査によると，約84％のアメリカ合衆国の人々が自らをキリスト教徒とみなしている．50％がプロテスタント，24％がカトリック，10％がモルモン教（末日聖徒キリスト教会）をはじめとする他のキリスト教に自らのアイデンティティを見出している．キリスト教以外の宗教を信じている人は5％，宗教的帰属意識を持たない，もしくは無心論者であると回答した人は9％にすぎない．

宗教・宗派別信者の信仰の特徴について，2002年の世論調査結果を示すのが表7.2である．宗教は自分の人生にとても重要である，宗教はほとんどの今日の問題に答えを与えるとする人，また毎週教会に出席する人の割合は，いずれもカトリックよりもプロテスタントの方が高い．プロテスタントの中でも，特にペンテコステ派およびバプテスト派が際立って高いことが明らかである．一方，メソジスト派，長老派，ルター派，聖公会などは，いずれの割合も相対的に低くなっている．

プロテスタントは，おおむね福音派とリベラルに色分けされて語られることが多い．福音派が聖書を文字通りの真理であるととらえるのに対して，リベラルは場合によっては時代の状況にふさ

表7.2 宗教・宗派別信仰形態（%）

		宗教は自分の人生に			宗教は		週一度は教会に出席する
		とても重要	ある程度重要	それほど重要ではない	ほとんどの今日の問題に答えを与える	時代遅れ	
	全体	58	29	12	61	22	41
大分類	プロテスタント	65	26	8	69	17	43
	モルモン	58	21	20	55	31	45
	カトリック	54	36	10	51	31	47
	正教	47	36	16	55	26	24
	ユダヤ教	33	41	24	26	40	27
プロテスタント宗派	ペンテコステ派	85	13	1	88	6	63
	南部バプテスト派	78	18	4	80	12	47
	他のバプテスト派	74	21	5	78	12	44
	キリストの教会	72	21	6	81	9	51
	メソジスト派	57	33	10	63	19	40
	長老派	54	34	12	58	26	37
	ルター派	51	39	10	62	20	40
	聖公会	46	37	17	53	26	33

The Gallup Tuesday Briefing（2003年8月20日）による．

わしくその内容を解釈しなおす必要があると考える．また，福音派が，キリストが人間の罪の身代わりとなった三位一体の神の1位格であり，処女懐胎，復活，奇跡などは文字通り起こったと信じるのに対し，リベラルは，奇跡的な聖書の記録についてはそれが事実であったかどうかには固執しない．また，福音派が個人的な救いの体験を重視し，真のクリスチャンになるためにはキリストの十字架による死と復活を信じ，告白し，新生する（ボーンアゲン）体験が不可欠であると考えるのに対して，リベラルは救いの体験をあまり重視しない．福音派は自らの信仰を他者に告げて救いに導くことが重要と考えるのに対し，リベラルは幼児以来自然に信徒になったものが多く，他者の回心の呼びかけには熱心ではない．福音派，リベラルの区別は必ずしも宗派によって分類されるわけではないが，おおむね，南部バプテスト連盟，ペンテコステ派，ルター・ミズーリ派，ホーリネス派，キリストの教会，メノナイト派などが福音派であり，ルター派，聖公会，メソジスト派，改革派，会衆派などがリベラルとみなされている（島薗，1988）．

2005年1月のギャラップ調査によると，自らを福音派（またはボーンアゲン）とみなす人々は南部で最も多く58%，中西部で44%と続き，西部（27%）や東部（25%）とは際立った対照をみせている．大学の教育を受けていない人々の49%がボーンアゲンであるのに対し，大学教育を受けている人々ではその割合は33%にすぎない．また，ボーンアゲンの割合は，年間所得3万ドル未満層で47%，3万〜5万ドル層で44%，5万〜7万5千ドル層で39%，7万5千ドル以上層で33%と，所得が上がるにつれて割合が減少している．

福音派は，それ以外の人々とは対照的なライフスタイルや価値観を持っている（表7.3）．飲酒をする人の割合は，福音派以外では70%であるのに対して，福音派では25%まで下がる．福音派は飲酒に対する罪悪感を持ち，飲酒がさまざまな罪を引き起こすと考えて，飲酒を社会的に抑制させ

表7.3 福音派とそれ以外の人々の対比(%)（1995〜1997年）

項目	福音派	福音派以外
飲酒する	25	70
喫煙する	41	53
家庭内に飲酒問題がある	40	52
家庭内にギャンブルの問題がある	36	51
家庭内に銃がある	44	50
人工中絶に賛成の立場をとる	33	58
同性愛が生まれつきであると信じる	29	65

Gallup and Lindsay (1999) による．

ようと働きかけることがある．事実，南部バプテスト連盟の信者が多いアメリカ南部には，アルコール類の販売を禁止するカウンティ（郡）が多い．また，彼らは喫煙，ギャンブルに対しても非寛容な立場をとっている．家庭内に飲酒やギャンブルの問題があると考える人の割合も，福音派以外よりも相対的に低い．また，社会問題についても，人工中絶や同性愛に対して反対の立場を鮮明に打ち出している．

20世紀後半から急に教勢を伸ばしてきた福音派のグループに，ペンテコステ派がある．その中核に，アッセンブリーズ・オブ・ゴッドをはじめとするペンテコステ教団がある．ペンテコステ派は聖書に書かれてある聖霊の賜物と呼ばれる奇跡，身体の癒し，預言などの現象が，現在でも文字通り現われると信じる超教派の信仰グループである．彼らは，聖書を文字通り解釈する保守的な信仰姿勢を持つ一方，ドラムやベース，ギター，シンセサイザーなどによる現代的な音楽を用いるなど，時代の要求に合わせた礼拝形式を導入している．特に1960年代以降，この聖霊刷新運動は狭義のペンテコステ派ばかりではなく，聖公会，メソジスト，長老派など，主流教派に浸透するとともに，カトリックや東方正教，メシアニック・ジューなどを巻き込む大運動になっている．ペンテコステ諸教団を超えて既存の教団に浸透する聖霊刷新運動は，カリスマ運動と呼ばれている．2000年発行の『世界キリスト教百科事典』によると，このペンテコステ・カリスマ運動の影響を受けた，すべての諸教派の人々を合計すると，2000年時点でアメリカ合衆国では7500万（人口の27％），世界に5億2千万（人口の9％）に達する（Barrett, et al., 2001）．カリスマ運動は，狭義のペンテコステ教団に帰属する会員数だけで表すことは困難であるが，無視できない動きとなり，この動きを通して，従来リベラルであるとみなされてきた教派をも巻き込んだ信仰の保守化が進展している．

宗教・宗派の帰属は，人種・民族によって異なった傾向を示す．2004年のギャラップ調査の「あなたはどの宗教を好みますか」という質問に対して，プロテスタントと回答した人の割合は，白人では53％，黒人では59％であるのに対して，ヒスパニックでは16％にすぎない．一方，カトリックであると回答した人の割合は，白人では24％，黒人では5％であるのに対して，ヒスパニックでは63％にも及ぶ．黒人のプロテスタント志向が強く，ヒスパニックのカトリック志向が強いことが明確である．

教会での礼拝は，人種的な融合がある程度進んでいるが，それでも白人だけ，黒人だけの礼拝が多い．2004年の調査によると，「あなたの教会は，あなたと同じ人種（race）集団ですか」という質問に対して，すべて同じ，またはほとんど同じと回答した人の割合は，白人では64％，黒人では56％であるのに対して，ヒスパニックでは34％である．逆にまったく異なる，またはほとんど異なるとする人の割合は，白人で19％，黒人で13％であるのに対して，ヒスパニックでは49％となっている．

毎週教会に出席する人の割合も，白人，黒人，ヒスパニックで異なる．2003年のギャラップ調査によると，毎週教会に出席する人の割合は白人では44％であるのに対し，黒人では55％，ヒスパニックでは51％にも達する．しかし，女性だけをみると，白人（54％），黒人（57％），ヒスパニック（55％）といずれも高い．男性では，白人の教会出席者率が31％と，黒人（53％），ヒスパニック（47％）よりも低くなっている．

年齢別には，年齢が上がるにつれて教会出席率は高くなる．2003年のギャラップ調査によると，毎週教会に出席する人の割合は，18～24歳で34％，25～38歳で37％，39～57歳で44％，58～74歳で52％，75歳以上で56％となっている．また，宗教が自分の人生にとって「とても重要」であると考える人の割合も，年齢が上がるにつれて増加する傾向がある（表7.4）．逆に，「それほど重要ではない」という人の割合は，年齢が上がるにつれて減少する．とは言っても，18～24歳層であっても，36％が「とても重要」と考え，「ある程度重要」を合わせると85％にも達することから，今後もアメリカ人にとって宗教が重要であり続けるこ

表7.4 年齢階層別宗教の重要性（%）

年齢	とても重要	ある程度重要	それほど重要ではない
18～24歳	36	47	16
25～38歳	46	43	10
39～57歳	50	39	10
58～74歳	56	35	7
75歳以上	51	38	6

The Gallup Tuesday Briefing（2003年9月16日）による．

とは十分に予想できる．

7.3.2 宗教の地域性

アメリカ合衆国は，入植期から，地域ごとに宗教的な特徴をみせていた．ニューイングランドには，1620年にメイフラワー号でピューリタンが上陸して以来18世紀にかけて，会衆派のピューリタンが多く定着した．一方，中部大西洋は，多様な宗派が混在する地域となった．メリーランドを開いたボルティモア卿がカトリックだったこともあり，プロテスタント以外にもカトリックが比較的多く入植した．また，クエーカー教徒として迫害を受けた経験があるウィリアム・ペン（Penn, W.）がペンシルヴェニアを，信仰の自由を認める植民地として開放したため，ヨーロッパで迫害を受けた人々が多く入植した．また，南部ではイギリス国教会が政治的な力を握っており，またピードモント地域をはじめとする高南部ではスコットランド系アイルランド人の入植者が多く，長老派が勢力を持っていた．

その後，新移民の流入やさまざまな宗教覚醒運動などの影響を受け，宗教分布も変化をみせた．19世紀以降，ニューイングランドにカトリックが多く流入するようになり，また南部では，18世紀にメソジストによる覚醒運動が起こり，さらに19世紀にはバプテストの布教が積極的に行われた．現在，南部ではバプテストが最大の勢力となっている．

現在のアメリカ合衆国の宗教分布を地図で表現することは困難である．卓越する宗派で表現するならば，詳細に宗派が分かれているプロテスタントよりも，カトリックが広大な面積を示すことになり，プロテスタント卓越地域が広いアメリカ合衆国の現状を適切に表現できなくなる．また，プロテスタントの宗派別分布を表現しても，同じ宗派の中に福音派とリベラルが混在する場合があるために，その実態を表現できなくなる．地理学者ジェームズ・ショートリッジ（Shortridge, J.R.）は，このような困難を克服するために，リベラルと保守の度合い，宗教的献身の度合い，地域内の宗教的多様性を，さまざまな指標を用いて表現しようと試み，アメリカ合衆国を，①密度が濃く保守的で献身度が高いプロテスタント地域，②密度が薄く多様でリベラルなプロテスタント地域，③密度が高く，圧倒的にカトリックが卓越する地域に分類した．その分類にモルモン地域をも加え，地域名にも修正を加えたものが図7.1である．図に明確に示されているように，アメリカ南部と中西部の一部が福音派地域，北部と西海岸，およびフロリダ半島の南部がリベラル地域，そして南西部およびルイジアナ南部がカトリック地域として特徴付けられる．

リベラル地域の中心は，ニューヨークを中心とする北東部およびワシントン州，オレゴン州，カリフォルニア州など西海岸州である．中西部においてはシカゴなど大都市周辺でリベラルな傾向が強い．またフロリダ南部は，退職後に北部から移住してきた人々が多く，その結果，リベラル地域となっている．政治的にも市民活動的にも，これらの地域はリベラルな傾向を持つ．2000年や2004年の大統領選挙において，フロリダ州では，共和党候補が圧倒的人気を持った北部と，民主党候補が優勢であった南部で票が分かれた．これは宗教的風土と関連を持っている．

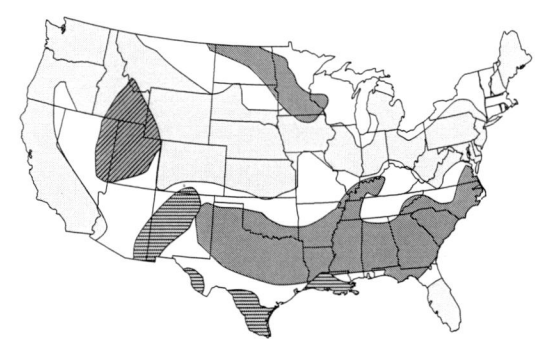

図7.1 宗教地域
■ 福音派, □ リベラル, ▬ カトリック, ▨ モルモン.
Jordan, et al.（1994）による．

7.3 宗教と地域社会

一方，バプテスト派が過半数を占める南部の福音派地域は，アメリカ合衆国でも最も保守的なプロテスタント信仰が特徴となっている地域（バイブルベルト）である．バーナ調査社が1993年に行った電話調査によると，南部では「聖書が誤りのない神のことばである」と信じている人は56％（全国42％），「神は全知全能の創造主である」とする人は75％（全国65％），「キリストは十字架にかかり，死に，復活した」と信じている人は82％（全国74％），「すべての人は死後に裁きにあう」と信じている人は80％（全国74％）となっており，全国平均の数字よりも高くなっている．

　バイブルベルトの都市には，比較的小さな町にもキリスト教専門のラジオ局があり，カントリーウエスタン，ポップ，ソウル，ラップなど，さまざまなスタイルのキリスト教ミュージックが流れてくる．ヒット曲のCDやDVDはキリスト教専門書店に並び，人気歌手のコンサートには多くのクリスチャンが集う．また，有名な伝道者やキリスト教心理学者のティーチング（教え）がラジオを通して流れてくる．

　最も効果的に用いられているメディアはテレビであろう．CBNやTBNをはじめとするクリスチャンケーブルテレビネットワークでは，一日中福音番組が放映され，有名なテレビ伝道者（テレヴァンジェリスト）やカウンセラーが説教やティーチングを行い，福音派の立場に立ったニュース番組を放映している．南部の人口は合衆国の3分の1足らずであるが，主要テレビ福音番組の視聴者のほぼ半数がこのバイブルベルトの人々で占められている．福音テレビ番組はアメリカ全域に放映されるが，有名なテレヴァンジェリストの多くは，このバイブルベルトを活動拠点としている．

　カトリックの多い地域は，ルイジアナ州南部，南西部の国境地帯である．ルイジアナにはフランス系の住民が多く，また，南西部にはヒスパニックが多い．また，これ以外にも，ヒスパニックが多いカリフォルニア南部やアリゾナ，北東部の工業化の進んだ地域にも，比較的多くのカトリックがいる．ヒスパニック人口の増加とともに，カトリック教会員も増加しており，1952年にはほぼ3000万人だった会員は，1970年には4500万人，1980年には4750万人，1990年には5300万人，2000年には6200万人にも達している．

　カトリックが卓越する地域ではプロテスタントが多数を占める地域とは一風異なった景観がみられ，特にバイブルベルトと隣接するルイジアナやテキサスでは，プロテスタント地域とカトリック地域のコントラストは顕著である．

　バイブルベルトに属するルイジアナ北部では，カウンティの中心都市に白人のバプテスト，メソジスト，聖公会，ルーテル教会や黒人のバプテスト教会がある．比較的大きな都市では，郊外にアッセンブリーズ・オブ・ゴッドなどのペンテコステ教会や単立のカリスマ系教会がある．農村部には，白人や黒人のバプテスト教会が散在する．カウンティの中心都市には市営の墓地があり，農村部にはコミュニティ墓地や家族墓地がある．そこでは，2m近く掘られた穴に，遺体の足が東になるように埋葬される．東からキリストが再臨し，死んだ身体がよみがえるときに，東に向かって起き上がれるように備えられるのだとされている．一方，ルイジアナ南部のカトリック地域では，カウンティの中心都市は，大きなカトリック教会を中心に広がっている．カトリック墓地はプロテスタント墓地よりもはるかに規模が大きく，その中心には白く塗られたセントラルクロスがある．遺体は足を東に向けるということにはこだわらず，その墓地のレイアウトに従う．墓標として十字架が用いられる割合はプロテスタントよりもはるかに高く，それ以外にもマリア像，キリスト像，天使像などや小詞が頻繁に目に付く．11月1日の万聖節には，セントラルクロス付近でミサが行われ，神父は各墓に聖水による清めを行う．

　一方，西部のユタ州を中心とする地域では，政治や経済，ライフスタイルにモルモン教的色彩が強く反映されている．1847年に末日聖徒イエス・キリスト教会の会員によって生み出されたモルモン地域は，ソルトレークシティからユタ州すべてを含み，隣接するすべての州の一部に広がっている．住民の先祖はニューヨークやニューイングランドの出身であるが，後にヨーロッパや他の地域

からの移民も加わった．

19世紀のほぼ全期間にわたって神権政府が支配し，教会の最初の指導者であったブリガム・ヤング（Young, B.）がユタの知事を兼ねていた．ユタがアメリカ合衆国の正式な州として認められたのは，モルモン教が多妻婚の廃止を公式に宣言した後であった．アメリカ合衆国政府権力が最終的にモルモンの神権制を破壊したが，教会と政府の結びつきはその後もしばらく継続した．

経済の領域では，教会の指導者たちはグレートベースン地域の開発のため，技術を身につけた職人をヨーロッパや他の地域から積極的に招き，農業集落建設を進めた．経済部門は直接的・間接的に教会によって支配され，教会が所有権を持つことさえあった．経済の自給体制は驚くほどに確立され，組織化された労働によって，グレートベースンの砂漠は生産性の高い農業地域に発展した．

7.3.3 宗教とアメリカ社会

アメリカ合衆国は政教分離を原則とするが，憲法修正第1条に「連邦議会は宗教を固定したり，宗教上の自由な活動を禁止したりする法律を制定してはならない．」とあるように，あくまで国家が宗教活動を制約しないことを定めているのであって，宗教が政治活動に影響を与えてはならないという意味ではない．アメリカ合衆国の政治には宗教がさまざまな側面で影響を与えており，特に福音派を中心とする保守的宗教勢力が1980年代以降，影響力を強めてきている．

伝統的に，人口のマジョリティであるキリスト教的価値観のアメリカ社会における繁栄が疑問視されることは少なかったが，1960年代に大きな変化が起こる．1962年に，ニューヨーク州教育委員会が作成した超教派的祈祷文に対して，連邦最高裁判所から違憲判決が，そして翌1963年には，公立学校で行われている聖書の朗読と「主の祈り」の斉唱を違憲とする判決が出た．1963年のギャラップ調査では回答者の70％がこの判決に違和感を表明していることから，この最高裁判所の判断が一般の人々の感情とかけ離れていたことがうかがえる（蓮見，2002）．

さらに1968年には，アーカンソー州の進化論教育禁止法に対する違憲判決も下された．この進化論についても，アメリカ合衆国では必ずしも支持されているわけではない．2004年においてさえも，ギャラップ調査結果は，ダーウィンの進化論が科学的に論証されていると信じる人が35％にすぎないことを示している．その割合は，毎週教会に出席する人の中では22％にまで下がる．

1960年代は，既成のキリスト教的価値観に反発し，新しい価値観を生み出そうとする対抗文化が生み出された時代であった．その中で女性の権利に対する意識が芽生え，中絶もその権利の1つであるという主張がなされるようになった．1965年には，避妊具の使用を禁止していたコネティカット州法が違憲とされた．そして1973年には，それまで犯罪とされてきた人工中絶に対して，妊娠6カ月以内ならば人工中絶を禁止してはならないという最高裁の判断が下された．

このような人工中絶の政策決定に対して，少なからぬ割合の人が，宗教団体が発言すべきであると感じている．2003年のギャラップ調査では38％の人が，宗教的指導者が人工中絶に関する政策に影響を与えるべきであると考えている．その割合は政治的に保守的な立場をとる人に高い傾向がある．

21世紀に入り，宗教的価値観のある側面は，世俗的なものに変化しつつある．2003年のギャラップ調査によると，公立学校での宗教的シンボルや祈りを禁止しようとする訴訟について，「アメリカを神のない社会にしようとしている」と考える人は31％であり，「人々を宗教の強制から守ろうとしている」と考える人の半分にすぎない（表7.5）．しかし，共和党支持者と民主党支持者に分けてみると，「アメリカを神のない社会にしている」とする人の割合は，共和党では40％に達して

表7.5 公立学校での宗教的シンボルの表示や祈りなどに反対する訴訟についての見解（％）

	共和党	民主党	全体
アメリカを神のない社会にしようとしている	40	21	31
人々を宗教の強制から守ろうとしている	55	71	62

Gallup Tuesday Briefing（2003年11月4日）による．

おり，21％の民主党とは対照的である．この共和党支持者には福音派の人々が多い．

　支持政党により，政治における宗教の重要性は異なっている．2000年と2004年の大統領選挙前に行った世論調査によると，投票する大統領候補者を決定する上で，宗教が「きわめて重要」，「とても重要」とする人の割合は，民主党支持者では3ポイント減少しているのに対して，共和党支持者では11ポイントも増加している．その要因は，共和党支持者にボーンアゲインが増加したことにもあるだろう．1994～2003年にかけてボーンアゲインの割合は，36％から42％へと，6ポイントも増加している．しかし，支持政党別の内訳をみると，民主党がほぼ横ばいなのに対して，共和党では7ポイント増加している（表7.6）．今や共和党支持者の半数がボーンアゲインと呼ばれる状況になっている．

表7.6　1994年と2003年におけるボーンアゲインのクリスチャンの割合（％）

	共和党	民主党	全体
1994年	42	38	36
2003年	49	39	42

Gallup Tuesday Briefing（2004年4月13日）による．

　なお，アメリカ合衆国において，宗教団体が保守的なマジョリティの価値観を守るためだけに働いているわけではないことにも言及しなければならない．もとよりリベラルな教派は早くから社会福音（social gospel）に目覚め，福祉の領域などで働きかけを行ってきた．また，1950年代後半から1960年代にかけての公民権運動を指導したマーティン・ルサー・キング・ジュニア（King, Jr., M.L.）はバプテストの牧師であり，聖書的な信仰に基づき，虐げられてきた黒人の権利を勝ち取るために非暴力の戦略を指導した．また，人権問題や環境問題などを導く人たちの中にも，キリスト教会の指導者たちが少なからずいる．多様な文化を持つアメリカにおいて，キリスト教会の中にも多様な政治的働きかけが行われ，社会に影響を与え続けているのである．

7.4　消費生活

　「日本人は貯蓄，アメリカ人は消費」という一般的なイメージがあるが，実際にそうなのだろうか．OECDの算出によると，1990年において，可処分所得に占める貯蓄額の割合は，日本では13.9％であったのに対して，アメリカ合衆国は7.0％となっている．その数字は，1990年代に両国で低下をみせ，2002年には日本では6.4％に，アメリカ合衆国では2.0％になっている（世良，2005）．21世紀に入り，日本はもはや貯蓄の国とは言い難い状況となってはいるが，元来高いとは言えなかったアメリカ人の貯蓄性向はさらに低くなっている．

　個人金融資産の内訳も，日本とアメリカ合衆国では大きく異なる．2001年末において，日本の個人金融資産の54％が現金であり，保険年金準備金が27％と続くのに対して，株式・出資金が7％，投資信託が2％と割合が低くなっている．一方，アメリカ合衆国においては保険・年金準備金は30％と高いが，現金の割合は11％にすぎない．株式・出資金が34％，投資信託が13％と，投資的な資産運用が主となっている点で日本と異なる（日本銀行ホームページ）．

　アメリカ合衆国における家計消費支出は，他の

表7.7　先進諸国における家計消費支出（2005年）

	食料・飲料・たばこ	被服・履物	住居・水道・光熱	医療・保健	交通・通信	娯楽・文化	教育	その他
アメリカ	9.1	4.6	17.4	18.8	13.3	9.1	2.6	25.1
日本*	17.7	3.7	24.6	4.2	14.3	10.6	2.2	22.7
カナダ	13.5	4.8	22.9	4.2	16.6	10.2	1.4	26.4
イギリス	12.5	5.8	19.5	1.6	17.1	12.4	1.4	29.7
フランス	17.0	4.9	24.6	3.4	17.7	9.4	0.7	22.3

* 日本のみ2006年のデータ．
総務省統計局ホームページ「世界の統計第3章 国民経済計算」による．

先進諸国と比べてどのような特徴があるのだろうか（表7.7）．国により統計の取り方に違いがあるため単純な比較はできないが，アメリカ合衆国では，消費に占める食料や住居にかかわる費用の割合は比較的低いが，医療・保健に関わる支出が際立って高い．アメリカ合衆国においては，社会保険としての医療保険が確立しておらず，民間の医療保険への依存度が高くならざるをえず，医療・保険費は住居費を超える負担となっている．また，教育にかかわる支出割合も他の先進諸国より高く，教育にかかわる負担が大きな状況を反映している．

アメリカ人の消費実態は，合衆国労働省労働統計局（2008年）によると，平均的な世帯は1年間に約5万ドルを支出し，その34%が住居関係費，17%が医療・保険，17%が交通，14%が食料関係に用いられている．娯楽・文化は7%，衣服は4%，教育には2%が充てられている．

世帯間の所得格差は，どのように支出に反映しているのだろうか．同報告書に現われている，支出額20%ごとに区切った階層が，所得格差にほぼ対応しているものと考えられる（表7.8）．食料，住居関係の支出割合は上層に向かうにつれて低くなっているが，逆に医療・保健に関する支出は高くなっている．また，娯楽・文化や教育への支出割合も最上層において高い．アメリカ合衆国における所得格差は，医療・保健関係のサービスを受ける力の格差として最も顕著に現われ，次に娯楽や教育に支出することができる金額の差に反映しているようである．

消費に関して，地域的差異が明瞭に反映されているのは食物と飲料である．アメリカ大陸部の48

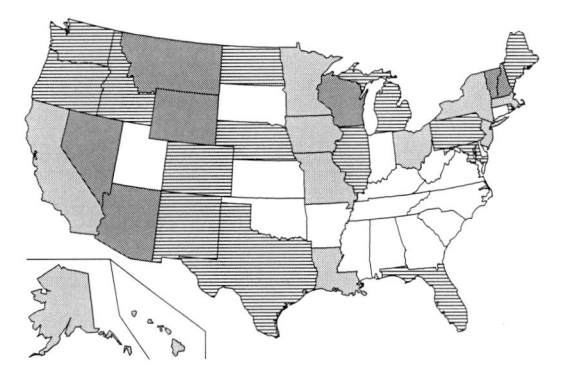

図7.2　1人当たりの年間ビール消費量（1972年）
☐ 17未満，▨ 17〜20，▤ 20〜23，▦ 23以上．
単位：ガロン．Jordan, et al.（1994）による．

州における1人当たりのビール消費量をみると，リベラル地域とカトリック地域でビール消費量が大きいのに対して，福音派地域とモルモン地域では消費量が小さいことが明瞭に現われている（図7.2）．南部では焼き肉，フライドチキン，ハンバーガーに人気があるが，イタリアからの移民が集中している北部ではピザの消費量が多い．ピザが南部に広まったのは，1950年代の中頃のことである．ファストフード産業の拠点を多く持つ南部においてはファストフード・レストランの利用率が高くなっているが，対照的に北東部では低い（図7.3）．ファストフードがレストランの全販売額に占める割合は，最も低いニューヨーク州とヴァーモント州の27%からミシシッピ州の57%まで大きな差がある．

このように，アメリカ合衆国の人々は貯蓄よりも消費を好み，金融資産も貯金よりも投資に回す傾向を持ち，医療・保健関係に多くの支出が回される．所得格差は医療・保険関係支出に明瞭に現われ，健康や命にかかわる領域にまで自己責任を

表7.8　家計支出階層別にみた支出の内訳（2008年）

	食料・飲料・たばこ	衣服	住居・水道・光熱費	交通	医療・保健	娯楽・文化	教育	その他	合計	平均支出額（ドル）
全世帯	14.3	3.6	33.9	17.0	17.0	7.1	2.1	5.1	100.0	50486
最下層	17.6	4.3	39.9	15.4	9.7	6.5	2.8	3.9	100.0	22304
第2層	16.2	3.6	36.5	17.8	13.3	6.9	1.1	4.5	100.0	31751
第3層	14.8	3.2	35.0	18.4	15.6	7.1	1.2	4.9	100.0	42659
第4層	14.5	3.5	33.0	17.9	17.6	7.0	1.4	5.1	100.0	58632
最上層	12.5	3.6	31.7	16.1	20.1	7.3	3.0	5.7	100.0	97003

合衆国労働省労働統計局 Consumer Expenditures in 2008 による．

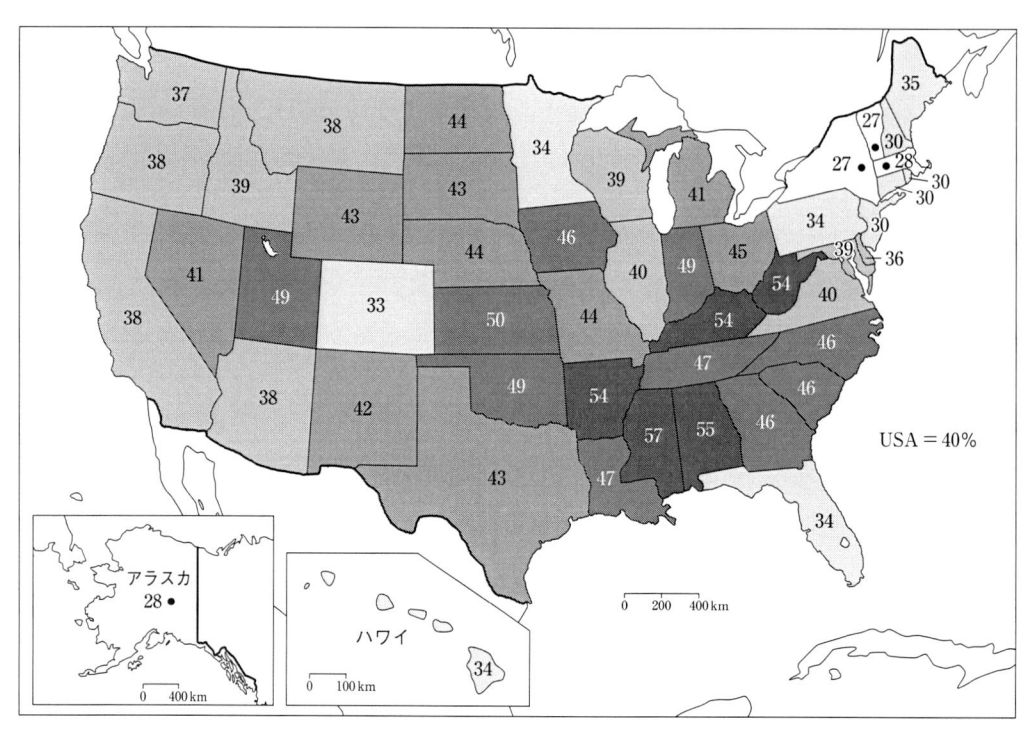

図7.3 全レストラン売上げに占めるファストフードの割合（1997）
● 30%以下，□ 30～35%，■ 36～40%，■ 41～45%，■ 46～50%，■ 50%以上．
Jordan-Bychkov and Mona (1999) による．

問われる傾向がある． 　　　　　［中川　正］

引用文献

島薗 進（1988）：現代の中産階級と宗教：キリスト教世界の新しいジレンマ．現代人の宗教（大村英昭・西山 茂編），pp.117-167，有斐閣．

世良裕一（2005）：家計貯蓄率の国際比較をめぐる論点について．金融，2005年7月号．

蓮見博昭（2002）：宗教に揺れるアメリカ：民主政治の背後にあるもの，日本評論社．

森 孝一（1997）：統計からみるアメリカ宗教の現状と特質．アメリカと宗教（森 孝一 編），pp.9-41，日本国際問題研究所．

Barrett, D. B., et al., eds. (2001): *World Christian Encyclopedia, 2nd ed.*, Oxford University Press.

Gallup, G., Jr. and Lindsay, D. M. (1999): *Surveying the Religious Landscape: Trends in U. S. beliefs*, Morehouse Publishing.

Jones, D. E., et al. (2001): *Religious Congregations & Membership in the United State 2000*, Glenmary Research Center.

Jordan T. G. Domosh, D. and Rowntree, L. (1994) *The Human Mosaic: A thematic introduction to cultural geography, 6th ed.*, Harper Collins.

Jordan-Bychkov, T. G. and Mona, D. (1999) *The Human Mosaic: A thematic introduction to cultural geography, 8th ed.*, Longman.

Riesman, D. (1980): *On Higher Education: The academic enterprise in an era of rising student consumerism*, Jossey-Bass［喜多村和之, ほか 訳（1986）：高等教育論――学生消費者主義時代の大学，玉川大学出版部］．

Turner, F. J. (1893): The significance of the frontier in American history. *Proceedings of the State Historical Society of Wisconsin*［渡辺真治・西崎京子 訳（1975）：アメリカ史におけるフロンティアの意義．〈アメリカ古典文庫9〉F. J. ターナー，pp.63-93，研究社］．

日本銀行ホームページ「国際比較：個人金融資産1,400兆円」（http://www.boj.or.jp/type/exp/seisaku/exphikaku.htm ［1993年作成］）

総務省統計局ホームページ「世界の統計第3章 国民経済計算」（http://www.stat.go.jp/data/sekai/03.htm#h3-12）

コラム 10

テリー・シャイボ尊厳死問題

　2005年3月31日，フロリダ州で15年間にわたって昏睡状態が続いていたテリー・シャイボ（Schiavo, T.）さんは，栄養補給を止められ，息を引き取った．この背景には，延命措置を止めてほしいと願った夫と，延命措置を止めることはテリーさんの生きる権利を奪うものだと反対した両親との間の，8年にわたる訴訟があった．しかし，この訴訟が単に家族内での問題ととらえられず，政治家や大統領までも巻き込んだ全国的な関心事となったことは，アメリカ合衆国ならではの社会現象であったとして，日本でも報道された（NHK-BSニュース2005年4月1日）．

　尊厳死をめぐる問題は州裁判所の案件であるため，フロリダ州の高等裁判所の判断に基づいて2003年10月15日に栄養補給用のチューブが外されたが，それに反対したフロリダ州議会の意向を受けて10月21日に州知事命令でチューブが戻された．そして，結審した州の裁判に替えて，今度は連邦裁判所に訴える権利をテリーさんの両親に与えようとする法案を，共和党が下院議会に提出した．3月20日に連邦議会が招集され，21日未明に法案は可決された．共和党は賛成156，反対5，白票71と，圧倒的に法案を支持した一方，民主党でも賛成47，反対53，白票102と，少なからぬ議員が賛成票を投じた．ブッシュ（Bush, J. W.）大統領もテキサスでの休暇を取りやめてワシントンD.C.に戻り，法案に署名した．しかし，連邦裁判所において，訴えは一審から最高裁まで，「州裁判所での審理を尊重する」という理由ですべて退けられたのであった．栄養補給装置を外すべきではないという，キリスト教保守派を中心とする激しい抗議活動の模様は，テリーさんが息を引き取るまで連日テレビで報道された．

　個人の問題とみなされる尊厳死が全国的な論争となった背景には，自らの支持基盤である保守的なキリスト教会の支持を強化しようとするブッシュ大統領や共和党議員たちの狙いがあったのではないかと言われている．とはいえ，当時9人からなる最高裁判所の判事のうち7人は共和党の大統領によって選任されたものであることからみると，裁判官の宗教的立場が司法の判断に及ぶ度合いは低いようである．

［中川　正］

8 都市の構造・景観と都市問題

アメリカ合衆国の都市といえば、ニューヨークやロサンゼルスがすぐに頭に浮かぶであろう。一方、中小規模の都市に関するイメージは、必ずしも明確ではないように思われる。アメリカ合衆国は大国であり、そこにはさまざまな規模の都市が多数分布し、地域的な差異も大きい。本章では、都市間の関係（都市システム）、都市の内部構造（モデル）、都市景観の特徴、そして都市問題に着目し、アメリカ合衆国の都市の特徴について、時間的・空間的視点を織り交ぜながら考察する。

8.1 都市システムの形成

都市システムとは、相互に関連を持った都市の集合体を意味する。都市システムは外部に開かれた開放型のシステムであり、また時間の経過とともに変化する可変的な存在である。アメリカ合衆国は、日本の26倍の面積を持つ広大な国であり、したがって国内の都市システムもその国土を覆うように広範囲に広がっている。そこに暮らす人々は自由と独立を何よりも大切にする。州やカウンティ（郡）、市町村の境界を跨げば生活を律する法律が異なることもあり、これも自主性の表れといえる。人々の気風は、都市のあり方、また都市システムにも影響を与えている。

8.1.1 都市の立地と国家的都市システム

現在のアメリカ合衆国の国家的都市システムは、政治的側面からみればワシントンD.C.を頂点とし、経済的側面からみればニューヨークを頂点とするといえる。いずれの都市システムも、アメリカ建国以降、領土の西方への広がりとともに拡大し複雑化していった。社会への影響力からみれば、経済的な都市システムの頂点に立つニューヨークが、都市システム全体の中心的役割を果たしているといえよう。

都市の立地点を決定する要素は数多くあるが、地形もその1つである。アメリカ東部にあって南北に延びるアパラチア山脈の東麓地域には、ヨーロッパ人の大陸進出後、滝線都市（fall line city）と呼ばれる多くの都市が建設された。リッチモンド（Richmond）、ローリー（Raleigh）、コロンビア（Columbia）、オーガスタ（Augusta）などがそれに当たる。これらの都市は、アパラチア山脈東麓のピードモント台地と海外平野との境界地帯に成立した。流水による侵食作用に対する地質の抵抗力の差異から、この地帯には滝が多く、下流からの河川交通の妨げとなり、そこが陸上交通との荷物積み替え地点となった。物資の流通が活発になると、小集落は都市へと成長した。その後、滝の水力は動力源となり、先に挙げた都市群は工業都市へと変容していった。一方、河川の合流点もまた、交通路の結節点となり、ときに都市が成長する場所となった。アレゲニー川とモノンガヒラ川の合流点に立地するピッツバーグ、ミシシッピ川とミズーリ川の合流点付近に立地するセントルイスは、その好例である。

アメリカ北東部には、地理学者のジャン・ゴットマン（Gottmann, J.）がメガロポリスと命名した一群の大都市が存在する。具体的には、南北約730 km、最大幅約160 kmの帯状地帯に、ボストン、ニューヨーク、フィラデルフィア、ボルティモア、ワシントンD.C.といった大都市が連なり、それぞれの影響圏（大都市圏）が互いに機能を補完し合って1つの巨大な都市域を形成している。ゴットマンは、ヨーロッパの都市と比べ、その躍動的な特徴に注目し、一連の都市群の形成を人間の創造的な活動の表出とみなした。

写真 8.1　ニューヨークのマンハッタン（1994 年）

写真 8.2　シカゴ中心部

アメリカ合衆国最大の都市ニューヨークは，この国の都市システムの頂点にあるだけでなく，ロンドンや東京とともに，世界的な都市システムの中心的な結節点としての役割も果たしている（写真 8.1）．都市階層は，企業の立地パターンをある程度反映している．アラン・プレッドは，西部の主要 7 大都市圏に本社がある企業の支店（子会社を含む）の地域的配置に基づいて，アメリカ合衆国の都市システムの特徴を説明している（Pred, 1977）．本社のある大都市圏以外に立地する支店の従業員数の合計は 70 万人以上に達し，全従業員数に占める割合は，企業によって 55〜93％に及ぶ．企業組織の空間配置が都市間ネットワークの形成にかなりの影響を与えていることがわかる．プレッドは 4 階層からなる都市間結合のモデルを提示しているが，富田（1985）がいうように，第 1 階層の都市をニューヨーク，第 2 階層の都市をロサンゼルス，シカゴ（写真 8.2）など，第 3 階層の都市をシアトル，サンディエゴなど，そして第 4 階層の都市をサクラメントなどとすると，アメリカ合衆国の都市階層を理解しやすい．

1984 年におけるアメリカ企業の本社所在地をみると，ニューヨークは 96 社に達し，2 位のシカゴ（30 社）を大きく引き離している．この状況は，今日においてもさして変わりはない．2000 年 4 月のフォーチュン（*Fortune*）誌によると，売上げ高上位 500 社のうち，ニューヨークに本社をおく企業が最も多く 40 社であった．しかし，その数は比率にすると 8％にすぎず，日本ほどの一極集中はみられない．

むしろ，主要な大都市以外に本社を持つ主要企業が多いことがアメリカ企業の特徴である．人口規模でアメリカ第 2 の大都市ロサンゼルスに本拠をおく企業は，上位 500 社のうちわずか 5 社にすぎない．第 3 位のシカゴも 11 社にとどまる．逆に，これら 3 大都市の存在するニューヨーク州，カリフォルニア州，イリノイ州以外の州に本社をおく企業は，500 社のうち 71％を占める．つまり，アメリカ合衆国の主要企業の本社所在地は，国内に分散しているということができる．売上げ高上位 5 社（表 8.1）をみても，3 大都市に本社をおく企業はない．2000 年時点で第 1 位のゼネラルモーターズ社はミシガン州デトロイトに，第 2 位のウォルマート社はアーカンソー州ベントンヴィル

表 8.1　売上げ高上位 5 社（2000 年）

順位	企業名	本社所在地	売上高 （100 万ドル）
1	ゼネラルモーターズ	デトロイト（ミシガン州）	189058
2	ウォルマート	ベントンヴィル（アーカンソー州）	166809
3	エクソンモービル	アーヴィング（テキサス州）	163881
4	フォードモーター	デトロイト（ミシガン州）	162558
5	ゼネラルエレクトリック	フェアフィールド（コネティカット州）	111630

Fortune（2000.4.17：F-1, 2）により作成．

(Bentonville)に，第3位のエクソンモービル社はテキサス州アーヴィング（Irving）に本社がある．ニューヨークに本拠をおく企業は，表外第7位のシティグループが最上位である．

この傾向は，アメリカ経済を牽引する産業の1つである情報技術（IT）産業についても同様のことがいえる．マイクロソフト社の本社はワシントン州シアトル近郊のレッドモント（Redmont）に，デル社の本社はテキサス州ラウンドロック（Round Rock）に，そしてヒューレットパッカード社の本社は，カリフォルニア州シリコンバレー内のパロアルト（Palo Alto）にある．

8.1.2 地域的都市システム——北東部・中西部の事例

都市システムは，国内の地域レベルにおいても存在する．アメリカ合衆国を地域区分する場合，北東部，中西部，南部，西部の4地域に区分することが多い．北東部はボストン，ニューヨーク，フィラデルフィア，中西部はシカゴ，デトロイト，セントルイス，南部はアトランタ，ニューオーリンズ，マイアミ（写真8.3），ヒューストン，そして西部はロサンゼルス，サンフランシスコ，ラスヴェガスといった都市を含み，それぞれの都市が重要な地域的結節点としての役割を果たしている．

都市システムの態様は，外資系企業の立地パターンからもとらえることができる．図8.1は1998年における日系企業の分布を示している．同年，日系企業は，上記の国内4地域のなかで，西部に最も多い1710社が立地し，つづいて北東部に

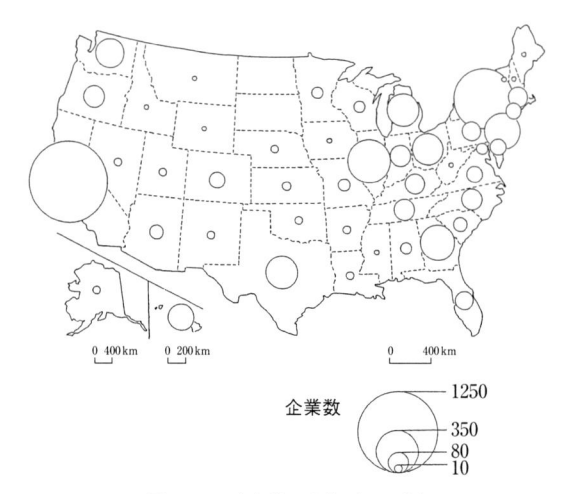

図8.1 日系企業の分布（1998年）平（2005）による．

写真8.3 マイアミ中心部

1178社が，そして中西部に886社が立地していた．州ごとにみると，カリフォルニア州に最も多い1274社が立地し，以下ニューヨーク州（723社），イリノイ州（354社），ニュージャージー州（265社），ジョージア州（216社），そしてテキサス州（200社）の順に多かった．太平洋岸のカリフォルニア州に最も多くの日系企業が立地している理由は，日本との近接性にあり，これは国境効果と呼ばれる．逆に，ヨーロッパ系の企業はニューヨーク州をはじめとする北東部への立地が多い．しかし総体的にみれば，外資系企業の立地パターンも，民間企業全体の立地パターンと類似しており，都市システムの階層性とその地域的な特徴を生み出す1つの原動力となっている．

北東部において，州別に日系企業の展開をみると，表8.2のようになる．2007年，北東部には733社の日系現地法人が立地し，日本からの進出企業数は532社を数えた．このうち，現地法人では56％が，日本からの進出企業数では50％がニューヨーク州に立地している．隣接するニュージャージー州と合わせると，それぞれの数値は80％と94％となり，北東部の日系企業はこの2州に集中立地しているといえる．一方で，ハーヴァード大学やマサチューセッツ工科大学（MIT）があるマサチューセッツ州に立地する日系企業は意外と少なく，現地法人で59社（域内の8％）を数えるにすぎない．全米，そして世界の都市システムの頂点

表8.2 北東部における日系企業の展開（2007年）

州名	現地法人数	日本からの進出企業数
ニューヨーク	411	264
ニュージャージー	179	144
マサチューセッツ	59	55
ペンシルヴェニア	49	39
コネティカット	24	21
ニューハンプシャー	5	4
ロードアイランド	4	3
ヴァーモント	2	2
メーン	0	0
計	733	532

『海外進出企業総覧（国別編）』(2008) により作成．

の1つをなすニューヨークの存在が，北東部の，そしてアメリカ合衆国の日系企業の立地先としていかに重要であるかがわかる．一方で，この国を代表する大学がひしめくニューイングランド地域に日系企業の進出が少ないことから，大学などの研究機関と連携した研究開発への投資に対して日系企業が必ずしも積極的でない状況がうかがえる．

8.1.3 都市システムの変容

都市システムは，前述したように不変的なものではなく，時代の変化とともに変わる．周知のように，アメリカでは18世紀前半に東部地域の13の自治植民地によって国家形成が始まり，イギリスとの独立戦争を経て，1787年にアメリカ合衆国が誕生した．その後，アメリカ合衆国はメキシコとの戦争などによって領土を拡大し，19世紀の半ばには今日のように大西洋と太平洋をまたぐ大国となった．アメリカ合衆国の都市システムは，このような国土拡大と連動して変容していった．

都市システムにあって，交通ネットワークは都市と都市とを結ぶ動脈をなす．他の先進国と同じく，アメリカ合衆国においても国家レベルの都市間交通をまず担ったのは鉄道であった．鉄道網は北東部から整備が進み，路線網は中西部と南部へ拡大していった．広大で肥沃，さらに安価な土地の存在に目をつけたイギリス資本家による巨額な投資もあり，1840年にはすでに鉄道先進地域であるヨーロッパ（1800マイル）を上回る3000マイル（約4800km）の鉄道が敷設されていた．海港都市としてその基礎が築かれたボストン，ニューヨークは北東部の，五大湖の水運の要として成長を始めたシカゴは中西部の，それぞれ重要な鉄道網結節点としてさらに発展した．ニューヨークのグランド・セントラル駅はマンハッタンの中央に位置する．現在でも1日に500本以上の列車が発着し，50万人の利用がある．

その後，北東部の実業家たちによる西部フロンティアの開拓を目指した鉄道敷設競争が起こり，1860年までにミシシッピ川以東地域に3万マイルに及ぶ鉄道網が敷設された．さらに，時を経ずして大陸横断鉄道が開通し，大西洋と太平洋を結ぶ大動脈が完成した．その1つ，セントラルパシフィック鉄道は，1869年に既存のユニオンパシフィック鉄道とユタで結合することによって生まれた．この工事には1万人の労働者が従事し，その9割が中国人であったという．これらの鉄道によって国内市場の一体化が完成した．それまでの水運を中心にした交通網により南部と緊密な関係にあった西部が，商工業の中心である北東部と直接結ばれ，南部に対する北部（北東部・中西部）の優位性は決定的なものとなった．その優位性の中心がニューヨーク（金融業）であり，シカゴ（農産物取引）であった．

しかし，鉄道の時代は長くは続かなかった．20世紀に入ると自動車が交通の主役となり，道路ネットワークが都市間システムに大きな影響を与えるようになった．フォード社による量産が開始されると自動車の一般社会への普及が進み，それとともに道路網の整備が図られた．第二次世界大戦後は，都市間，州間をつなぐ高速道路（インターステートハイウェイ）の建設が急ピッチで進められ，道路交通は都市間の大動脈の役割を鉄道から奪うことになった．高速道路網の建設は1947年に始まり，1956年には当初の計画がさらに拡大された．この事業はアメリカ合衆国最大の公共事業であった．自動車登録台数も，1945年には2580万台であったが，1970年にはその3.5倍となった．インターチェンジ付近には，宿泊施設や商業施設が建設され，ディズニーランドに代表される様々なリクリエーション施設が登場した．

現在，道路ネットワークとともにアメリカ合衆

国の都市間システムを構築しているのは，航空ネットワークである．1980年代のアメリカ合衆国では，高速道路の発達により，40〜50kmの範囲内は主として自動車が使用され，それ以上では航空機が利用される比率が高かったという．アメリカ合衆国は広大な国家であることもあって，ハブ空港（国際・国内航空網の結節点としての役割を果たす大型空港）が国内にいくつもある．ニューヨーク，ボストン，シカゴ，ロサンゼルスの各国際空港はその代表格であり，それぞれ国内航空網の中心となっているのみならず，ヨーロッパ，中南米，アジア地域との結節点ともなっている．

8.2 都市の景観と構造

8.2.1 都市景観

都市景観は，都市を構成する建物群や道路網によって形成される．多様な建物群の立地は，地価として表現されるそれぞれの場所の利用価値を反映している．利用価値が高いほど集約的な土地利用が行われ，建物の密度が増し，高層化し，都市景観はより複雑なものとなっていく．

アメリカ合衆国の都市は，ヨーロッパや日本と比較して，特徴的な景観を持っている．都市景観のイメージは，それがある程度の規模の都市であれば，中心部に高層ビル群がそびえ立ち，中低層の建物群がそれを取り巻き，さらに外側を低層の建物が外縁に広がりながら分布するといったものであろう（写真8.4）．実際にインターステートハイウェイを走り，都市に近づいてくると，このような景観が眼前に展開することになる．

ニューヨークのような大都市では，特に中心部に立つ高層ビル群が，その都市景観の骨格をなしている．2001年9月11日に発生した同時多発テロにおいて，マンハッタンの先端部に建つ超高層の世界貿易センタービルが標的とされたことは，逆説的に高層ビルが都市の顔となっていることの証である．歴史的には，1885年に完成したシカゴの10階建てのビルが世界最初の高層ビルであるという．建物の骨格には鉄骨が使用され，建築物の高層化が可能となった（コラム11参照）．

しかし，アメリカ合衆国の都市の大多数は，中小都市である．この国の都市の特徴を知るためには，中小都市のそれを知ることも重要である（写真8.5）．その景観は，20世紀半ばには，すでに均質化傾向を示している．DeBres and Sowers（2009）は，20世紀前半に作成された，中西部（カンザス州とネブラスカ州）の都市中心部を描いた絵はがきを時系列的に分析している．それによれば，絵はがきに描かれた中小都市の都市景観は，現実の都市景観の変化に先行する形で加筆・修正を通して標準化・理想化され，結果として「場所の没個性化（placelessness）」が進行していったという．20世紀初頭の約10年間は，都市のメインストリートの景観が主たるモチーフとして描かれたが，つづく1929年までの期間では，メインストリートの景観に馬車や路面電車，通行人が配され，都市発展の示す「賑やかさ」が強調された．しかし，その後1945年にかけては，絵はがき作成者による加筆・修正の度合いが高まり，それまでの「路上」の「賑やかさ」は丁寧に除去され，

写真8.4 シアトル

写真8.5 中都市の例
ウィスコンシン州マディソン．

近代化が進み，抑制が利き，手なずけられた都市景観が演出されるようになる．

絵はがきのモチーフの変化が示すように，近代は標準化の時代であるともいえる．アメリカ社会の近代化は，その後もこの場所の没個性化を推し進め，どこに行っても同じような景観が現れる「没場所化」状況を作り出していった．20世紀の後半にはモータリゼーションが国土の広い範囲で進行し，都市の規模にかかわらず「無限」の後背地に広々と展開し発展を続ける郊外地域と，逆に衰退の傾向をたどる中心部という明確なコントラストを示す都市構造が出現することになる．

しかし，その郊外地域の景観に関しては，その「没個性」的特徴のイメージがあまりに強かったため，これまで研究者の注目を集めてこなかった．Dostrovsky and Harris（2008）は，この点に着目して，アメリカ合衆国に隣接するカナダの主要都市郊外の住宅様式の変化を詳細に分析し，最近の新古典的な様式の普及に先立って，折衷的で歴史的な建築様式の復活があったことを見出した．同様の傾向は，アメリカ合衆国においても確認できる．この変化の背景には，より大きな時代思潮の変化がある．

8.2.2 都市構造のモデル

都市構造のモデル化と理論化は，アメリカ合衆国において大いに発展した．国を問わず，都市地理学の教科書に必ずといってよいほど引用されるいくつかの都市構造モデルは，アメリカ合衆国の都市がその母体となっていることが多い．

アーネスト・バージェス（Burgess, E.W.）の同心円モデルは，20世紀前半の中西部の大都市シカゴを事例としたものである．アメリカ人の社会学者バージェスは，1925年に5つの地帯からなる同心円モデルを発表した（図8.2）．第1地帯はダウンタウン（CBD：中心業務地区）に当たり，シカゴではループ（Loop）と呼ばれる．市役所，大企業のオフィス，デパートなど，都市の政治，経済，文化的機能が集積している．第2地帯は，第1地帯から商業や工業機能が拡大してくる一方で，住環境の悪化によって住宅機能は低下し，貧困や犯罪といったインナーシティ問題（後述）を抱える

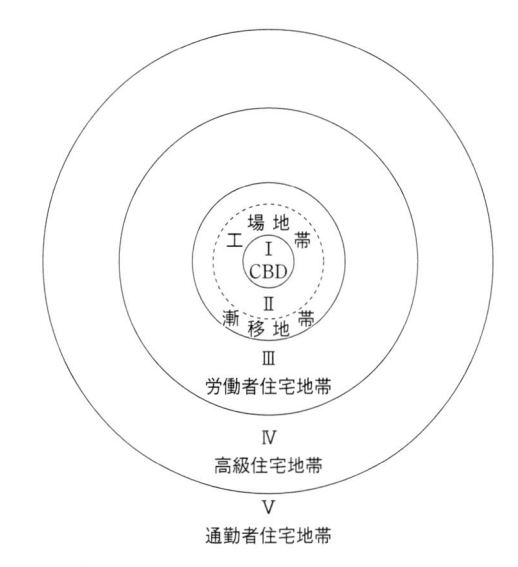

図8.2 バージェスの都市構造モデル
北川（2004）による．

漸移地区である．この地区では，都市中心部へのアクセスや安価な賃貸料により，外国からの移民街が形成される場合が多く，シカゴではリトルシシリーやチャイナタウンができた．そして南部方向には黒人地区が形成された．当該地区は，ときに若い芸術家や起業家が集まって新たな文化を発信する地区ともなった．第3地帯は中産階級の住宅地帯である．第2地帯から抜け出した労働者（工業・商業従事者）層が居住者の中心である．移民2世も多く，2～3階建ての低層アパートが広がっている．第4地帯は戸建て住宅が中心の住宅地区であり，住民は上位中間層から上層が主である．各々の家屋は青々とした芝生の美しい庭で囲まれ，そのような家屋の建ち並ぶ景観はアメリカンドリームの具体像の1つである．最後の第5地帯は通勤者地帯と呼ばれ，広大に広がる農村地帯との境界に位置する．都心まで1時間程度の郊外地帯や衛星都市が相当する．これらの各地帯はそれぞれ，都市の成長とともに，隣接する外帯に進入することによって当該地帯が拡大する．バージェスは生態学の考え方を応用して，この変化を遷移と呼んだ．バージェスを中心とする研究者集団による研究はシカゴ学派と呼ばれ，人間生態学的研究を推し進めた．

一方，経済学者のホーマー・ホイト（Hoyt, H.）

は住宅地の空間構造に着目し，1939年に扇形（セクター）モデルと呼ばれる都市構造モデルを提示した（図8.3）．ホイトは，142のアメリカ都市の地代分布パターンを，同心円とセクターからなる略図を使って分析し，高地代地区（高級住宅地），中地代地区（中級住宅地），低地代地区（低級住宅地）が都市内でどのように分布する傾向にあるか明らかにした．高地代地区は，都市の片側の1つまたは複数のセクターに位置し，中地代地区は高地代地区を取り巻くか，隣接する傾向がある．低地代地区は，片側ないしは一定のセクター内で中心から周辺に向かって分布する．都市内のあるセクターの特徴が定まれば，その特徴は都市が成長して外縁に拡大しても継承されるという．

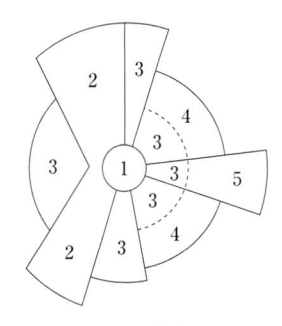

図8.3 ホイトの都市構造モデル
1. CBD，2. 卸売・軽工業地区，3. 低級住宅地区，4. 中級住宅地区，5. 高級住宅地区．北川（2004）に加筆．

さらにチャウンシー・ハリス（Harris, C.D.）とエドワード・ウルマン（Ullman, E.C.）は，それまでに提出されたモデルを参考にして，1945年に多核心モデルを世に出した（図8.4）．彼らによれば，都市は，単一の中心ではなく，複数の核心の周辺に形成される．そして，それら複数の核と地域的な空間分化は，4つの要因の組み合わせによって説明できるとした．つまり，①ある種の活動は専門的な便益を必要とする（小売業は都市内で近接性の高いところに立地する）．②類似した活動は集積の利益を重視して集まってくる（卸売業など）．③異種の活動は互いに不利益をもたらす（工業開発と住宅開発は相容れない）．④ある種の活動は最も望ましい地点での地代を負担できない（低級住宅地は，住環境のよい場所の地代を負担

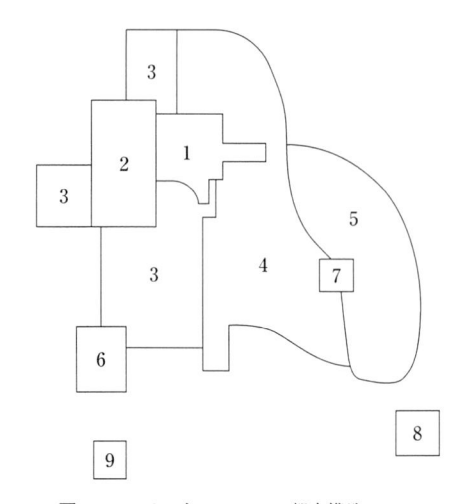

図8.4 ハリスとウルマンの都市構造モデル
1. CBD，2. 卸売・軽工業地区，3. 低級住宅地区，4. 中級住宅地区，5. 高級住宅地区，6. 重工業地区，7. 周辺商業地区，8. 郊外住宅地区，9. 郊外工業地区．北川（2004）に加筆．

できない）．ハリスとウルマンによれば，大都市になるほど核が増え，かつ専門化が進むという．このモデルは，先の2つのモデルに比べると現実の都市への適応性は高いが，逆にそのぶん一般性に欠けるともいえよう．

このように，都市構造に関するモデルはこれまで数多く発表されてきた．しかしデヴィッド・ハーヴェイは，一方で都市についての理論の不足を指摘している（Harvey, 2003）．都市の経験は，豊かさと複雑さを持つ．ハーヴェイは，表面的な都市生活に隠されている内奥の意味を明らかにすることが重要であるとする．したがって，そこに展開される社会関係を明らかにするような包括的な都市理論の構築が今後の1つの課題となる．

8.2.3 都市構造の変容と景観の変化

都市の構造的変容と景観の変化は連動している．最初に述べたアメリカ合衆国北東部のメガロポリスは，商工業，特に工業の発展によって形成された．しかし工業従業者数でみれば，アメリカ合衆国は1960年代にはすでに脱工業化時代に突入していた．高速道路網を中心とした道路網の整備に伴って，また生産規模の拡大による公害や道路渋滞など集積の不利益の増大から，金属工業に代表される工業活動の内陸部への移転が進んだ．そしてモータリゼーションの進行により，住宅地は都市域を広げる形で後背地に向かって拡大を続

けた．一方で，産業活動が停滞あるいは低下した都市中心部は衰退に向かった．その変化は例えば，修繕が行われないままの建築物や落書きの増加という形で都市景観に反映された．

8.3 都市の郊外化

先に都市の構造について述べたが，都市は大まかにいえば，都市中心部（CBD），インナーシティ，そして郊外の3地区によって構成される．インナーシティとは，都市中心部を取り巻く地区のことである．しかし，都市中心部とインナーシティの境界は必ずしも明瞭ではない．アメリカ合衆国では，一般的に都市中心部のことをダウンタウン（downtown）と呼ぶが，インナーシティの一部がその一角を構成する場合もある．インナーシティは，先に示したバージェスのモデルでは，第2地帯から第3地帯（の一部）にかけての地域に相当し，そこでは人種・民族的少数派（マイノリティ）や貧困層をはじめとした社会的弱者の集住地区が形成される場合が多い．

8.3.1 社会地区分析

都市の内部構造に関する研究は，その後，社会地区分析を経て，因子生態分析へと発展した．社会地区分析は，アメリカ合衆国の社会学者エシュレフ・シェヴキー（Shevky, E.）らによって始められた．彼らは都市を，複雑化した現代社会を反映したものととらえ，都市生活の社会形態は，全体社会の変動を考察することによって理解できると考えた．現代産業社会の社会変動は，諸関係の広がりと密度の増加，機能の分化，組織の複雑化の3つの増加尺度によって把握される．産業社会の前提条件は，筋肉労働の意義低下と事務・管理労働の意義上昇に象徴される技能分布の変化，都市的産業への移行にみられる生産活動の構造変化，移動の増加による人口構造の変化という3つの傾向としてとらえられるという．そして，これらの3つの傾向は，職業構成の変化，生活様式の変化，人口の空間的再配置という形で現れる．シェヴキーらは，ロサンゼルスやサンフランシスコを事例地域として，国勢調査区（census tract）を基礎にして人口の特性から都市域を類型化し，都市構造の特徴を説明しようとした．具体的には，職業構成の変化は経済的地位を示す社会階層指標，生活様式の変化は家族的地位を示す都市化指標，人口の空間的再配置は民族的地位を示す隔離指標として地図化した．彼ら自身は地図の地理的解釈をあまり行わなかったが，その後の研究で，都市化指標の分布は同心円形パターンを，社会階層指標はセクター形のパターンを示し，それぞれが次元を異にしつつ共存することが確認された．

8.3.2 シカゴ大都市圏における郊外化

シカゴ大都市圏の中心都市であるシカゴ市は，2006年現在283.3万の人口を擁し，ニューヨーク（821.4万），ロサンゼルス（384.9万）に次ぐ，アメリカ第3の大都市である（図8.5）．シカゴ市は，五大湖の1つであるミシガン湖に面し，19世紀半ばのイリノイ・ミシガン運河とイリノイ・セントラル鉄道の開通が契機となって，以後アメリカ中西部の結節点として，また平坦で広大な後背地の農業地帯で生産される農産物の集散地および加工地として発展してきた．1948年には，穀物の取引きを主体とするシカゴ商品取引所が開設され，そこでの商品の取引きは現在，世界的な影響力を持つ．一方で，シカゴ市はニューヨーク市やボストン市と同様に，さまざまな国から移民を受け入れてきた都市であり，都市内部の各地区にエスニックコミュニティを発展させてきた．しかし，シカゴ市の人口は1960年代以降，居住者の郊外への移住により減少しており，製造業を中心とした事業所の郊外移転も続き，人口の維持と産業の活性化が課題となっている．

シカゴ大都市圏では1960年代以降，住民および事業所の郊外化が進行した．シカゴ大都市圏全体の人口は1970年代以後，徐々に増加し，1990年における人口は726万1176であった．一方で，上述したようにシカゴ市の人口は1960年以降，継続して減少し，1960年に355万404であった人口は，1990年には22％減少して278万3726となった．郊外地域の人口は，この間，逆に増加している．郊外内縁の1990年の人口は，1960年の1.8倍の137万4176となった．

人口の郊外化を追うように，主要産業も本社な

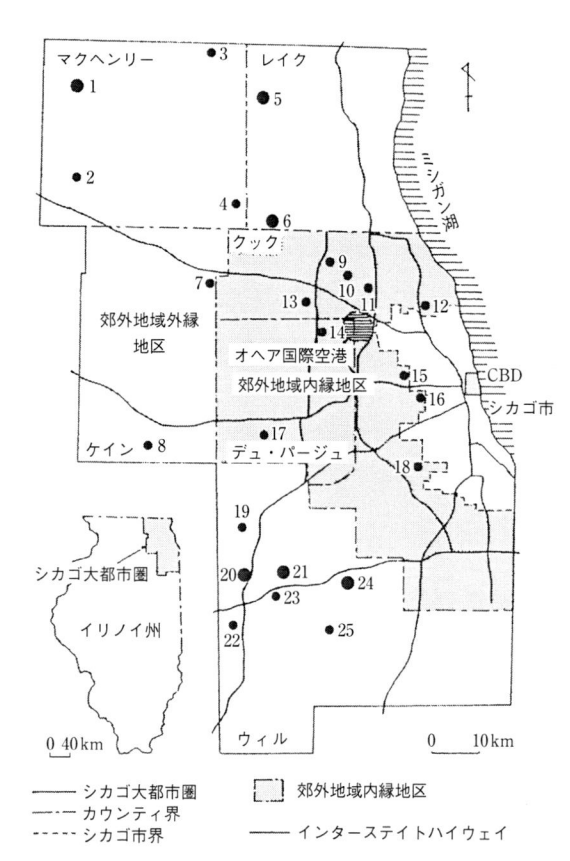

図 8.5　シカゴ大都市圏
郊外地域の都市人口（1994年）：● 10万～20万，● 5万～9万．1ハーバード，2マレンゴ，3リッチモンド，4ケアリー，5フォックスレイク，6バリントン，7エルジン，8シュガー・グローブ，9アーリントン・ハイツ，10マウント・プロスペクト，11デス・プレインズ，12スコキー，13ショーンバーグ，14ウッド・デイル，15オーク・パーク，16キケーロ，17ネイパーヴィル，18オーク・ローン，19プレイン・フィールド，20ショアウッド，20ジョリエット，22チャナホン，23ロックデイル，24ニュー・レノックス，25マンハッタン．平（2005）による．

写真 8.6　シカゴ
中心部の商業地区．

高級専門店が軒を連ねるマグニフィセントマイル（Magnificent Mile）と称されるミシガン通りと，マーシャルフィールズ百貨店を中心に，衣服，雑貨，食品などの小売店が並ぶステイト通り一帯がその核心を形成し，ある程度の賑わいをみせている（写真8.6）．しかし，人口が250万を超える都市の中心部と思わせるほどの人通りはない．

郊外化の波は製造業部門において，さらに顕著である．シカゴ大都市圏全体における製造業企業数は，2000年頃までほぼ1万4000前後で停滞している．シカゴ市の製造業企業は，1967～1987年の間に48％減少した．一方，郊外地域内縁地区，同外縁地区では，この間，企業数はそれぞれ72％，64％増加した．製造業従業者数も1967年以降，シカゴ大都市圏において一貫して減少している．1987年の製造業従業者数（68万5800）は，すでに1967年の70％となっていた．しかし，シカゴ市内と郊外地域間において，その傾向には明確な差異が存在する．すなわち，シカゴ市内では，1967～1987年に製造業全従業者の60％を失った半面，郊外地域では内縁，外縁地区とも同じ期間における製造業従業者数の変化は小さく，ほぼ停滞の状態で推移した．このような状況下，シカゴ市では，1990年代に市内6カ所に工業団地を整備するなど，工業再活性化に努めた（平，2005）．

8.4　都市問題と社会運動，再開発

8.4.1　環境的な都市問題

どの事業所の立地場所を郊外地域に移しつつある．イリノイ州における売上げ高上位30社のうち，シカゴ市内に本拠地を持つ企業は，1988年時点で半数を下回って14社となった．第三次産業部門では，まず郊外地域へと延びる主要道路沿いにリボン状に商業地区が形成され，続いて大型小売店を核とした大規模なショッピングセンターが各地に建設されていった．例えばシカゴ市北西郊外のショーンバーグ（Schaunburg）市に位置して，インターステートハイウェイのインターチェンジに近く，交通の便のよいウッドフィールズショッピングセンターは，駐車台数1万，専門店数200を誇る．一方，シカゴ市中心部の商業地区は，

都市の発展は，一方で負の産物ももたらした．

アメリカ合衆国もその例外ではなかった．都市問題は，大きく環境問題と社会的問題に区分できる．

環境問題としては，具体的には，水質汚染，大気汚染，ゴミ問題，騒音問題などが挙げられる．産業革命以降の都市化は，主として工業化によって推進された．そして大規模な工業活動が都市域で行われるようになったために，工場などから排出される有毒物質が大気や河川，湖などの水質を汚染するようになった．さらにモータリゼーションの進行による自動車数の急増が排気ガスの増加につながり，その排気ガスが大気を汚す主要原因の1つとなった．1950年代から1960年代にかけて経済成長が続いたが，同時に，都市環境は悪化の一途をたどっていた．産業活動の高度化と生活の近代化は，一方で大量の廃棄物を発生させた．特に都市域では，その処理が問題となり，ときにそれは環境問題となった．

大気汚染問題はロサンゼルスで顕著であった．自動車や工場から排出される窒素酸化物や炭化水素が紫外線と作用してオキシダントを発生させる光化学スモッグが，たびたび発生した．光化学スモッグが発生すると，のどや目に影響を与えるが，ロサンゼルスでの出現数は多く，同種の大気汚染は「ロサンゼルス型大気汚染」と呼ばれるほどであった（2.3.1項参照）．

都市の気温は，工場やオフィスビル，自動車から排出される熱，道路の舗装化による不透水層の増加，植生の減少などの複合的な要因によって，郊外や農山村地域より高温になる傾向がある．これをヒートアイランド現象と呼ぶが，アメリカ合衆国では都市活動の活発化に伴って，ヨーロッパの都市以上に，都市気温の最高値も上昇した．その要因として，エアコンなど電気機器使用の多さ，自動車数の多さ，そして高層建築物の集積による風速の減少などが考えられる．

8.4.2 社会的な都市問題

一方，アメリカ合衆国の場合，社会的な都市問題は，人種・民族別の都市居住パターンと密接に関係していた．新規の移民は多くの場合，十分な資産を持たなかった．そしてその多くは都市域に流入した．落ち着く先はインナーシティの安アパート街であり，そこはえてして居住環境が悪かった．しかし彼らは相互扶助の精神を発揮して，独自のエスニックコミュニティを形成し，劣悪な居住環境を克服しようとつとめた．他方，高い失業率やそれと関係する家族維持の困難さは，ときに麻薬や犯罪の問題を引き起こした．

新規移民集団や黒人の流入は多くの場合，地域社会を変容させる結果をもたらした．地区内の人種・民族的少数派集団の人口比率がある程度の高さに達すると，白人を中心とする主流派集団の地区外流出が顕著になる．そして，そのあとをまた少数派の人々が埋めることになり，主流派の流出はますます激しくなる．その結果として，新たなエスニックコミュニティが形成される．

19世紀前半以降，アメリカ合衆国の，主として北東部の都市部に入ったアイルランド系移民は，社会の底辺で，建設労働者，雑役夫，未熟練工場労働者として働いた．彼らの居住環境は劣悪であった．水道は引かれておらず，下水は裏庭の便所に溜まり，道路に流れ出た．この不衛生な環境は伝染病の流行を招いた．例えば，大都市を襲ったコレラの流行で最大の犠牲者を出したのはアイルランド系の移民地区であった．先住移民として主流派を占め，宗教的にはプロテスタントであるアングロサクソン系の移民とは異なり，アイルランド系移民の大半はカトリック教徒であった．そのため主流派社会（ホスト社会）から，あからさまな差別と蔑視を受けた．ボストンでは，アイルランド系の修道院の附属学校が放火される事件もあった．アイルランド系移民に対する排撃行動は，19世紀の半ばにピークに達したが，アイルランド系移民は英語能力があり，集団としての団結力も強かったため，次第に都市社会における地位を上昇させていった．熟練工も増え，第2世代は事務職や専門職に就く者もあった．警察や消防といった公共部門にも広く進出し，1880年代には都市政治に大きな影響力を持つようになった．

8.4.3 社会運動と再開発

1950年代のアメリカは，「異議申し立ての時代」を迎え，様々な矛盾や不満が表出した．この頃，

北東部，中西部，そして西部の都市，特にニューヨーク，シカゴ，デトロイト，フィラデルフィアといった大都市は，主として南部の綿作の機械化によって小作農の職を失い流入してきた多くの黒人人口を抱えるようになっていた．例えばニューヨークの黒人人口は，1940年には50.4万であったが，1970年には3.3倍の166.7万に増加し，シカゴの黒人人口は同期間に27.8万人から4倍の110.3万へと増加した（表8.3, 図8.6）．これらの黒人たちは19世紀のアイルランド系と同様に，そのほとんどが都市部のインナーシティの住民となった．シカゴでは，20世紀に入り，都市中心部と隣接都市ゲーリー（Gary）へと連なる工業地帯に近いシカゴ市南部に多くの黒人が居住するようになり，ブラックベルトが形成された．

この異議申し立ての時代は，都市部の少数派にも光を与えることになった．少数派に職場や学校の一定の割合を割くアファーマティブアクション（積極的差別是正措置）の導入は，それまで社会的上昇を阻まれていた人々の生活改善に寄与した．しかし，その恩恵は高校や大学卒の学歴を持つ人々に限定され，中途退学したものは，これまで同様に社会から排除されることが多かった．そして彼らの不満は暴動となって爆発した．1964年夏，ニューヨークのハーレムで暴動が発生し，そ

表8.3 主要都市の黒人人口の推移（1940～1970年）

都市	1940年	1970年
ニューヨーク	504	1667
フィラデルフィア	251	654
ピッツバーグ	62	105
ニューアーク	52	207
シカゴ	278	1103
デトロイト	149	660
クリーブランド	85	238
セントルイス	166	254
インディアナポリス	56	134
シンシナティ	51	125

単位：1000人．
McKee（1985）により作成．

れは翌年ロサンゼルスに飛び火した．さらに1967年にはデトロイトで大規模な暴動が発生し，鎮圧のため連邦軍が導入され30名を越える死者を出す事態となった（野村，1992）．「長い暑い夏」と呼ばれたこれら一連の人種・民族暴動は，アメリカ社会を大きく動揺させた．デトロイトでは，人種・民族摩擦を嫌って，都市中心部やその周辺から多くの企業や白人層を中心とする中間層以上の住民が郊外へ流出し，中心部は長く荒廃した．

1970年代，日本の追い上げもあって，アメリカ合衆国は不況に苦しんだ．ニューヨークをはじめとする（大）都市は，企業や住民の郊外流出による税収不足から，福祉や公共交通への投資の縮小を余儀なくされた．一方でインナーシティには，

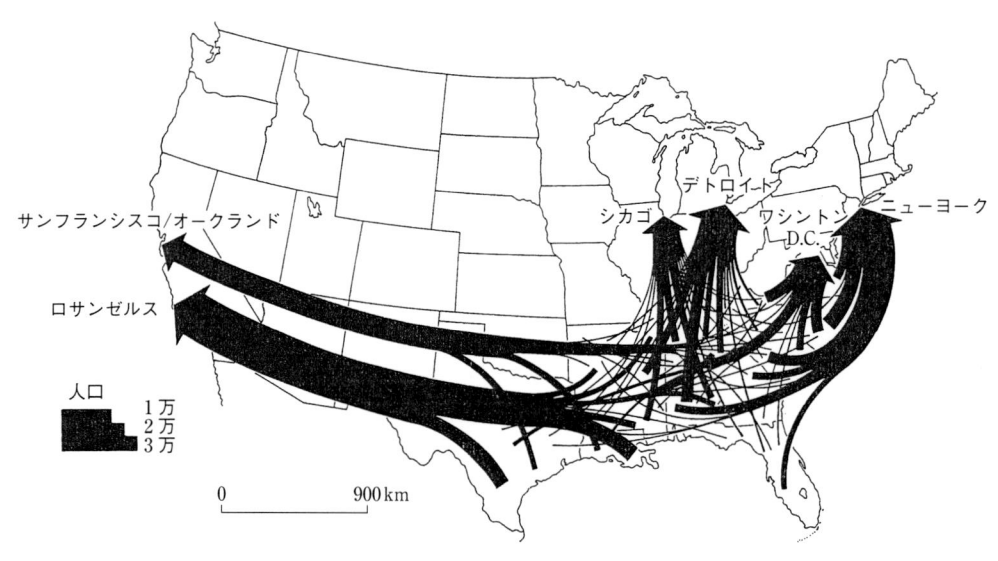

図8.6 黒人の移動（1965～1970年）
菅野ほか（1987）に加筆．

郊外化の流れに乗れない高齢者や低所得者が滞留した．アメリカ合衆国の都市社会は，このような状態がさらに衰退を招くという悪循環に陥った．

しかし，その後1980年代から1990年代にかけて，経済の回復とともに（大）都市の中には新たな発展をみせるところも出てきた．その鍵は，経済のグローバル化への対応と再開発であった．前者に関しては，世界都市化と関係している．世界都市をめぐる議論は，ミルトン・フリードマン（Friedmann, 1986）らが提出した仮説がもとになっている．フリードマンによれば，都市の変化は，その都市が世界経済とどのように結合し，そこでどのような役割を果たしているかと密接に関わっている．その役割とは，企業などの本部機能，国際金融機能，地域経済や国民経済を世界経済に結合させる機能などからなる．世界都市はこのような機能をすべて持っており，アメリカ合衆国ではニューヨーク，シカゴ，ロサンゼルスが第一次中核都市に，サンフランシスコ，ヒューストン，マイアミが第二次中核都市にあたる．特にニューヨークは，世界を代表する都市として，さらなる発展を続けた．

世界都市はグローバル経済の発展に寄与した一方で，都市群と当該都市に問題も発生させた．前者に関しては，世界都市化した都市とそれ以外の都市との間の成長格差であり，後者に関しては，世界都市内部での社会の二極化の問題である．いずれにせよ，世界経済の動きに乗り遅れた都市は，衰退する危険性を高めることになった．

アメリカ合衆国では前述したデトロイトがその典型である．デトロイトは，地域的には中西部を，産業的にはアメリカ産業の中核である自動車産業を代表する都市である．ビッグスリーと呼ばれる，ゼネラルモーターズ社，フォード社，クライスラー社の3大メーカーは，すべてデトロイトに本拠をおき，都市経済のみならずアメリカ経済を長期にわたって牽引してきた（写真8.7）．しかし，上述した人種・民族暴動と，日本メーカーの追い上げによるアメリカ自動車産業の斜陽化により，デトロイトはその輝きを失うこととなった．そして，2008年秋のリーマンショックに端を発した世界同時不況の波は，ゼネラルモーターズ社とクライスラー社を破綻させるほどの影響力を持った．ニューヨークの金融街ウォールストリートに本拠を持つ金融機関も大きな損失を受けたが，その回復は製造業に比べると比較的早かった（大手企業に対する政府の緊急融資策は，不況の影響を受けた一般の人々の批判を招いた）．

写真8.7　デトロイト
ゼネラルモーターズ本社．

一方で，世界都市内部の二極化は，この間，継続的に進行していた．世界都市には世界を代表する大手企業（多国籍企業）の事業所が集積し，いわゆるビジネスエリートたちが多く集まる．他方，超近代的なオフィスビルを裏方で支える，警備，清掃業務などに携わる労働者も同時に必要である．また，顧客対応など比較的単純な事務作業（いわゆるバックオフィス業務）は，都市郊外や地方，さらに人件費の安価な海外に移転され，中間労働者の職場は都市内部から外部へ流出した．その結果，特に世界都市では労働者の二極化が進んだ．中間職の減少により社会的上昇は年々困難になり，都市社会の二極化が拡大していく．事業所サービス業に従事する労働者は非正規労働者である場合が多く，賃金も低く抑えられ，その生活は不安定である．その中で不法移民が占める割合も高い．

そして，新規移民や低所得者層が多く暮らす安価なアパートは，特に1990年代以降，ジェントリフィケーション（gentrification）と呼ばれる都市内部再開発によって，その一部が主として民間の開発業者の手で高級オフィスビルや高級アパート

（マンション）に建て替えられていった．元々そこに暮らしていた人々の多くは，上昇した家賃を負担できず，住み慣れた地区を出て行かざるをえなかった．一方，都市郊外では1980年代半ば以降，ゲイテッドコミュニティ（gated community）と呼ばれる高級住宅街が南部や西部を中心に増加した．カリフォルニア州オレンジカウンティ（郡）にあるコト・デ・カーザ（Cote de Caza）と呼ばれる地区は，1.3万人が暮らすアメリカ最大級のゲイテッドコミュニティである．ゲイテッドコミュニティは，その地区全体が塀などで囲われ，地区への入り口は限定され，許可された者でなければ中に入れないことが多い．ここには，犯罪や貧困などの都市問題とは無縁の地区を自ら作り出そうとする一部上流層の考え方が反映されている．

このような状況下，都市社会を底辺で支える人々の不満が，ときに爆発することになる．2006年には不法移民規制に対する抗議デモがヒスパニック団体の呼びかけによって実施され，大きな運動に発展した．3月にはロサンゼルスで50万人以上が運動に参加し，都市社会に少なからぬ影響を与えた．運動は4月には全国に広がり，全米100以上の都市でデモが行われた．参加者はヒスパニック系のみならずアジア系にも広がり，広範囲の運動となった．

いまアメリカの都市に求められていることは，公正な都市社会の実現である．社会の二極化が進行するなかで，それをいかに停止させ，より平等な方向へ反転させるか，アメリカ社会は重要な時期にさしかかっている．2009年には，アメリカ合衆国史上初となるアフリカ系のバラク・オバマ（Obama, B.H.）大統領が選出された．彼は，"We can change." という言葉をキャッチフレーズにして，アメリカ合衆国のみならず世界の人々の心をとらえた．そして，その言葉が本当のものとなることを多くの人々が期待した．

しかしその後，オバマ大統領の二期目に入った2013年7月，デトロイト市の破産が新聞で報じられた．1950年には180万人を越えていたデトロイト市の人口は，70万人にまで減少していた．負債総額は1.8兆円にのぼり，地方自治体の破産としてアメリカ合衆国史上最大のものとなった．破産の背景には，上述した中間層以上の流出とそれに伴う事業所の移転による空洞化を未だに回復できなかったことと，デトロイト経済を支えてきた自動車産業が，リーマンショック後に公的支援を受けながらも十分な再生を果たせなかった事実があった．都市部を含む地方自治体は，連邦政府から独立して運営されており，デトロイトのほかにも破産の可能性がある地方自治体が10近くあるという．今後，アメリカ合衆国の都市にとって，それを運営する自治体財政の健全化が重要な課題の1つとなりそうである． 〔平　篤志〕

引用文献

菅野峰明・安仁屋政武・高阪宏行（1987）：〈地理学講座2〉地理的情報の分析手法，248p., 古今書院.

北川建次 編（2004）：現代都市地理学，211p., 古今書院.

平 篤志（2005）：日本系企業の海外立地展開と戦略，209p., 古今書院.

富田和暁（1985）：地域的都市システム．最近の地理学（坂本英夫 編），pp.154-163，大明堂.

野村達郎（1992）：「民族」で読むアメリカ，241p., 講談社.

DeBres, K. and Sowers, J. (2009)：The emergence of standardized, idealized, and placeless landscapes in Midwestern main street postcards. *Professional Geographer*, 61：216-230.

Dostrovsky, N. and Harris, R. (2008)：Style for the Zeitgeist：The stealthy revival of historicist housing since the late 1960s. *Professional Geographer*, 60：314-332.

Friedmann, J. (1986)：The world city hypothesis. *Development and Change*, 17：69-83.

Harvey, D. (2003)：*Paris, Capital of Modernity*, 384p., Routledge［大城直樹・遠城明雄 訳（2006）：パリ，モダニティの首都，435p., 青木書店］

McKee, J.O. (1985)：*Ethnicity in Contemporary America*, Kendall Hunt.

Pred, A. (1977)：*City-systems in Advanced Economies*, Hutchinson.

> コラム11

スカイスクレーパー (skyscraper)

　アメリカ合衆国の都市と聞いて目に浮かぶのは，中心部に林立する高層ビル（群）の光景であろう．ニューヨーク，マンハッタンの超高層ビル群は，その典型である．2001年9月の同時多発テロの際も，その主要な標的となったのはマンハッタン島の南端部に建つ2棟の世界貿易センタービル（110階建て，1976年完成）であった．超高層ビルはアメリカ都市の象徴でもある．

　日本語で「摩天楼」ともいわれる高層ビルは，1880年代に出現した．英語で高層ビルを意味するskyscraperという語は，文字通りには「天をこするもの」という意味である．高層ビルの建設は，建築への鉄構造の導入とエレベーターの登場によって可能となった．地域的にはまずシカゴを中心に，より高く軽快で，かつ透明な建築スタイルが好まれ，1890年代にその最盛期を迎えた．1889年完成のタコマビル，1890年完成のライタービルはその代表である．他方，20世紀に入るとニューヨークにおいて，頂上に尖塔を置き，全体的に装飾をこらした折衷建築様式の高層ビルが流行した．シンガービル（1907年），ウルワースビル（1913年）がその代表例である．大恐慌が収まり1930年代に入ると第2期の黄金期が到来し，現在もその偉容を誇るクライスラービル（1930年）やエンパイアステートビル（1931年）が建設され，その高さを競った．

[平　篤志]

> コラム12

ロサンゼルス中心部の再開発とファッション地区

　アメリカ合衆国の都市では，一般に都心部とその周辺地区が衰退している．この国第2の大都市であるロサンゼルスも例外ではない．第二次世界大戦後，ロサンゼルスコミュニティ再開発局が中心となって，再開発事業が計画・実施されてきた．市役所の西に隣接するバンカーヒルは，近代的な業務・文化・住宅施設を備えた地区に生まれ変わった．また，市役所の東側のリトルトーキョーでも，再開発と歴史的建造物の保存が実施されてきた．

　これらの都心部の南に位置する地区は，近年，ファッション地区として活気を取り戻している．もともとこの地区は，第二次世界大戦前には鉄道関連施設，倉庫・流通関連施設，工場，青果物卸売市場などが集積して重要な役割を演じたが，戦後の郊外化の進展に伴って活力を失ってしまった．ところが近年では，移民の増加を背景として，豊富な低賃金労働力を利用した衣料縫製産業の成長が目覚ましい．写真1のように，自らのブランドを掲げた小規模なファッション関係の製造業者が軒を連ねる．かつての倉庫や工場など，多くの建物はファッションビルに姿を変え（写真2），メキシコ系などのヒスパニック労働者がミシンに向かって縫製作業に当たる．ファッション地区はロサンゼルス中心部の新しい顔になりつつある．

[矢ケ崎典隆]

写真1　衣料品の製造卸売業者がひしめくファッション地区

写真2　ファッションビルに生まれ変わった旧サザンパシフィック鉄道会社の建物

9 豊かな国の不平等と貧困

　第一次世界大戦以降，イギリスに代わって世界の政治経済をリードする地位を築いたアメリカ合衆国は，GDPなど様々な統計資料が示す通り，現在，世界で最も経済的に豊かな国である．しかし，実際に人々が住む街や人々の生活をみると，そこには日本以上に，富める人と貧する人との間に著しい格差がある．ビバリーヒルズに象徴されるような大豪邸の住宅地から10kmも離れていないところに，貧困に苦しむ人々の家が集まっていることも珍しくない．また，経済的には十分自活していても，自らのアイデンティティのために差別される人も少なくない．本章では，先進国の中で突出するアメリカ合衆国の貧困や不平等の現状とその背景について考えてみたい．

9.1　不平等の地理学

9.1.1　厳しい現実

　2009年に厚生労働省が発表した日本国内の貧困率は，メディアによって衝撃的に伝えられた．厚生労働省が提示した貧困率の算出は，OECD（経済協力開発機構）が発表する指標を用いており，貧困は「年間総所得が国内の1人当たり平均所得の半分以下である者」と定義づけられている．この算出結果によって国内人口の約15％が貧困層に該当することが明らかになり，戦後の日本が階級差の小さい社会であることを表現した「一億総中流社会」は，もはや幻想であることを改めて示す結果となった．近年になって「ワーキングプア」，「ネットカフェ難民」，「派遣村」などの言葉が日本で使われるようになったことからも，国内の貧困や経済格差の問題が対岸の火事ではないことが明らかである．

　日本の人々にとって自国の貧困率は衝撃的であったが，OECD加盟国内には日本よりも多く貧困層を抱える国がある．その最たる国がアメリカ合衆国である．プロバスケットボール（NBA）の大スターであったマイケル・ジョーダン（Jordan, M.J.）や現役プロゴルフ選手のタイガー・ウッズ（Woods, E.T.）は，様々な宣伝・広告スポンサーを得ることで何百億円もの大金を稼ぎ出している．また，コンピュータエンジニアのビル・ゲイツ（Gates, W.H.）は，パソコンOS（基本ソフト）のウィンドウズを開発して莫大な利益を挙げている．このように，アメリカ合衆国には世界でも有数の大富豪が幾人もいる．その一方で，この国は先進諸国の中でも突出して貧困率が高いことで知られている．街中を歩いていると，ホームレスとおぼしき人に小銭をせびられたり，一本隣の道路へ行くだけでそれまでとまったく異なる住宅の景観に遭遇したりすることが珍しくない．

　他国と比較してはるかに裕福なはずのアメリカ合衆国で，なぜこのような問題が存在するのだろうか．貧富の差はどのようなしくみで形成されるのだろうか．世界最大の経済力を誇るアメリカ合衆国に内在する不平等の問題を検討することは，地誌の課題の1つである．まず，統計資料をもとに，どのような所得格差や貧困が生じているかを，マクロスケール（州単位）からミクロスケール（都市内部）まで，異なる空間スケールで分析する．次に，どのような人々が不平等な立場にあり，それらがどのように変化したのかを，アメリカ合衆国の誕生から現在までの歴史的経緯より検証する．そして，地図に表現されにくい様々な不平等がどのような背景のもとに形成され，現在の経済や社会にどのような影響を及ぼしているかを，事例をもとに検討する．

9.1.2　地域と不平等の関係

　そもそも，現代世界において「不平等」とはどのようなものであろうか．ここで肝要なのは，「空間的差異」と「空間的不平等」の違いである．前

者は様々な事象に関する空間的な差異のうち，道徳的な問題が存在しないものである．他方で，後者は，空間的な差異が何らかの道徳的な問題を抱えているがゆえに平等でない状況が形成されていることを示す．

　これらの違いは何を意味するのか．アメリカ国内における地下資源を例に挙げて考えてみよう．鉄鉱石や石炭や原油など地下に埋蔵される天然資源は，世界各地で採掘地が異なるように，アメリカ国内でも不均等に分布している．これらは長い年月を経た自然の摂理によって生じた結果であり，鉱物資源の不均等な分布そのものが道徳的な問題を有しているわけではない．一方で，原子力発電に利用されるウランをはじめとして，鉱物資源の多くはアメリカ西部に点在するネイティブアメリカン（アメリカ先住民）の居留地内や周辺の地下に埋蔵されており，20世紀以降は各地で先住民を労働力として搾取しながら資源開発が進められてきた．先住民部族にとって，地下資源の開発は代々守ってきた聖地を破壊する危険性を伴う一方，雇用機会が限定され貧困に苦しむ居留地の経済を少しでも改善するための好機でもある．そのため，部族政府間でも対応が様々であった．州政府や大企業は，資源開発への投資はもちろんのこと，反対に迷惑施設（産業廃棄物処分場や核廃棄物の貯蔵施設など）の立地を受け入れた部族政府に対しても大金を投じた．しかし，受け入れを拒否した部族政府はこのような経済的恩恵を受けることがなく，近年では部族社会間の経済的な格差が目立ちつつある（詳細は鎌田，2009を参照）．

　ここで大事なことは，地下資源採掘の有無や迷惑施設誘致の認否を理由に投下される資本やサービスに差異が生じることで，「誰が」，「どのように」利益を得るか否かをめぐって格差が生まれ，部族社会が「（空間的）不平等」という道徳的な問題を共有することである．実際，アメリカ西部に分布する先住民居留地を比較すると，貧困の割合や経済力は部族政府によって様々である．地理学ではこれまで様々なデータを区分して諸事象の差異を地図化することが一般的に行われてきた．しかし，不平等に関する空間パターンを強調することは，地図化された不平等の背後にある根源的な問題の構造を見逃す危険性があり，安易な地図化による差異の表現には注意が必要である．

　地下資源の分布と先住民部族社会の関係を例に地域と不平等の問題について検討したが，アメリカ全体についてみると，国内における不平等の問題は大きく2つ（経済的要因と社会的要因）に分類できる．前者には貧困率だけでなく，所得格差なども含まれる．アメリカ合衆国には，都市の一画に何十億円もするような豪邸が建ち並ぶ地区がある一方で，簡素なモービルホーム（トレーラーハウス）に集住し，大型格安スーパーのウォルマート（Wal-Mart）での買い物に依存する人が多くいる（大塚，2007）．このように，居住者の経済基盤や属性などによって，地域で経験する不平等の実態は大きく異なる．経済的不平等が大きいほど，より如実な貧富の差が存在する．

　これに対して，社会的要因に起因する不平等とは，人種やエスニシティ，ジェンダー（性差）やセクシュアリティ（人間の性），国籍，職業，年齢，そして宗教などの個人のアイデンティティを理由に，一方を優遇して他方を不当に弱い立場へ強いることを指す．これは特定の人々に対して正義が為されないことから「社会的不公正」とも呼ばれる（本章ではこの表現を用いる）．長らくアメリカ合衆国の汚点とされた人種差別がなぜ大きな問題であったかといえば，差別そのものが人道的に罪であるという根源的な問題に加えて，肌の色の違いを理由にアフリカ系アメリカ人をはじめとする少数派集団が様々な権利を制限されていたからである．先に挙げた資源開発の例において先住民が搾取された背景にも，白人中心社会からみた先住民への蔑視があることは疑いの余地がない．近年の，男女の賃金格差や雇用機会不均等の問題なども，これに含まれる．

　地域経済や社会慣習と複雑に絡み合いながら形成され存続した経済的不平等と社会的不公正は，それらに抵抗する人々がより良い生活やあるべき姿を求めて活動することで，結果として地域の諸相を変化させてきた．例えば，人種や性差別が根

強く存在する都市とそうでない都市がある場合，差別に苦しむ人々は少しでも自由な環境を求めて移動する．20世紀前半に，多くのアフリカ系アメリカ人が南部から中西部や北東部へ移動した．このいわゆる大移動は，彼らが南部で経験した人種差別から逃れて工業労働者としての雇用を求めて移動したものであり，それまで主に農村に住んでいたアフリカ系アメリカ人は都市住民へと変化した．

また，近年では多くの州で，婚姻が男性と女性のパートナーシップによるものであることを州法で規定する動きが出ている．これはとりもなおさず，同性愛者たちにとって生活しにくい環境を生み出している．同性愛者たちが生活しにくい空間とは，自らのアイデンティティを公にしにくい抑圧された空間である．このような背景から，同性愛が比較的許容されている太平洋岸や北東部メガロポリスの大都市には，中西部や南部の諸州に比べ同性愛者が集住する傾向がある．

9.2 不平等の地域差

9.2.1 国際比較からみた貧富の差

経済的不平等を測る1つの指標としてジニ係数がある．ある地域に住む人々がすべて均等な収入を得ていたと仮定すると，理論上の平等な社会（ジニ係数は0）では人口の規模と所得配分の累進増が一致するため，人口と所得はグラフにすると等しい増加を示す．しかし，ある少数の人々が富を独占している場合，このバランスは大きく不均等なものとなる．ここでは，先進諸国が加盟するOECDが発表した最新の調査結果に基づいて，アメリカ合衆国の経済的不平等について検討してみよう．

OECDによると，データが収集されている1970年代以降，ジニ係数で表されたアメリカ合衆国の所得格差はOECD加盟国全体の平均値よりはるかに高い数値で，その差は年々広がりつつある（図9.1）．すなわち，アメリカ国内の貧富の格差は，OECD加盟諸国のそれよりもはるかに大きい．より詳細にみると，アメリカ合衆国の全所得者の上位10%が有する購買力平価は9万3000ドルで，OECD加盟国では最高である一方，下位10%の購買力平価はOECD諸国のそれより2割低い5800ドルにとどまっている（OECD, 2008）．つまり，最低位10%と最高位10%の所得者では，単純計算で実に16倍もの開きがある．

OECD（2008）ではさらに続けて，アメリカ合衆国における富の独占についても言及している．それによると，アメリカ合衆国の所得者の最高位1%は国の純資産のおよそ25～33%を専有し，最上位10%は約70%を専有している．一方，所得でみると最上位10%の人々は約28%を有している．こうした数値は，アメリカ合衆国における富の分配に大きな偏りがあること，すなわち経済的な不

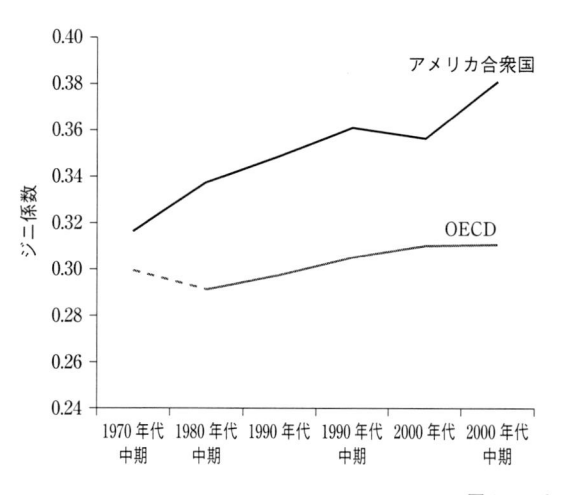

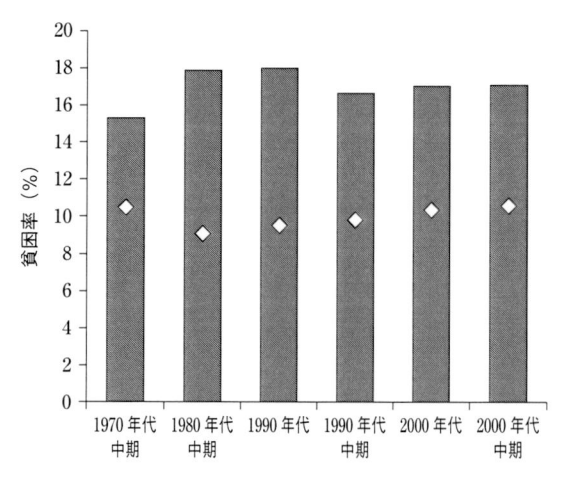

図9.1 ジニ係数の変化
左は所得格差，右は貧富の格差（棒グラフはアメリカ合衆国，◇はOECD）．OECD（2008）による．

平等が如実に存在することを示している．

　アメリカ合衆国には，なぜこのような不平等が存在するのだろうか．差別の存在，絶えることのない人口流入，不十分な富の再分配のしくみなど，様々な要因が絡み合って不平等な現実を作り出しているといえよう．

　移民がヨーロッパ各地，そして後に中部・南アメリカやアジア諸国からアメリカ合衆国へ大量に流入する過程で，貧困は避けて通れない問題であった．初期のヨーロッパ系移民が無一文に近い状況で新大陸に到着し，数々の苦労を重ねながら成功をつかんでいく「アメリカンドリーム」が強調された．これは，努力と勤労が成功をもたらすというメッセージである一方で，富と成功は自分でつかむもの（政府による支援はされない）という暗黙の了解が存在したことを意味する．アメリカ合衆国の資本主義社会の発展期である19世紀後半，巨額の富を築いた実業家が台頭したが，彼らの活躍の陰には低賃金による貧困や劣悪な労働環境を強いられた多くの労働者がいたことを忘れてはならない．

　このような状況を一変させたのは，フランクリン・ルーズベルト（Roosevelt, F.D.）大統領が1930年代に打ち出したニューディール政策であった．彼は1929年の株式市場大暴落を契機に深刻な世界恐慌へ陥ったアメリカ国民を支援するため，労働者の権利を認めるだけでなく，1935年に社会保障法を施行し，万人が保護されるよう努めた．これによって，貧しい人々を少しでも救う体制がアメリカ合衆国でも作られ始めたのである．

　しかし，時代とともに社会保障は縮小傾向に向かい，現在では先に挙げたような格差が再び広がっている．1970年以降，中間層および低所得者層では平均的な実質収入が下がったものの，富裕層では逆に収入が増加した．特に，1980年代のロナルド・レーガン（Reagan, R.W.）大統領のもとで「小さな政府」を目指す政策が次々に施行された影響は大きい．市場原理主義を尊重し，「自己責任」の名のもとで国家による個人の生活への介入を避ける流れが浸透した結果，富める者と貧する者の差が広がりをみせるようになり，所得格差は1980年代中期以降20％も広がった．OECD（2008）によると，アメリカ政府による富の再分配は他国政府の政策に比べて影響力が小さく，その背景には，失業保険や家族手当といった社会保険への政府支出が少ないことが存在する．

9.2.2　全国スケールの不平等

　9.2.1項で検討した貧富の差や富の独占は，あくまでアメリカ合衆国全体の数値であり，それだけでアメリカ国内の経済的不平等を理解したとは言い難い．アメリカ合衆国の経済格差は，国土が広いだけでなく経済活動や人口構成が地域によって多様なゆえに，不平等の様相も一面的ではない．したがって，ここでは地域スケールに応じた理解が重要である．以下では3つの地理的スケール（州別，郡別，都市内）に応じて経済的不平等を分析し，それぞれのスケールにおいてどのような地域差がみられるかを検討する．地域スケールによって入手できるデータの年度が若干異なるが，ここでは所得と貧困率のデータを用いて議論を進める．

　アメリカ合衆国の経済格差の全国的な特徴を知るために，まず州別のデータをみよう．2011年1月時点で入手可能な最新データによると，アメリカ合衆国の人口1人当たりの年間平均所得は3万9138ドル（2009年），年間家計平均所得は5万2029ドル（2008年）である（図9.2）．このうち前

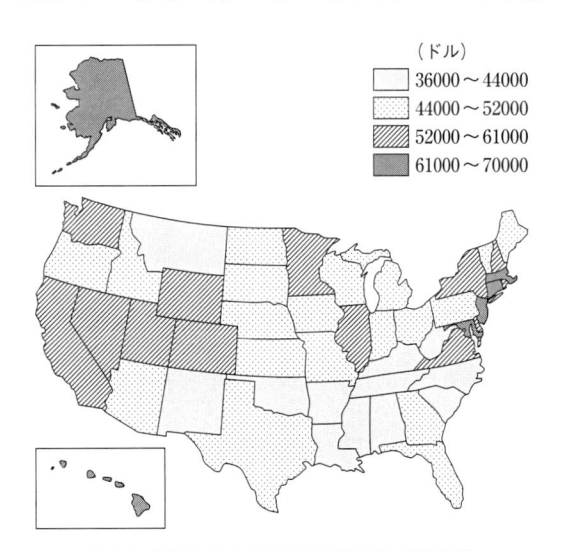

図9.2　州別にみた年間平均世帯所得（2009年）
2009 American Community Survey, U.S. Bureau of Censusによる．

者を州別に比較すると，1人当たりの年間平均所得が一番高いコネティカット州を筆頭に，ニュージャージー，マサチューセッツ，メリーランド，ニューヨーク州と続く．平均所得が高い州は，北東部のメガロポリス付近に集中する．一方，1人当たり年間平均所得が最も低い州はミシシッピ州であり，下からユタ，サウスカロライナ，ケンタッキー，アーカンソー州と続く．年間家計平均所得についても同様で，平均所得が低い州はおしなべていわゆる南部州に集中する傾向がみられる．最も平均値が高い州の1人当たり所得や世帯所得は合衆国平均の1.3〜1.4倍であり，平均値が最も低いミシシッピ州の約1.8〜1.9倍となっている．

一方，貧困の現状についてはどうであろうか．連邦政府センサス局は2000年から毎年American Community Surveyという調査を行っており，個人と家庭について法定貧困水準以下の総数と割合が示される．法定貧困水準以下と認定された個人と家庭は，2000年から2009年にかけてそれぞれ12.2%から14.3%，9.3%から9.7%（2008年）へと増加した．2009年のデータでみると，法定貧困水準以下の個人の割合が最も大きいのはミシシッピ州（21.9%）で，次いでアーカンソー，ケンタッキー，ワシントンD.C., ニューメキシコ，ウエストヴァージニア州（同率）と続く（図9.3）．家庭についても同様であり，法定貧困水準以下の家庭の割合が最も高いのはミシシッピ州（17.0%）で，ワシントンD.C., ルイジアナ，アーカンソー，ケンタッキー，ニューメキシコ州と続く．

反対に，法定貧困水準以下の個人や家庭が最も少ないのはニューハンプシャー州（8.5%）で，アラスカ，メリーランド，ニュージャージー，コネティカット州と続く．家庭についても同様で，ニューハンプシャー州を筆頭に，メリーランド，アラスカ，ワイオミング，ハワイ，ニュージャージー州の順である．

これらを総合すると，貧困の割合が高いのは，ミシシッピ，アーカンソー，アラバマなどのディープサウスと呼ばれる南部州，ニューメキシコ，ユタ，ネヴァダなどの西部の乾燥地域，そしてケンタッキー州東部からウエストヴァージニア州にかけてのアパラチア山脈の地域である．南部州において貧困率が高いのは，人口の過半数を占めるアフリカ系アメリカ人の所得が低く，公民権運動による人種差別廃止後も地域開発政策が彼らの生活改善に着実な成果をもたらさなかったことが大きい．乾燥地域も同様で，ネイティブアメリカンが多く住む地域では産業誘致の機会が少なかった．先住民居留地内に囲い込まれた彼らは，資本主義経済に巻き込まれる中で，自活できるだけの収入を得られる活動さえも限定され，多くの人々が今なお貧困に苦しんでいる．

9.2.3　州スケールの不平等

それでは，貧困率が高い州の内部ではどのような空間的差異がみられるのだろうか．法定貧困水準以下で生活する人々の割合が高い州では，貧困層が一様に分布するのだろうか．やや古いデータであるが，2000年合衆国センサスより得られたケンタッキー州の貧困率を郡別にみてみよう（図9.4）．アメリカ合衆国では市町村よりも郡（カウンティー）が地域行政の単位として重要な役割を果たしているため，この図も郡単位で示される．ケンタッキー州には120の郡があり，合計面積は日本の東北6県に匹敵する．東西と南北では異なる様相がみられる．

ケンタッキー州における法定貧困水準以下の人々の分布をみると，州の北部から中部にかけて

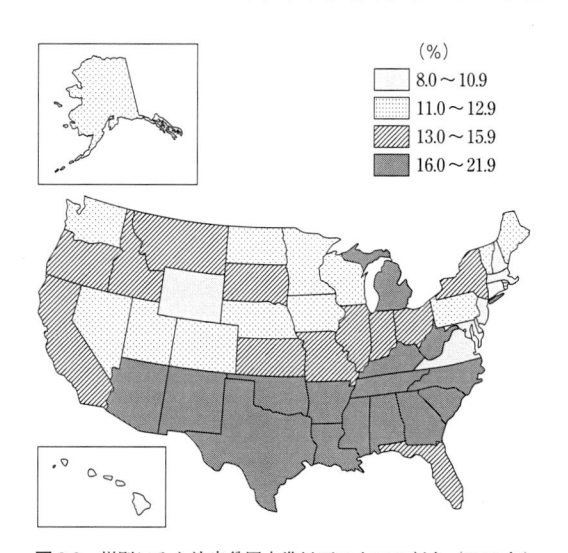

図9.3 州別にみた法定貧困水準以下の人口の割合（2009年）
2009 American Community Survey, U.S. Bureau of Censusによる．

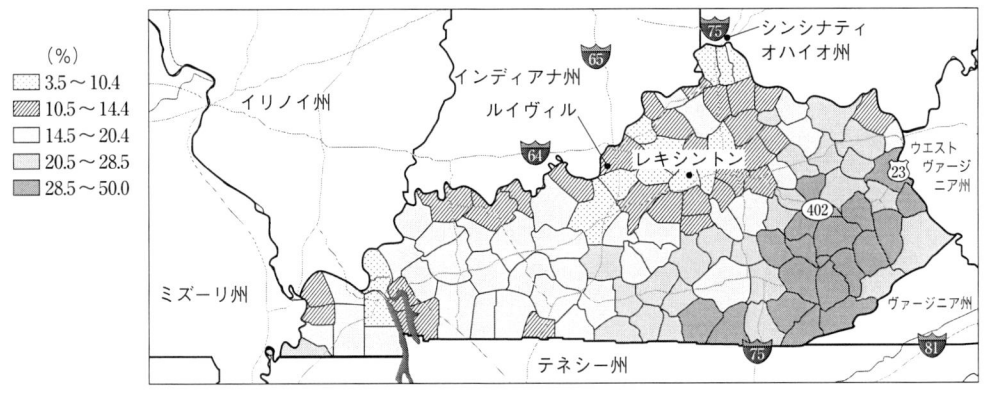

図 9.4 ケンタッキー州における法定貧困水準以下の人口の分布（1999〜2000 年）
Census 2000 Summary File Sample Data, U.S. Bureau of Census による.

はきわめて少ないことがわかる．なかでも中心都市であるルイヴル，レキシントン，オハイオ州シンシナティの3都市を結ぶブルーグラス地域は，ごく一部を除いて法定貧困水準以下の人々の割合が15%を下回っている．逆に法定貧困水準以下の人々の割合が高いのは州の南部で，とりわけ南東部で顕著である．これらはいずれもアパラチア山脈の一部をなしており，古くから深刻な貧困問題を抱えてきた地域である．

では，同じ州内でなぜこのように所得格差が存在するのだろうか．ケンタッキー州南東部に関しては，限られた雇用機会，主要産業の不振，平均賃金の低さ，教育水準などの要因が密接に絡み合うことによって，法定貧困水準以下の人々が多数を占める現状が作り出されている．この地域の主要産業は石炭採掘と木材加工であり，山がちな地形ゆえに大都市から離れており，経済発展が遅れたままである．

ここで，アパラチア地域の経済開発について触れておく必要がある．アメリカ合衆国で初めて本格的に貧困問題に取り組み始めたのは，1960年代のリンドン・ジョンソン（Johnson, L.B.）大統領である．ジョンソン大統領は前任者であるケネディ（Kennedy, J.F.）大統領の施策を受け継いだ．彼はケンタッキー州南東部のマーティン郡アイネズを訪れた際にみた，極度に貧しい人々の生活に衝撃を受け，議会に働き掛けて，1965年に連邦政府管理下でアパラチア地域委員会（Appalachian Regional Commission：ARC）を組織し，「貧困との闘い」に打ち勝つことを目指す地域開発の施策を実行した（図9.5）．ちなみに，現在アメリカ合衆国内で広く普及している公的医療保険制度（高齢者を支援するメディケアや，低所得層を対象としたメディケイド）は，いずれもこの頃に始まったものである．

標高は高くないものの，急峻な山と谷が連続するアパラチア地域では，主要都市の経済活動から離れており，結果として経済発展から大きく取り残される状況が長らく続いた．アパラチア地域には豊富な森林資源や鉱物資源が存在したものの，住民の多くは自らが生活する土地の地権を大企業に売却してしまったため，大企業が石炭採掘や森林伐採を自由に行うようになった．しかも，林業

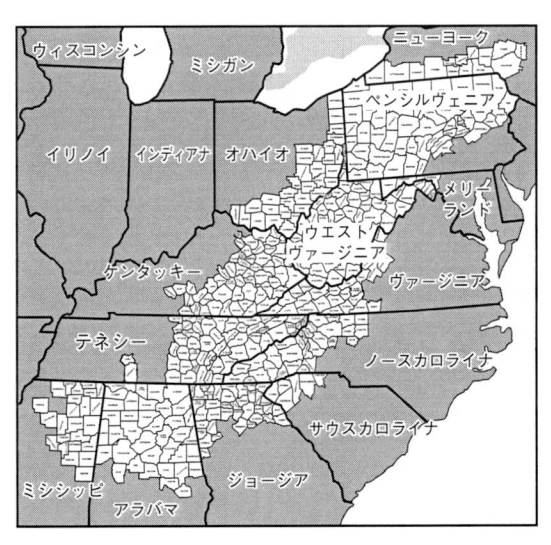

図 9.5 アパラチア地域
Appalachia Regional Commission（ARC）による.

9.2 不平等の地域差

については1960年代以降衰退傾向が続いており，アパラチア地域の雇用機会の損失に拍車をかけた．

他方，アパラチア地域外の人々は，同地域とその貧困に対して長い間偏見を持ってきた．「ヒルビリー（Hillbilly）」というやや蔑視的な用語が，アパラチア地域の人々を指して今も広く使われている．ジョン・ブアマン（Boorman, J.）監督の映画『脱出（*Deliverance*，1972年）』は，渓流下りを楽しみにアパラチア地域南部へ来た4人の男性が豊かな自然に驚嘆する一方で，たまたま遭遇した住民の貧しさと彼らの閉鎖性に戸惑うというコントラストを，見事に映し出している．

このように，閉鎖的で経済発展が遅れた地域であるという現実は，おそらくアパラチア地域の炭鉱業が最も如実に示している．二束三文で広大な山間地の採掘権を購入した大手石炭会社は，周囲に多様な雇用機会がないことを背景に，低賃金で住民を雇い，炭鉱経営で莫大な利益をあげた．他に移る場所がなく搾取される状況が続いた労働者は，賃上げや労働環境の改善を求めた．一方，経営者側は労働組合つぶしに力を入れた．このような激しい対立は，しばしば暴力を伴う闘争に発展した．1976年に発表されたバーバラ・コップル（Kopple, B.）監督のアカデミー賞受賞作品『ハーラン・カウンティー・USA（*Harlan County USA*）』は，1970年代にケンタッキー州ハーラン郡の炭鉱で生じたストライキから長期間続いた労使闘争を追い続けた，長編ドキュメンタリーの傑作である．

加藤（2002）は「アパラチア問題」といわれる低地域開発をめぐる問題の要因として，低所得，高失業率，都市化の未成熟，低教育水準，低い生活水準の5つを指摘している．1965年にARCが組織された後，インフラ整備が最重点課題とされ，小さな町をつなぐ道路が次々と建設された．自動車での遠距離通勤が可能となり，都市に就業する機会が増加したことで，高失業率は若干改善された．

しかし現在でも，アパラチア地域では石炭採掘が地域経済の基盤である状況に変わりはなく，今

写真9.1 山頂が平坦化したケンタッキー州西部の炭坑地

後どのように地域経済を発展させていくかが大きな課題である．効率的に採掘を行うため，近年では山頂一帯をすっぽり切り崩す石炭採掘法（mountaintop removal）の採用がアパラチア炭田地域で増えている（写真9.1）．この手法は本来の山間地の自然環境を大きく改変するものであり，環境保護団体や活動家から強く批判され，様々な抗議運動が行われている．

9.2.4 郡・都市スケールの不平等

では，同じ郡の内部において，貧困率はどのように異なるのだろうか．ここでは，ケンタッキー州第2の都市であるレキシントンを事例に，所得格差や貧困率の地域差について検討してみよう．法定貧困水準以下の人々の分布をセンサストラクト（センサス地区）でみると（図9.6），同じ市内でも中心地を挟んで南北で分布が大きく異なることがわかる．かつて市の中心部まで乗り入れていた市内の鉄道路線沿いは，古くから劣悪な住宅地とされ，低所得の人々が多く住んでいた（写真9.2）．また，市の南東部に法定貧困水準以下の人々が集住しているのは，ケンタッキー大学に通学する大学生が多数居住しているためとも考えられる．一方，市の外延に位置する面積の大きなセンサストラクトの多くでは，市内中心部付近に比べて，法定貧困水準以下の人々の割合はずっと低い．この地域には広大な面積を所有する競走馬育成牧場も含まれており，富裕層の割合が高い（写真9.3）．

貧困の要因を明らかにしようとする際にしばしば着目されるのは，どのような人々がそこに集住しているか（住民の属性）である．指標として用いられるのは，平均所得に加えて，ヨーロッパ系

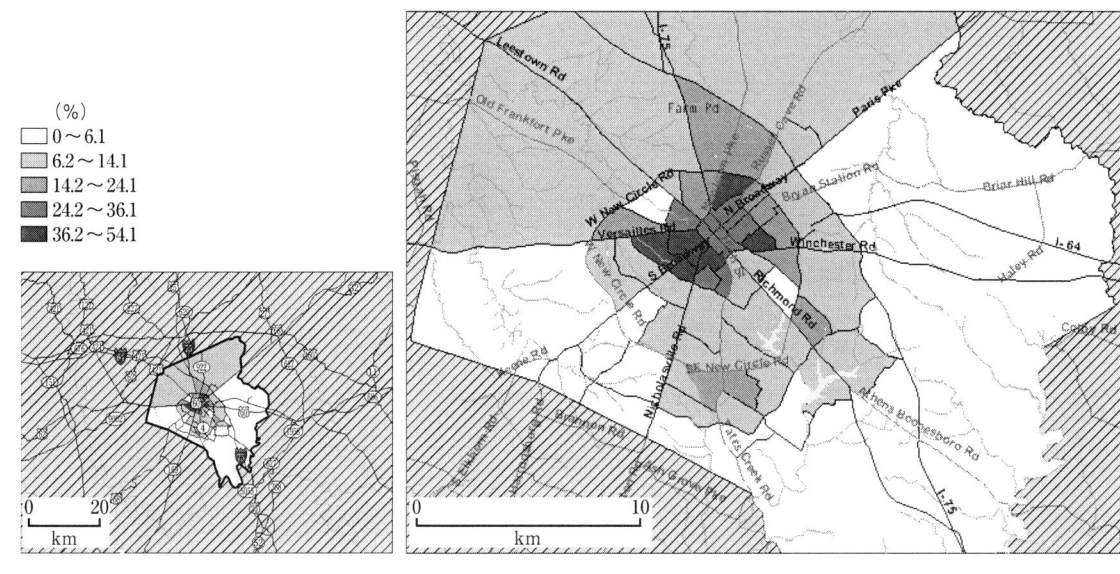

図9.6 ケンタッキー州ファイエット郡（レキシントン市）における法定貧困水準以下の分布（1999〜2000年）
Census 2000 Summary File Sample Data, U.S. Bureau of Census による．

白人，アフリカ系アメリカ人，アジア系アメリカ人やヒスパニック系といったエスニシティで，特定エスニック集団の集住が相対的な貧困（あるいは富裕）を高めていると解釈されることが多い．このような視点は，貧困が特定の集団に起因すると読み取られるため，安易な解釈には注意が必要である．なぜなら，貧困を引き起こす要因はエスニック集団自体ではなく，教育水準や就業状況や家族構成（片親世帯か否かや子どもの数）なども大きく影響しているからである．

実際，所得が低い状況で都市内部に生活する人々は，貧困状態ゆえの様々な困難に直面する．一般に，都心に近いほど地代は高くなるため，都心部の店舗で販売される食料などの日用品は，郊外のディスカウントストアやスーパーマーケットなどに比べて割高である．車社会のアメリカでは公共交通が十分整備されていない都市が多く，格安な商品を求めて郊外の商業施設へ行こうとしても，自家用車がない場合は利用できる交通手段が限定され，身の回りの店舗で買い物をせざるをえない．結果として，物価高の状況で生活すると出費がかさみ，貯蓄が困難になる．

さらに，都市内部で生活する低所得層は，なんらかの理由で銀行口座を持たない人が多い．アメリカ合衆国で銀行口座がない場合に困るのは，現金中心の生活が可能な日本と異なり，支払いなど

写真9.2 ケンタッキー州ファイエット郡（レキシントン市）にあるショットガンハウス
主に低所得層が生活する住居．

写真9.3 レキシントン市内のホースファーム
（競走馬育成用牧場）

9.2 不平等の地域差　　121

で一般的に使われる小切手が自由に利用できないことである．そのため，家賃や光熱費などの納付に必要な小切手が使えず，割高な代行業者のサービスに依存することになる．そうでなくとも，低所得で生活する場合は持ち合わせの現金が不足することが珍しくなく，請求書の支払いに対応するため貸金業を利用することも少なくない．当然のことながら，貸金業者からは利息が請求されるため，その都度必要以上の額を支払うことになる．つまり，都市内部で生活する低所得層は，同じ商品やサービスに対する出費が郊外に生活する中流層に比べて多く，富を蓄積して貧しい状況から抜け出すことが非常に困難なのである．

9.3 経済的不平等と社会的不公正

9.3.1 人種による差異

一般に「アメリカ人」というと，WASPと呼ばれるアングロサクソン系プロテスタントの白人がイメージされることが多かった．実際，建国時にはそのような人々がアメリカ人の大多数を占めていた．しかし，時代とともに西部以外のヨーロッパの出身者が増えるに従い，「ヨーロッパ系白人」も多様化が進んだ．さらに奴隷としてアフリカ人が連れてこられたし，低賃金労働者としてアジア人が移住した．主にメキシコからの人々を中心としたヒスパニック，合衆国建国以前から北米大陸に居住してきたアメリカ先住民などもいる．当然のことながら，肌の色だけでなく信仰や母語が異なる場合も多く，「アメリカ人」を構成する人種・エスニシティの多様化はますます進んでいる．

「アメリカ合衆国が移民により成立した」という表現の裏には，様々な非移民を排除した歴史が存在する．ヨーロッパ系移民（白人）が入植し，西へ進む過程でアメリカ先住民を迫害したことは周知の事実である．綿花プランテーションでの安価な労働力として大量に連れて来られたアフリカ人は，奴隷解放後も，長らく構造的な差別を受け続けた．同じヨーロッパ系移民の間でも，アングロサクソン系によってアイルランド系移民は差別され，後にイタリア系移民も差別の対象となった．ウエストヴァージニア州のアパラチア炭鉱で，最初は反目し合っていたアフリカ系・イタリア系・アイルランド系といった異なる集団の労働者たちが，次第に協力して経営者の搾取に立ち向かい暴力闘争に帰結する実話を描いた，ジョン・セイルズ（Sayles, J.）監督の映画『メイトワン1920（*Matewan*, 1987年）』では，労働者たちの憎悪が経営者に対する共闘へ変遷していく過程が，見事に描写されている．

異なる集団が反目することが珍しくなかった時代と比べて，現代では人種間でどのような差異がみられるだろうか．21世紀を迎えたアメリカ合衆国は，人口でみると依然としてヨーロッパ系（白人）が大多数を占める（第6章および第10章参照）．それ以外の人口集団については，統計上では主にアフリカ系（黒人），アジア系，ヒスパニックに分類される．いうまでもなく，これらの人々は出自も職業も多様である．しかし，トータルとして集団別にみた場合，人種の違いに応じて社会経済的地位の如実な差異がみられる（表9.1）．

一般的にみられる傾向として，ヨーロッパ系（白人）およびアジア系はアメリカ合衆国全体の平均値よりも個人・世帯所得や教育水準が高く，法定貧困水準以下の人口の割合はアメリカ合衆国全体の平均値よりも低い．特にアジア系は次世代への教育を重視してきた人が多く，その結果はアジア系人口の半数以上が大学卒業以上の教育を受けてきたことに裏付けされている．これに対して，アフリカ系やヒスパニックは，アメリカ合衆国全体の平均値に比べて個人所得や世帯所得が低く，法定貧困水準以下の人口の割合はアメリカ合

表9.1 人種別にみたアメリカ合衆国民の所得，貧困率，学歴の違い（2008年）

	白人	黒人	アジア系	ヒスパニック	合衆国平均
1人当たりの収入（ドル）	28502	18406	30292	15674	26964
世帯当たりの平均収入（ドル）	52312	34218	65637	37913	50323
法定貧困水準以下の人口（％）	11.2	24.7	11.8	23.2	13.2
大学卒以上の教育を受けた人口（％）	29.8	19.6	52.6	13.3	29.4

単位：The 2011 Statistical Abstracts, U.S. Census Bureau. (http://www.census.gov/compendia/statab/)（2011年1月26日閲覧）

衆国全体の平均値よりもはるかに高い．アフリカ系はヒスパニックに比べて大学卒業者の割合が高いにもかかわらず，法定貧困水準以下の人口はヒスパニックよりも多くなっている．

1960年代の公民権運動を経て，アメリカ合衆国にはアフリカ系の首長や政治家が少しずつ増加している．2008年の大統領選挙において，ケニア出身のアフリカ系とカンザス州出身のヨーロッパ系白人の混血であるバラク・オバマ（Obama, B.H.）氏が大統領に当選したことは，アメリカ合衆国民が同国の歴史上初めてアフリカ系の政治家を国家の代表者として選出した点で，画期的な出来事であった．しかしながら，アメリカ合衆国全体でみたとき，人種がもたらす社会的・経済的な差異は今も大きな隔たりを形成しているのである．

9.3.2 ジェンダーとセクシュアリティ

9.3.1項で肌の色が異なることによる差別や不公正の問題を取り上げたが，これらは人種に限ったことではない．ジェンダー（性差）やセクシュアリティも差別や不公正の対象となる．今でこそジェンダーと平等性が意識されているが，かつてのアメリカ合衆国は，他国と同様に明確な男女の分業が成立した社会であった．女性が社会に進出し，職を有するようになったのは比較的最近のことである．日本に比べると，アメリカ合衆国の女性は結婚・出産後も仕事を続ける人が多い．しかし，女性の賃金は平均して男性の7割程度であり，男女の賃金格差は依然として大きい．

他方，キリスト教の影響が強いアメリカ合衆国では，その教えを厳格に守ろうとする意識のために，長らく同性愛者が差別されてきた．1960年代後半の公民権運動によって，肌の色の違いだけでなく，性別・信仰・セクシュアリティ・職業など，あらゆる差別をなくす動きが進んだ結果，現在では同性愛者ということを理由とした差別は減少しつつある．しかし，少しずつ社会的認知が進んだとはいえ，それを拒む勢力（特にキリスト教右派を中心とした敬虔なキリスト教信者）がいる地域では，同性愛者が不当な扱いを受けることがある．また，男性中心の組織，例えばプロスポーツ界では，同性愛者が自己のアイデンティティを正直に語ることに対して強い反発を伴うことが今でもみられる．さらに，合衆国軍隊においては，つい最近まで「Don't Ask, Don't Tell（聞くな，語るな）」という，セクシュアリティの詮索や公表を禁じる方針が存在していた．すなわちこれは，同性愛者が自らのアイデンティティを公表すれば，兵役の任務を全うすることを拒否されることを意味するものであった．一個人としての尊厳を侵害されるような扱いを受けたことに対し，同性愛者権利活動家は強く批判していた．この差別的制約を撤廃する法案が2010年12月に連邦議会両院で可決され，オバマ大統領が法案に署名したことで，今後の改善が期待される．

このような中で，同性愛者の地域社会との関わりに着目した研究もみられる．都市社会学者リチャード・フロリダは，自らが「創造階級（creative class）」と呼ぶ人々が多く居住する都市を論じる上で，同性愛者の集住が1つの大きな特徴であるとしている（Florida, 2002）．すなわち，創造的な経済活動を実践するにあたり，同性愛者は自らのアイデンティティに対して自由でいられる寛容な場所（tolerance）を求め，そのような所ほど能力を発揮しやすくなるというのである．

フロリダの議論には批判も多くあるが，同性愛者に対して寛容な地域とそうでない地域があることは紛れもない事実である．2010年現在，アメリカ合衆国ではコネティカット，マサチューセッツ，ヴァーモント，ニューハンプシャー，アイオワの5州，そしてワシントンD.C.で同性同士の婚姻が法的に認められている．さらに，ニューヨーク，ニュージャージー，メリーランド，ロードアイランドの各州では，州内での同性同士の婚姻は法的に認められていないものの，他の法的管轄区域において認められた同性同士の婚姻を尊重する制度を採用している．他方で，アメリカ合衆国50州のうち31州では婚姻を「1人の男性と1人の女性によるもの」と規定している．自らのセクシュアリティを隠すことなく，一個人が普通に生活できる地域とそうでない地域が同一の国家に存在する現状は，社会的公正という視点から大きな課題を抱えている．

性をめぐって社会的公正と密接に関わる，アメリカ合衆国全体で常に大きな論争を呼ぶもう1つの課題が，妊娠中絶をめぐる問題である．1973年のロー vs. ウェイド裁判の結果，合衆国連邦最高裁は初めて妊娠中絶を合憲と判断した．それまで，アメリカ合衆国ではプロチョイス（中絶の選択を尊重する派）とプロライフ（胎児の生命を尊重する派）との間で激しい論争が繰り広げられてきたが，この判決によって，法律の上では，アメリカ合衆国で妊娠中絶を行うことが可能となった．しかし，ルイジアナ，ミズーリ，オハイオ，サウスダコタ，ユタ，ヴァージニアなどでは，州法を通じて独自の制限を設け，州内で中絶を行うことを事実上禁じている．その他の州でも，未成年の妊娠中絶に対して片親もしくは両親への告知・承諾を条件としていたり，中絶希望者に対するカウンセリングの受診を条件としていたりするなど，様々な制約が課されるところが多い．

アメリカ合衆国の多くの州で，このような厳しい制度が設けられている背景には，州内でキリスト教の影響が強く，それが州議会への法案作成の働きかけや議員の投票行動と密接に関係していることが挙げられる．他方，ワシントン州やニューヨーク州では，中絶を制限する条件はほとんど設けられていない（詳細は荻野，2001を参照）．ジェンダーの視点からは，アメリカ合衆国内には「住みやすい」，「住みにくい」地域の違いがみられるだけでなく，望まない妊娠を経験した妊婦という特定の状況にある人々に対する姿勢をめぐって，社会的不公正の地域差が如実に存在しているのである．

9.4 様々な不平等がもたらす諸相

9.4.1 購買力や社会サービス受給の格差

アメリカ合衆国は，先進国の中で公的な国民皆健康保険が存在しない唯一の国である．それゆえに，被雇用者は企業が提供する保険サービスの購入を選択するが，低所得層の多くは高額な民間の健康保険料金を支払えず，健康保険に加入しない人々が多い．マイケル・ムーア（Moore, M.F.）監督のドキュメンタリー映画『シッコ（*Sicko*, 2007年）』は，健康保険未加入者が直面する苦しい生活と健康への不安を撮り続け，国民皆保険がないアメリカ合衆国の医療保険制度の矛盾を暴き出している．

筆者がアメリカ合衆国の大学院に留学していた当時，ティーチングアシスタントを務める大学院生は，無償で大学が提供する健康保険に加入することができた．しかし適用外項目も多く，例えば歯科治療や眼科治療は含まれていなかった．そのため，親不知を抜いたりコンタクトレンズ購入用の検眼を受診するたびに，日本と比べて高額な料金を支払った苦い経験がある．また，この健康保険の適用対象は，被保険者である大学院生に限定されていた．このため，家庭を持つ大学院生は，さらに大きな負担を強いられていた．当時，妻と幼い子ども3人がいた年上のアメリカ人大学院生は，家族全員を健康保険に加入させることができなかった．彼が家族の健康に常に不安を抱えていた姿は筆者の記憶に強く残っている．

また，人は少ない収入で生活するときほど出費を抑えようとする．この点を巧みに利用してアメリカ合衆国内で広域に展開しているのが，格安スーパーやファストフード産業である．そもそもファストフードは，都市化の進展に伴う郊外化や自動車の普及にあわせて，「早くて便利で美味しい」サービスとして新たに始まったものである．女性の社会進出が普及するなか，時間をかけず，それほど高くない出費で人々の空腹を満たす役割をファストフードは担ってきた．しかし，アメリカ合衆国の大きな社会問題の1つとされる肥満の原因として，栄養バランスの悪化，とりわけファストフードによる栄養摂取が近年問題視されている．なかでも，家族を養う低所得層にとっては，安価な食事の選択としてファストフードをはじめとした加工食品に依存しがちである．モーガン・スパーロック（Spurlock, M.）監督が自らの1カ月間の体験を撮影したドキュメンタリー映画『スーパー・サイズ・ミー（*Super Size Me*, 2004年）』は，ファストフードを日常的に食べ続けることが心身に及ぼす様々な危険性を鋭く告発している．

肥満問題に関連して，アメリカ合衆国では近

年，農産物や食品に関する関心が高まっている．有機農産物の普及や，ファーマーズマーケットをはじめとした直売型の農産物購入機会の増加は，そうした例であろう（コラム6参照）．しかし，すべての人々がこのような施設で農産物を購入できるというわけではない．価格や立地などの問題から，低所得層がそのような機会から排除されている可能性もある．アメリカ合衆国におけるローカルフードに対する関心の高まりそのものを，エリート主義・白人主義の表れでしかないと断じる批判もある．

2005年に発生したハリケーン「カトリーナ」による災害は，不平等がもたらした現代のアメリカ合衆国における史上最悪の人災といっても過言ではないだろう．大西洋からメキシコ湾に向けて北上しながら勢力を増していったハリケーン「カトリーナ」は，上陸する頃には超大型のハリケーンとして甚大な被害をもたらすことが予想され，州政府の避難勧告を受けて多くの人々が内陸部の都市へ避難していった．ミシシッピ川河口に近く観光都市として広く知られたニューオーリンズは，ハリケーン「カトリーナ」の上陸によって市の北に位置するポンチャートレイン湖の堤防が決壊し，市街地が広範囲にわたって浸水の被害を受けた．

ここで問題なのは，この災害による犠牲者の分布は，おおむねニューオーリンズ市内の貧困地区と一致していたことである．犠牲者の多くは自家用車を持たず，飛行機に乗る資金もない貧しい人々であった．ニューオーリンズの街自体がゼロメートル地帯であり，常に洪水の危険性を持ちつつも，実際に犠牲となった人々には，避難する術も行く先もなかったのである．世界一の経済力を持つ国家が自然災害で1000人を超える被害者を出したことについて，国内外で批判が高まり，当時のブッシュ政権にとって大きな痛手となった．また，連邦政府が災害対策や貧困問題について見直すことにもつながった．

9.4.2 不平等を乗り越える試み

アメリカ合衆国には，先進諸国では稀にみる不平等が存在し，多くの人々が貧困に苦しんでいるにもかかわらず，なぜ暴動が起きることもなく，貧困と豊かさが共存しているのだろうか．その答えの1つとして挙げられるのは，アメリカ社会が多様性を自認し，様々な機会提供がなされていることである．「機会だけは開かれた社会」であることが，苦境や失敗から立ち直るきっかけを与えている（冷泉，2010）．例えば，日本では事業に失敗して破産宣告を受けると，即人生の終わりのように表現される．しかしアメリカ合衆国では，事業に失敗して破産宣告しても，死を考える人はまずいない．宗教的価値観の違いも根底にはあるが，努力すれば次なる機会が存在するという前提が，この国の活力を維持する役割を果たしている．

本章で取り上げた貧困をはじめとする不平等の問題についても，同様のことが言えよう．新自由主義（ネオリベラリズム）がアメリカ合衆国の政治経済に浸透していくなかで，連邦政府による福祉・社会保障関連の予算は年々削減されているが，限られた財源の中でもホームレスの人々には日本の自治体よりはるかに多くのシェルターが用意され，教会やNPOのリーダーシップのもと，ボランティアによる低所得層への支援も盛んに行われている．近年日本でみられるようなホームレスの人々を襲撃・暴行する事件は，アメリカ合衆国ではヘイトクライム（憎悪差別犯罪）として厳しく処罰される．

アメリカ農務省は低所得層の人々を対象に，フードスタンプと呼ばれる食料購入支援策を行っている．また，近年は栄養バランスを考慮して，ファーマーズマーケットでの青果物の購入を支援する，女性や乳幼児のためのクーポン（WIC）も配布している．これらから明らかなのは，アメリカ合衆国では，歴然とした貧富の差と貧困に苦しむ人が多数いることを認識した上で，困っている人々を支援してより良い方向性を目指す社会正義の意識が強く働いていることである．それは，国際機関や政府官庁のデータが発表されるまで国内の貧困問題を直視せず，自己責任での解決を求めてきた日本の姿と極めて対照的である．

世界の先進諸国と比べて貧富の差が突出して大

きいアメリカ合衆国では，州別でみると平均所得の格差が最大で2倍近くあり，さらに州内でみると郡によっても平均値に格差がある．本章では，地域スケールの大小にかかわらず，経済的不平等が空間的に存在することを確認できた．

　貧困や不平等の問題を理解する上で，注意しなくてはいけない点がある．それは冒頭で指摘したとおり，地図に現れた現象に一面的な解釈を施すのは極めて危険だということである．全国的にみれば，アメリカ合衆国にはメガロポリスの北東部と南部といった対照的な地域が存在する．これらの地域における貧困や不平等の問題の背景として，例えばアフリカ系アメリカ人の集住やヒスパニックの流入といった点も考慮されよう．しかし肝要なのは，地域の貧困をもたらしているのはアフリカ系アメリカ人やヒスパニックという出自やエスニシティではないということである．彼らが十分な教育を受けていない状況や，それゆえに低賃金の職にしか就くことができないという背景への理解が必要である．すなわち，社会的・経済的不平等の要因が複雑に絡み合って貧困が生み出されているのである．したがって貧困や不平等の問題を理解する際には，それが「どこ」で起きているかとともに「なぜ」，「どのように」起きているかを検討することが極めて重要である．

　2010年のアメリカ連邦議会は，低所得層への失業援助の継続の有無をめぐって大きく揺れ動いた．貧困や失業問題への対策について，共和党は自己責任やコスト増大の視点から反対しているが，民主党は経済不況の中で何百万人もの失業者を救うための予算出費が不可欠としている．不況から少しずつ脱却しつつあるようにみえるアメリカ経済においても，高失業率に直面している地域とそうでない地域で大きな違いがある．不平等がアメリカ合衆国の政治や経済を巻き込んだ問題であることを象徴しているともいえよう．

〔二村太郎〕

引用文献

大塚秀之（2007）：格差国家アメリカ──広がる貧困，つのる不平等．197p.，大月書店．
荻野美穂（2001）：中絶論争とアメリカ社会──身体をめぐる戦争．292p.，岩波書店．
加藤一誠（2002）：アメリカにおける道路整備と地域開発──アパラチアの事例から，194p.，古今書院．
鎌田　遵（2009）：ネイティブ・アメリカン──先住民社会の現在，209p.，岩波新書．
冷泉彰彦（2010）：アメリカは本当に「貧困大国」なのか？231p.，阪急コミュニケーションズ．
Florida, R. (2002): *The Rise of the Creative Class: And How It's Transforming Work, Leisure*, 434p., Perseus Books Group〔井口典夫 訳（2008）：クリエイティブ資本論：新たな経済階級（クリエイティブ・クラス）の台頭，484p.，ダイヤモンド社〕．
Organization of Economic Cooperation and Development (OECD) (2008): Growing Unequal? Income Distribution and Poverty in OECD Countries (http://www.oecd.org/document/53/0,3343,en_2649_33933_41460917_1_1_1_1,00.html).
U.S. Bureau of Census (2011): The 2011 Statistical Abstract: The National Data Book (http://www.census.gov/compendia/statab/).（2011年1月26日閲覧）

コラム 13

デトロイト —— 自動車産業と人種隔離の都市における盛衰と新たな再生

「アメリカ合衆国で最大の都市はどこか？」を聞かれたら，多くの人がニューヨークを挙げるだろう．では，「人種間の隔たりが最も大きな都市はどこか？」といえば，一番よく知られているのがデトロイトである．カナダの都市ウィンザーと河川を隔てたこの都市は，もともとフランス人毛皮商人の活動によって栄えた港町であった．1806 年に市制が施行されたデトロイトは，南北戦争後から工業を中心に経済発展が進んだが，本格的な変貌を遂げたのは 20 世紀初頭である．ヘンリー・フォード（Ford, H.）が組み立て工程による自動車の大量生産システムを確立したことを契機に，デトロイトでは，自動車産業が急速に発達した．その後，ゼネラルモーターズ社，フォード社，クライスラー社のいわゆるビッグ 3 が台頭し，デトロイトは自動車産業の都市として全米に広く知られるようになった．

しかし，デトロイトの経済発展がもたらしたものは，大手企業の成功とは裏腹な人種隔離であった．20 世紀前半に工業労働者として南部州から移動した多くのアフリカ系アメリカ人が自動車関連産業に従事するため都市内部に集住すると，彼らとの共生を好まないヨーロッパ系アメリカ人（白人）は郊外へ移動した．こうして，デトロイト大都市圏には，社会階層の異なる人々が同心円状に住み分けるドーナツ状の都市構造が生み出された．American Community Survey の 2005～2009 年人口推計によれば，デトロイトを含むウェイン郡は白人とアフリカ系アメリカ人の人口がそれぞれ郡人口（約 198 万）の 53％と 41％であるのに対し，デトロイト市内（人口約 91 万）だけに限定すると白人とアフリカ系アメリカ人の人口はそれぞれ 15％と 77％となっており，際立った隔離は現在も続いている．

アメリカ合衆国の経済を長らく牽引した自動車産業も，20 世紀後半に入ると次第に斜陽化が進み，新たな機会を求める労働者や知識階層は他の都市へ移動していった．その結果，一時は 200 万を超える人口を有したデトロイトでは人口が減少し，経済的に恵まれず移動するあてもない低所得層が多くを占めるようになった．低所得層が多いために税収も不足し，デトロイトは地域行政の運営にも支障をきたすようになった．幾度も行われたデトロイトの都心部開発事業はいずれも失敗に終わった一方で，同じミシガン州内でも，大学街のアナーバーや郊外都市アーバーンヒルズなどは裕福である．これらの豊かな都市とデトロイトとの間には，異常ともいえる明瞭な格差が存在するようになった．

中心産業の衰退という著しい変化を経験したデトロイトは，今後復活するのだろうか．近年，興味深い動きがみられる．多数の人口が流失したことで，市内には広い空き地が生まれ，これらを利用した都市農業が盛んになっている．ここでは都市農業が単なる空き地の利用として実践されているのではない．主に若年の失業者を対象に農作業を指導・実践することで，現金収入を得る機会をもたらすとともに，地域コミュニティのつながりを充実させることに役立っている．これらの活動は NPO（非営利組織）の地道な活動によるところが大きい．デトロイトは市内に大手系列のスーパーマーケットが皆無であるため，都市農業を通じて低所得層の栄養状況改善（豊富な野菜や果実の提供）を含めた地域食料保障の確立が試みられている．実際に，何百もあるコミュニティ農園が農業生産を営むことで，デトロイトで消費する野菜の 3 割以上を賄えるとの試算もある（Colasanti and Hamm, 2010）．地域に根ざした農園の普及は，市内の犯罪の減少をもたらしただけでなく，不動産価値の上昇も引き起こしている．アメリカ国内の様々な大都市がローカルな農産物供給を重視し，都市農業や市民農園の拡充を目指すなか，デトロイトでの活動は全米から注目を集めている．

アメリカ合衆国では，これまで数多の街が発展と衰退を経験してきた．上記のような地域の活動をみると，あらゆる可能性を見出し，その成功・実現のために多大な労力が投入されていることを忘れてはいけない．「地域再生」とは近年よく耳にする言葉だが，これは人口減少の著しい農山村だけの問題ではなく，デトロイトのように盛衰を経験してきた大都市にも当てはまるのである．

［二村太郎］

引用文献

Colasanti, K.J.A. and Hamm, M. W. (2010): Assessing the Local Food Supply Capacity of Detroit, Michigan. *Journal of Agriculture, Food Systems, and Community Development*. 1(2): 41-58.

10 変化する人口構成と地域
―― 高齢化とラテンアメリカ化

　アメリカ合衆国では，近年，人口構成が変化しており，それは地域の変化を引き起こす要因である．他の先進諸国と同様に，人口の高齢化が進んでいる．また，ヒスパニックは最大のエスニックマイノリティ集団であり，さらなる増加が見込まれている．本章では，このような人口の高齢化とラテンアメリカ化に着目する．10.1～10.2 節では，人口高齢化の特徴を検討し，高齢人口の分布に影響を与える高齢人口移動の動向に注目してみよう．10.3～10.4 節では，ヒスパニックの地理学的・人口学的特徴を踏まえた上で，アメリカ社会におけるヒスパニックの役割や，彼らが作り出す文化景観の特徴について考えてみよう．

10.1 人口構成の変化

10.1.1 人口の高齢化

　まず，人口ピラミッドを用いてアメリカ合衆国の人口構造の変化を確認しよう（図10.1）．1900年の人口は 7500 万であり，その中で最も多数を占めるのは 0-4 歳人口であった．年齢とともに人口は減少し，高齢になるほど人口は少ない．年少人口が人口の 34.4% を占める構造であった．1950年の人口は 1 億 5000 万で，半世紀でほぼ倍増したが，人口構造も変化した．35 歳以上は高齢になるほど人口が減少する形状を示すが，20 歳代が相対的に少なく，0-4 歳人口が突出している．これは 20 世紀初頭の不況や第二次世界大戦の影響によって 20 歳代の人口が少ないのに対して，第二次世界大戦後のベビーブームによって 0-4 歳人口が多数を占めたためである．また，1900 年に比べると 65 歳以上の年齢層も左右に幅が広がり，総人口に占める割合の高まりを読み取ることができる．さらに 2000 年になると，総人口は 2 億 8000 万に増加した．多数を占めるのが 35-39 歳，次いで 40-44 歳人口であり，この年齢層は 1946 年から 1964 年まで続いたベビーブームの最後の年齢層に当たる．そしてこの年齢層の子どもに相当する 10 歳前後の年齢層も比較的大きな割合を占める．同時に，65 歳以上の高年齢層の割合もいっそう大きくなっており，特に平均寿命の長い女性の占める割合が高まっている．

　このように高年齢層の人口が増加したのは，医療技術の進歩や社会福祉の充実などによって各年齢層の死亡率が低下し，高齢に至るまで生存することが可能になったためである．アメリカ合衆国の平均寿命は 1900 年の男性 46.3 歳，女性 48.3 歳から，2000 年には 74.1 歳，79.5 歳へと大幅に伸張した．

　その結果，アメリカ合衆国においても，他の先進諸国と同様に人口の高齢化が進んだ．高齢人口割合（総人口に占める 65 歳以上人口の割合）は，1900 年には 4.1% であったが 1942 年には高齢化社会の指標である 7% に達した．その後も高齢人口割合は増加を続け，1990 年に 12.6%，2000 年に 12.4% を占める．高齢化の進んでいるヨーロッパの国や日本の 2000 年の高齢人口割合は 15～17% 程度であり，アメリカ合衆国はそれよりもやや低い水準となっている．

　高齢人口割合が他の先進諸国に比べて低い水準になっているのは，高齢化の進行が緩やかであるためである．高齢化の進行をみる指標の 1 つに，高齢人口割合が 7% から 14% に達するのに要する年数（倍加年数）がある．表 10.1 は，世界で最も早い時期に 7% に到達したフランスやノルウェー，アメリカ合衆国とほぼ同時期に 7% に到達したオランダやカナダ，および日本の倍加年数を示している．19 世紀末に 7% に到達したフランスなどが 100 年前後の期間で 14% に達したのに対して，20 世紀半ばに 7% になったオランダやカナ

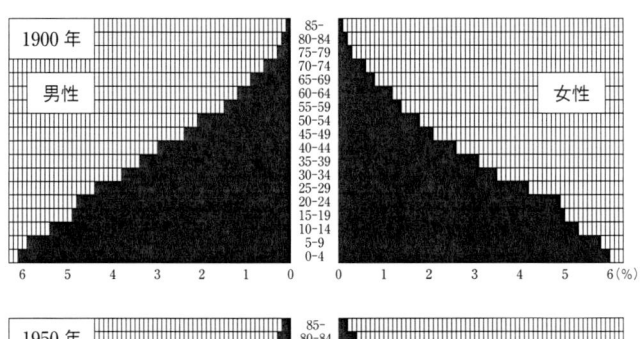

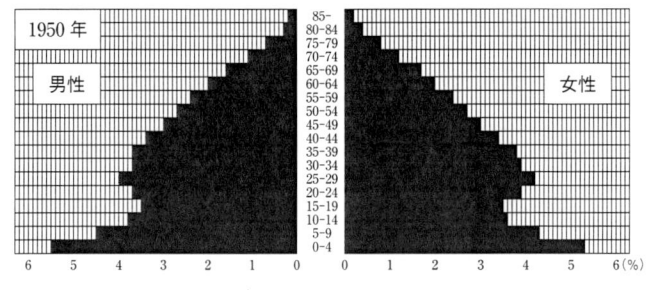

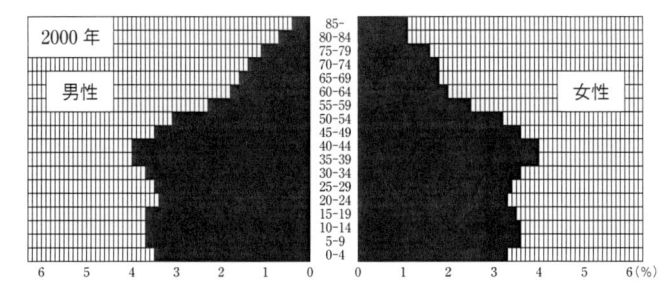

図10.1 人口ピラミッド（1900, 1950, 2000年）
各年次の人口センサスによる．

表10.1 主要国の65歳以上人口割合の倍加年数

国	65歳以上人口割合（到達年次）		倍加年数
	7%	14%	7%→14%
日本	1970	1994	24
ポルトガル	1951	1992	41
ブルガリア	1952	1993	41
ギリシャ	1951	1992	41
スペイン	1947	1992	45
オランダ	1940	2004	64
カナダ	1945	2010	65
アメリカ	1942	—	—
スウェーデン	1887	1972	85
ノルウェー	1885	1977	92
フランス	1864	1979	115

『人口統計資料集』による．

ダ，スペインなどは40～60年程度で14％に達している．日本はさらに短く，1970年からわずか24年で14％に達した．それに対して，アメリカ合衆国は1942年に7％に達したが約70年経過した現在も14％には到達しておらず，さらに1990～2000年の10年間には高齢人口割合がわずかに低下している．

このように高齢化の進行が緩やかであることはアメリカ合衆国の人口の大きな特徴である．その要因の1つが，第二次世界大戦後に起こったベビーブームである．ベビーブームは1946～1964年まで18年間に及んだ．2000年時点では，ベビーブームの初期に出生した者の年齢は54歳であり，高齢人口には含まれない．そのため，人口全体でみると高齢人口の割合は相対的に低く，生産年齢人口が多数を占める人口構造となっている．しかし今後，ベビーブーマーが高齢層に加わることに

よって，高齢化の進行は早まると思われる．

この他に重要な要因として移民の存在がある．アメリカ合衆国は建国以来，多くの移民を受け入れることで人口を増加させてきたが，移民の多くは比較的若い年齢で移動を行う．例えば，2000年の人口センサスの外国出身者に関する集計によると，アメリカ合衆国の国外で出生し，1990～2000年までの10年間にアメリカ合衆国に入国した者は1300万人に上るが，彼らの69％は2000年時点で15～44歳である．つまり，移民の大半は10～30歳代でアメリカ合衆国に渡っている．移民は民族構成を多様化させるのみでなく，年齢構造にも影響しているのである．

また，出生率も高齢化を抑制する要因となっている．多くの先進諸国では合計出生率（TFR）が2を下回り，親世代に対して子どもの世代が少ない人口構造となっている．それに対して，アメリ

カ合衆国全体の合計出生率は，人口の置換水準にほぼ等しい水準である 2.1 (2006 年) である．2000 年以降，1 年間の出生数が 400 万前後であるのに対して死亡数は 250 万程度で推移しており，毎年 150 万程度の自然増加をもたらしている．

移民や出生の状況は人種によって大きく異なるため，高齢化の進行も人種によって異なる（表 10.2）．ヒスパニックは移民の約半数を占め，合計出生率も 3.0 と高い．そのため非高齢人口が多数を占め，高齢人口の割合は特に低い（4.9％）．移民の約 4 分の 1 を占めるアジア系は 15-64 歳人口が多く，ヒスパニックに次いで合計出生率の高い黒人は 15 歳未満人口の割合が高いために，どちらも高齢人口の割合は低い水準にとどまっている．しかし，白人（ヒスパニックを除く）では移民の占める割合は小さく，合計出生率も 2 を下回る．そのため高齢人口割合は 15％に達しており，人種別にみた場合，最も高い．現在のアメリカ合衆国の高齢化は，白人を中心として進行しているのである．

10.1.2 人口高齢化の地域性

10.1.1 項で示した人口の年齢構造の変化は，アメリカ合衆国の国内でも地域的な差異を伴いながら進行している．図 10.2 に，アメリカ合衆国の各州における 65 歳以上の高齢者数と高齢人口割合を示す．まず分布に注目すると，1920 年には五大湖周辺の諸州およびカリフォルニア州に多い．地域別のシェアは，中西部が 36.2％，北東部が 29.5％，南部が 25.8％である．カリフォルニア州を除くと極めて高齢人口が少ない西部は全体の 5％を占めるにすぎなかった．その後，各州において高齢人口は増加するが，特にフロリダ州やテキサス州，カリフォルニア州で大幅に増加したため，1960 年には中西部と北東部のシェアはそれぞれ 30.7％，27.2％と低下し，南部が 27.7％，西部が 14.5％を占めるようになった．このような，北東部および中西部の相対的な減少と南部・西部の増大という変化は，サンベルトの成長を反映したアメリカ合衆国全体の人口分布変化と一致した傾向であるが，さらに，高齢者自身の居住地移動によって，フロリダ州やカリフォルニア州をはじめとするサンベルト地域に多くの高齢者が流入したことも重要な要因である．2000 年になると，カリフォルニア州 (360 万) が最も多く，次いでフロリダ州 (280 万)，ニューヨーク州 (240 万)，テキサス州 (207 万)，ペンシルヴェニア州 (192 万) と続く．西部や南部の州の高齢人口が増加したため，北東部と中西部のシェアはそれぞれ 21.1％，23.6％とさらに割合を低下させ，フロリダ州を含む南部が 35.5％で最大のシェアを有するようになった．カリフォルニア州とテキサス州を含む西部も 19.8％を占め，1920 年時点にみられた高齢人口分布の偏りは小さくなりつつある．

一方，人口に占める高齢人口の割合に注目すると，1920 年には総人口に占める高齢者の割合は 4.7％であり，まだ若年層の多い人口構造であっ

表 10.2 人種別の高齢化に関する指標（2000 年）

	0～14 歳人口割合 (％)	15～64 歳人口割合 (％)	65 歳以上人口割合 (％)	移民に占める割合* (％)	TFR**
全体	21.4	66.2	12.4	100.0	2.1
白人(ヒスパニックを除く)	18.7	66.3	15.0	17.4	1.9
黒人	26.4	65.5	8.1	6.6	2.2
アメリカ先住民およびアラスカ先住民	28.1	66.3	5.6	0.5	1.8
アジア系	19.8	72.4	7.8	23.1	}1.9
ハワイ先住民およびその他太平洋諸島民	26.5	68.3	5.2	0.3	
ヒスパニック	29.7	65.4	4.9	49.2	3.0

* 1990～2000 年に国外から移住した人口に占める各人種の割合．
** TFR のみ 2006 年のデータ．
Census of Population, National Vital Statistics Reports, 57-7, 2009 による．

図 10.2 州別の高齢人口分布と高齢人口割合（1920, 1960, 2000年）
各年次の人口センサスによる.

た．この時期に高齢人口割合の高かったのはヴァーモント州（8.4％），メーン州（8.1％），ニューハンプシャー州（8.0％）を含む北東部のニューイングランド地方であり，アメリカ合衆国における高齢化の先行地域であった．この地域はアメリカ合衆国の建国当初から人口が定着した地域であるが，その後も多数の移民を受け入れ都市化の進んだ沿岸部（現在のメガロポリス地域）に比べると移民の流入が少なく，初期定着者の加齢に伴って高齢化が進んだために，この時期にすでに7％を上回ることになったと思われる．

1960年になると総人口に占める高齢人口の割合は9.2％に増加した．高齢人口割合が7％を上回る州が43州となり，アメリカ合衆国の全域で高齢化が進行している．ニューイングランド地方のみでなく中西部でも高齢化が進行し，アイオワ州

（11.9％），ミズーリ州（11.7％），ネブラスカ州（11.6％）が高齢人口割合の上位を占めた．中西部ではこの時期に，他の地域に比べ生産年齢人口があまり増加しなかったために，高齢人口の割合が増大することになった．また高齢人口が大幅に増えた南部のフロリダ州でも高齢人口割合が高まった．

さらに2000年になると，総人口に占める高齢人口の割合は12.4％になり，すべての州で高齢化が進行した．最も高齢人口割合の高い州は多くの高齢者が流入するフロリダ州（17.6％）であるが，全体的には，北東部と中西部において高齢化が進行している．このことは先に指摘した移民の存在とも関連しており，高齢化の進んだ北東部や中西部は他の地域に比べ白人の割合が高くヒスパニックなどの占める割合は低い．

10.1 人口構成の変化

表 10.3 高齢人口移動の概要（1995〜2000 年）

	全年齢	非高齢人口	65歳以上計	65〜74	75〜84	85歳以上
人口（2000年）	289618527	220148839	34734844	18348433	12252211	4134200
移動総数	120759164	104953246	7902959	3885679	2683704	1333576
移動者の割合	41.7	47.7	22.8	21.2	21.9	32.3
自郡内移動	70168836	60720000	4719418	2248962	1665197	815259
シェア	58.1	57.9	59.7	57.9	62.0	61.1
州内移動	27024654	23630000	1697327	813174	564679	319474
シェア	22.4	22.5	21.5	20.9	21.0	24.0
州間移動	23575674	20603246	1486214	823543	463828	198843
シェア	19.5	19.6	18.8	21.2	17.3	14.9

移動者の割合（%）は期末時人口比，シェア（%）は移動総数に占める割合．
人口センサスによる．

10.2 高齢人口移動

10.1 節で検討した高齢人口の量的・質的変化には，居住者の加齢による増加（aging in place）と，高齢人口移動（居住地移動）による増加（net migration）という 2 つの要因がある．アメリカ合衆国では高齢者の居住地移動が多く，それが分布に与える影響も大きい．この高齢人口移動の現状を検討してみよう．

2000 年の人口センサスによると，65 歳以上人口のうち過去 5 年間に居住地を変更した者は全体の 22.8％を占める（表 10.3）．日本の国勢調査による同様の調査では，高齢者の移動率は 11.7％であり，アメリカ合衆国における高齢人口移動の活発さを理解することができる．高齢の移動者のうち，移動者の数は若いほど多いが，移動者の割合は高齢となるほど高く，85 歳以上の移動者は人口の 32％を占める．また移動の空間スケールに注目すると，同一郡内での移動が 59.7％を占め比較的短距離の移動が卓越するが，18.8％が州の境界を越えた移動を行っている．年齢階級別にみると，65-74 歳では州間移動の割合が高いが，年齢とともに自郡内移動の割合が高まる．また，高齢移動者の人種に注目すると，白人（ヒスパニックを除く）による移動が全体の 78％を占め，より長距離の移動である州間移動になると，その比率はより高まる（85％）．

それでは，高齢人口移動が活発なのはどの地域であろうか．表 10.4 は，高齢人口移動の転入と転出について，移動者数の上位 10 州を示している．

転入移動は，上位 10 州のうち 8 州が西部あるいは南部の州であり，特に，フロリダ州への転入は州間移動全体の 19.3％を占める．いわゆるサンベルト地域に含まれる州が高齢者の流入地域とな

表 10.4 高齢人口移動の主要な到着地および出発地（1995〜2000 年）

順位	到着地	転入数 （%）	順位	出発地	転出数 （%）
1	フロリダ	286808 （19.3）	1	ニューヨーク	149662 （10.1）
2	アリゾナ	95481 （6.4）	2	フロリダ	137368 （9.2）
3	カリフォルニア	94557 （6.4）	3	カリフォルニア	128728 （8.7）
4	テキサス	71373 （4.8）	4	イリノイ	73413 （4.9）
5	ノースカロライナ	50655 （3.4）	5	ニュージャージー	65878 （4.4）
6	ペンシルヴェニア	43599 （2.9）	6	ペンシルヴェニア	59483 （4.0）
7	ジョージア	42444 （2.9）	7	テキサス	53416 （3.6）
8	ニュージャージー	42405 （2.9）	8	オハイオ	51652 （3.5）
9	ネヴァダ	41857 （2.8）	9	ミシガン	48176 （3.2）
10	ヴァージニア	38977 （2.6）	10	アリゾナ	42240 （2.8）
	全体	1486214 （100.0）		全体	1486214 （100.0）

人口センサスによる．

コラム14

退職者のパラダイス——リタイアメントコミュニティ

　フロリダ州やアリゾナ州をドライブしていると，「55+ community」と書かれた看板をみかけることがある．これは，居住者を55歳以上に限定した住宅地域（リタイアメントコミュニティ）であり，10.2節で触れた高齢人口移動の到着地として，多くの高齢者を受け入れている．フロリダ州にあるサンシティセンターを事例として，リタイアメントコミュニティを紹介しよう．

　リタイアメントコミュニティの最も基本的な施設は住宅であり，サンシティセンターには4551戸の住宅がある（2000年センサス）．住宅はいくつかのタイプに分かれており，プールやガレージの数によって価格は異なる．サンシティセンターの場合，10万ドル程度から40万ドル程度で販売されている．

　リタイアメントコミュニティの多くは，高齢者が趣味やボランティアなど様々な活動を楽しみながら生活することを意図しており，それを実現するための施設が整備されている．サンシティセンターの場合，最も充実しているのがゴルフ場である．サンシティセンター内には140以上のホールが整備されており，ゴルフ場を取り巻くように住宅や道路が配置されている．さらに，室内・屋外のプールやテニスコート，ソフトボール用グランド，バレーボールコート，フィットネスルーム（写真1）などが整備されている．こうしたスポーツ関連の施設に加え，陶芸や模型制作，絵画など屋内活動のためのクラブハウスや図書館，コミュニティ活動の拠点となるセンターなども用意されている．

写真1 サンシティセンターのフィットネスルーム　　　　**写真2** 駐車場に並ぶゴルフカート

　コミュニティを東西に貫く幹線道路沿いにはショッピングモールがあり，小売店舗やサービス業が立地している．遠くまで外出することが困難となった高齢者であっても，コミュニティの中で生活に必要なものを購入することが可能である．ゴルフ場を中心とするリタイアメントコミュニティでは，ゴルフカートを移動の主要な手段として用いる者も多い（写真2）．

　高齢者の集まるコミュニティであるため，医療機関も重要である．敷地内には112床を有する病院があり，24時間体制の医療サービスを提供している．その他，タンパという大都市に近接しているため，そこに立地する専門的な病院や医療施設も利用可能である．さらに，サンシティセンターがオープンしてから40年以上が経過し，介護を必要とする者も増加しつつある．それらに対応するために，サンシティセンターの中にはインデペンデントリビング，アシステッドリビング，ケアサービスと，複数の機能を併せ持ったケア施設もある．ゴルフなどを楽しむことのできる状態から心身の状態が変化しても，サンシティセンターの近隣で段階に応じた介護を受けることが可能である．サンシティセンターは，退職後の一時的な娯楽の場として機能するのみでなく，地域全体が「終の棲家」として機能することによって，居住者に安心した生活を提供している．　　　　［平井　誠］

っている．フロリダ州やカリフォルニア州，テキサス州などは州の人口規模自体が大きいため移動数が多くなっている可能性もあるが，北東部や中西部の大規模州であるニューヨーク州やイリノイ州，オハイオ州などの転入数が多くないことを考えると，南部および西部の州が，その他の地域以上に高齢者を引きつける地域となっていることは明らかである．この要因として，冬の寒さが厳しく降雪もある北部に比べて，温暖な気候であることを挙げることができる．さらに，南部の州の中には高齢者の購買行動などによる地域経済への効果を見込んで，高齢者の流入を積極的に受け入れようとする州もある．そのような州では，高齢者の所得にかかる税金を徴収しないなどの優遇策をとっており，高齢者を引きつける要因となっている．

一方，転出移動は，最も移動数の多いニューヨーク州をはじめイリノイ州，オハイオ州，ミシガン州が上位10州に含まれる．これらは北東部・中西部の中でも五大湖周辺に位置する州であり，高齢移動の主要な出発地となっている．さらに残る6州（フロリダ州，カリフォルニア州，ニュージャージー州，ペンシルヴェニア州，テキサス州，アリゾナ州）は，転入移動の上位州にも含まれる州である．つまり，これらの州は高齢人口移動における主要な出発地であると同時に主要な到着地となっているのである．これらの州は以前から高齢者の流入を数多く受け入れてきた州であるが，近年では，フロリダ州やカリフォルニア州などの伝統的な到着地が，一度流入した高齢者を新たな流入地域へ送り出す「回転ドア」としての役割を果たすようになったことが指摘されている(Frey, et al., 2000)．転入移動と転出移動のどちらも多い州の存在は，この指摘を裏付けている．

さらに，州別・年齢別の純移動率を表10.5に示す．高齢人口移動全体でみると，ネヴァダ州とアリゾナ州をはじめとして西部や南部には転入超過の州が多い．これらの州では，温暖な気候や安価な生活費，様々な娯楽施設を備え安全面にも配慮された高齢者専用住宅地域の整備などが，他地域の高齢者を引きつけている．さらに，高齢者の転入は地域経済や税収面でも効果があるため，行政が積極的に高齢者を受け入れようとする場合も多い．一方，北東部や中西部の州では純移動率がマイナスで，転出超過の州が多い．このことは，先ほどの主要な出発地に北東部の州が多く含まれていたことと合致する傾向である．アメリカ合衆国では従来から，冬の寒さの厳しい北部からサンベルト地域への高齢者の移動が指摘されていたが，その傾向は現在も基本的なパターンとして維持されていると言えよう．

しかし，年齢階級別に純移動をみてみると，いくつかのパターンがあることが分かる．南部・西部の州の中には，アリゾナ州やジョージア州，ネヴァダ州のように，すべての年齢階級で転入超過を示す州もあるが，アラバマ州やミシシッピ州のように，高齢期の前半は転入超過であるが，年齢の上昇とともに転出超過へ転じる州もある．一方，北東部・中西部の州の中には，すべての年齢階級で転出超過を示すイリノイ州やマサチューセッツ州，ミシガン州などの他に，ロードアイランド州やコネティカット州などは，高齢期の前半は転出超過であるが，年齢とともに転入超過に変わっている．つまりアメリカ合衆国の高齢人口移動は，北東部や中西部での転出超過と南部や西部の転入超過が基本的なパターンであるが，このパターンは年齢とともに変動する．年齢層が上がるにつれて，南部や西部の州では転入超過から転出超過へ変わる州が現れ，北部や東部の州ではそれに対応するように転出超過から転入超過へと変わるのである．

このように年齢の上昇とともに転入超過・転出超過の状況が変わることは，高齢人口移動のライフコースモデルと関連づけて理解することができる．ライフコースモデルによると，高齢期の移動は3つの段階に区分される．まず高齢期の比較的早い時期に，高齢期の生活を楽しむために行う移動が第1の移動である．本人や配偶者の心身に変化が生じたり死別した場合に，家族や親類の支援を受けるために移動するのが第2の移動である．さらに，年を重ね介護が必要となった場合に介護施設などへ移動するのが第3の移動である

表 10.5 州別・年齢別の純移動率（%）（1995〜2000 年）

	65 歳以上計	65〜69 歳	70〜74 歳	75〜79 歳	80〜84 歳	85 歳以上
北東部						
メーン	0.90	0.29	0.10	1.00	1.43	3.08
ニューハンプシャー	0.49	−0.18	0.35	0.62	−0.09	2.63
ヴァーモント	0.02	−0.44	−0.69	−0.40	0.86	2.20
マサチューセッツ	−1.68	−3.25	−1.86	−0.93	−0.69	−0.70
ロードアイランド	−0.49	−1.96	−0.85	−0.50	0.65	1.41
コネティカット	−2.02	−5.29	−2.60	−1.34	0.47	1.05
ニューヨーク	−4.66	−6.32	−4.79	−3.39	−3.54	−4.19
ニュージャージー	−2.11	−4.31	−1.97	−1.24	−0.93	−0.55
ペンシルヴェニア	−0.83	−1.36	−0.92	−0.53	−0.66	−0.27
中西部						
オハイオ	−1.23	−2.47	−1.36	−0.71	−0.19	−0.32
インディアナ	−0.84	−2.13	−1.14	−0.26	0.59	0.03
イリノイ	−2.87	−4.94	−2.61	−1.98	−1.72	−1.91
ミシガン	−1.80	−2.98	−2.16	−1.13	−0.85	−0.62
ウィスコンシン	−0.56	−1.37	−0.88	−0.32	0.05	0.53
ミネソタ	−1.03	−2.57	−1.50	−0.91	0.31	0.93
アイオワ	−1.13	−1.81	−1.44	−1.02	−0.86	0.06
ミズーリ	0.07	0.31	−0.03	0.24	0.16	−0.63
ノースダコタ	−1.64	−1.48	−1.23	−1.17	−2.43	−2.29
サウスダコタ	−0.23	−0.51	−0.35	−0.10	0.04	0.00
ネブラスカ	−0.81	−1.52	−1.01	−0.66	0.14	−0.42
カンザス	−0.12	−1.32	−0.47	0.52	0.64	0.86
南　部						
デラウェア	2.63	5.33	2.04	1.58	−0.16	2.14
メリーランド	−0.73	−3.30	−1.51	0.09	1.78	2.94
ワシントン D.C.	−7.42	−6.96	−5.31	−5.97	−7.89	−14.70
ヴァージニア	0.88	0.16	0.70	0.77	1.33	2.88
ウエストヴァージニア	−0.34	0.51	−0.19	−0.26	−0.90	−2.16
ノースカロライナ	2.16	3.16	1.75	1.24	1.86	2.52
サウスカロライナ	3.25	5.61	2.87	1.56	1.90	2.26
ジョージア	1.77	1.62	1.34	1.85	2.17	2.55
フロリダ	5.32	11.06	6.49	3.16	0.78	−0.36
ケンタッキー	−0.28	0.11	0.07	−0.27	−0.71	−1.58
テネシー	1.49	1.97	1.20	1.23	1.40	1.51
アラバマ	0.52	1.36	0.90	−0.05	−0.01	−0.85
ミシシッピ	0.71	2.25	1.28	−0.34	−0.12	−1.55
アーカンソー	0.67	3.55	0.65	−0.46	−1.51	−1.64
ルイジアナ	−0.48	−0.50	−0.52	−0.54	−0.18	−0.54
オクラホマ	0.24	0.92	0.29	0.01	−0.41	−0.37
テキサス	0.87	0.70	0.72	0.82	1.27	1.30
西　部						
モンタナ	0.74	0.78	0.20	0.91	0.87	1.29
アイダホ	1.92	3.15	1.26	1.32	1.95	1.45
ワイオミング	−0.05	−0.87	−0.22	0.02	−0.48	2.65
コロラド	0.48	−0.52	−0.44	0.12	2.10	3.83
ニューメキシコ	1.18	2.78	0.72	0.25	−0.06	1.09
アリゾナ	7.97	13.18	8.72	5.76	3.46	2.16
ユタ	1.10	0.99	0.81	1.15	1.31	1.69
ネヴァダ	10.14	12.52	10.52	8.45	7.00	8.04
ワシントン	0.18	−0.73	−0.62	0.09	1.13	2.67
オレゴン	0.31	0.88	−0.38	−0.43	0.63	1.33
カリフォルニア	−0.95	−2.10	−0.87	−0.49	−0.32	−0.02
アラスカ	−4.00	−7.85	−4.19	−3.55	0.69	5.88
ハワイ	−0.59	−1.08	−0.33	−0.52	0.33	−1.34

人口センサスによる．

(Litwak and Longino, 1987).

移動率の地域性にみられる変化も，高齢期の初期段階では温暖な気候の下で老後の生活を楽しむために南部を主要な到着地とする移動が発生したが，さらに年齢を重ねた後に家族や親類の居住する地域へ再移動を行ったために，南部の州では転入超過から転出超過へと変化し，北東部や中西部では高齢後期の転入超過と転じたものととらえることができよう．この過程の中で，高齢者を受け入れ，さらに送り出す「回転ドア」の役割を果たす州では，転入と転出のどちらも数多く発生することになる．85歳以上になると自郡内の移動が多数を占めるのは，近隣の施設へ向かう第3の移動が発生しているためと考えることができる．

このように，アメリカ合衆国における人口の高齢化は緩やかに進行しているが，高齢者自身による居住地移動はかなり活発であり，それによって高齢人口の分布や高齢化の進展に地域的な差異が生じている． 　　　　　　　　　　　　　　［平井　誠］

10.3　増加するヒスパニック

10.3.1　ヒスパニックとは

アメリカ合衆国におけるヒスパニックの存在感は，日々増加の一途をたどっている．昨今の大統領選挙でも，ヒスパニック票をいかに取り込むかが候補者陣営にとって重要な課題になるほどである．そもそもヒスパニックとはどのような人々なのであろうか．アメリカ合衆国のセンサスに「ヒスパニック/ラティノ（Hispanic/Latino）」という分類指標が登場する．人種（race．自然人類学的分類）の調査項目に含まれているものの，ヒスパニック/ラティノは自然人類学的特長ではなく文化的共通項，すなわちエスニシティによって分類された人々の集団である．

ヒスパニックあるいはラティノと呼ばれる人々は，「スペインやラテンアメリカの伝統を共有する」という点で共通している．そもそもヒスパニックという用語には，スペイン起源の文化遺産を共有する人々という意味がある．かつてラテンアメリカの広範な地域はスペインによる植民地支配を受け，その当時の伝統を現在でも受け継いでいる．その伝統の1つがスペイン語であり，ヒスパニックという用語にはスペイン語話者というニュアンスが含まれている．それに対してラティノは，より限定的な意味で用いられ，ラテンアメリカ出身者と，その子孫でラテンアメリカ起源の文化を共有する人々を意味する．ラティノはメキシコ出身者の多いアメリカ西部で用いられる傾向にある．いずれにしても，一括りのエスニック集団に分類される彼らであるが，当人たちが自らをヒスパニックやラティノとして認識しているかというと，必ずしもそうではない．むしろ彼らは，キューバ系，グアテマラ系，コロンビア系のように，それぞれの出自により詳細に自己定義している．したがってヒスパニックあるいはラティノは，あくまで彼らが生活するホスト国アメリカ合衆国で再構造化されたエスニック類型であるといえる．

10.3.2　存在感の増すヒスパニック

ヒスパニックは近年著しく増加している．1970年時点では960万人であったが，30年後の2000年に2240万人まで増加した（図10.3）．この間，全人口比も4.7%から12.5%に上昇した．2000年のアフリカ系黒人の割合が12.2%であるので，この時点でアメリカ合衆国最大のエスニックマイノリティ集団の地位が，アフリカ系黒人からヒスパニックに移ったことになる．センサス局はヒスパニックが今後も増加を続けると予想しており，その数は2050年までに1億人を超え，全米人口の実に4分の1近くに達すると推計している．

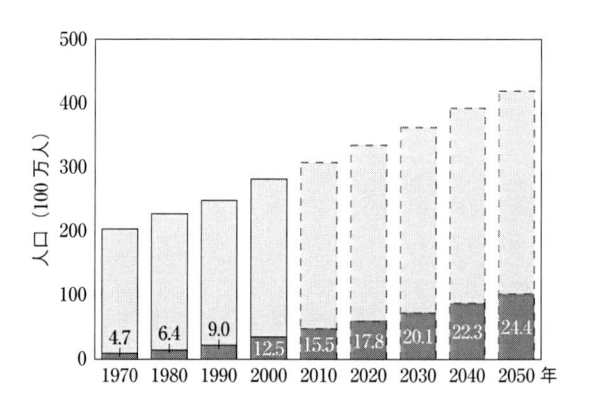

図10.3　人口推移におけるヒスパニック（1960～2050年）
□ヒスパニック以外の人口，■ヒスパニック（数字は全体に占める%）．2010年以降は推計値．
U.S. Census Bureauの各センサスおよび人口推計値による．

ヒスパニックの分布には，2つの地理的集中傾向をみてとることができる．1つがラテンアメリカに地理的に近接する南西部から南東部にかけての集中，もう1つが大都市への集中である（図10.4）．ヒスパニックが特に集中するのは，メキシコと国境を接する南西部のカリフォルニア，アリゾナ，ニューメキシコ，テキサス諸州の郡である．そのなかでも大都市にあたる郡ではヒスパニックが50万人以上に達する．最多のヒスパニックを擁するのがカリフォルニア州のロサンゼルス郡で，その数は473万人（2009年）に達する．南東部のフロリダ州は，カリブ諸国と海路で近接するという地理的条件のために，ヒスパニックが集中しやすい．北部はラテンアメリカから距離的に離れるため集積の程度は弱いが，ニューヨークやシカゴなどの大都市にはヒスパニックが多い．

　人口構成比で集積の程度をみた場合，ラテンアメリカからの距離という地理的条件の重要性がより鮮明になる．郡別のヒスパニック比率を示す図10.5は，ヒスパニック比率とアメリカ南西部の国境からの距離に相関があることを示している．ヒスパニックが人口の50%以上を占める郡は2009年現在で84郡存在するが，その分布はメキシコと国境を接するカリフォルニア，アリゾナ，ニューメキシコ，テキサスの諸州にほぼ限定される．25%以上の郡の分布も，これら4州とその周辺が中心となる．4州以外で50%以上を示す郡は，太平洋岸北部の農業地帯で食品加工工場が立地するワシントン州の2郡（フランクリン，アダムス），中西部で同じく巨大なフィードロットと食肉加工工場が立地するカンザス州セワード，北東部でプエルトリコ系の集住で名高いニューヨーク州ブロンクス，南東部でマイアミ国際空港が立地しキューバ系が人口の半数弱を占めるフロリダ州マイアミ・デードに限定される．これら5郡はヒスパニックの地理的分布の新旧傾向を示す典型である．前者3郡は，近年ヒスパニックが食品加工業に就業機会を求めて農業地域に進出しつつある新しい傾向を象徴する．後者2郡は大都市内部に伝統的に形成されてきたヒスパニックの集住地域「バリ

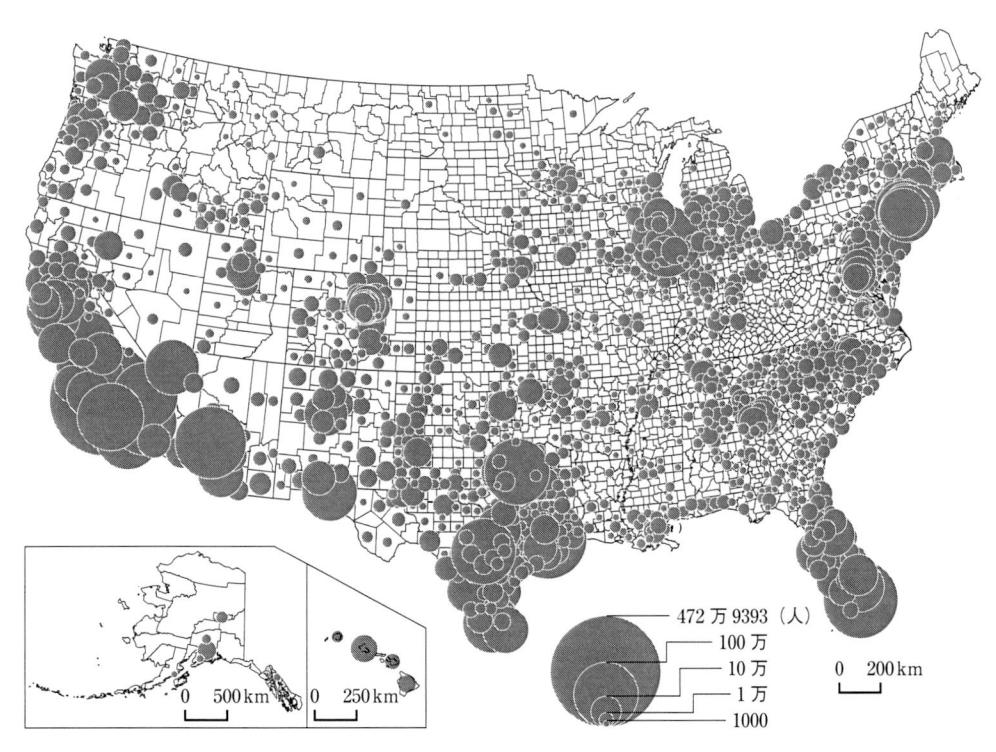

図10.4 ヒスパニックの郡別実数（2009年）
ヒスパニック1000人以上の郡のみ表示．
U.S. Census Bureau, Population Estimates による．

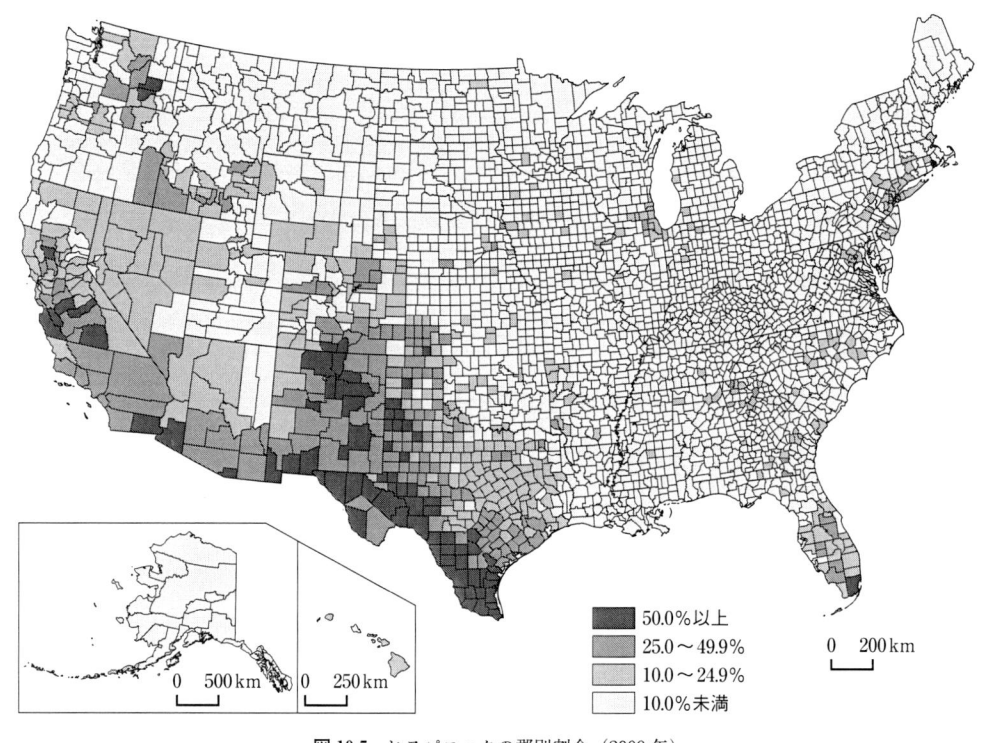

図 10.5 ヒスパニックの郡別割合（2009 年）
U.S. Census Bureau, Population Estimates による.

凡例：
- 50.0%以上
- 25.0〜49.9%
- 10.0〜24.9%
- 10.0%未満

オ」の存在を象徴する．

　そもそもヒスパニックは，都市を生活の拠点として，都市的なサービス活動に従事してきた．そして鉄道などの交通網を経由して内陸の工業都市や交通の要衝へ進出した．しかし前述のように，最近ではヒスパニックがこれまで進出してこなかった地域へ分散する傾向にある．その傾向を示すのが図10.6の郡別の増加率である．もともとヒスパニックの増加は南西部の国境地域を中心とする伝統的集住地域で顕著であったが，1990年代には，それまでヒスパニックの少なかった中西部，南部へ増加地域が分散する傾向がみられるようになった．ヒスパニックは，中西部や南部における中小都市のサービス業，農業地帯の食品関連工場に就業機会を求めるようになったのである．図10.6は中西部，南部での増加が2000年以降も継続していることを示しており，特に南部のジョージア州，ヴァージニア州には増加率100%を超える郡が多数存在する．2000年以降の新しい傾向は，太平洋岸，西部（ニューメキシコ州を除く）や北東部で増加地域が分散傾向にあることである．

10.3.3　出自でみるヒスパニック

　ヒスパニックのサブグループによる地理的分布傾向の違いにも特徴がある．その差異を生む重要な要因が，彼らの出身地との地理的近接性である．2008年時点でヒスパニックが100万人を超える9つの大都市圏（MSAs：metropolitan statistical areas）の人口構成比を図10.7に示す．メキシコと国境を接するカリフォルニア，アリゾナ，テキサス各州の6都市では，陸路での近接性を反映してメキシコ系の占める割合が高い．フロリダ州のマイアミは，メキシコよりカリブ諸国に近いため，キューバ系の占める割合が16.6%に達する．北東部のニューヨークと内陸のシカゴの場合，ラテンアメリカとの距離が大きいため，ヒスパニックが全体に占める割合こそ4分の1に満たないが，シカゴではメキシコ系が最大のヒスパニックである．かつてメキシコ系は鉄道網を介して内陸の工業地帯へ労働者として移動したが，シカゴにおけるメキシコ系の存在は，内陸交通の要衝としてのシカゴの地位を反映しているといえる．それに対してニューヨークでは，メキシコ系はわ

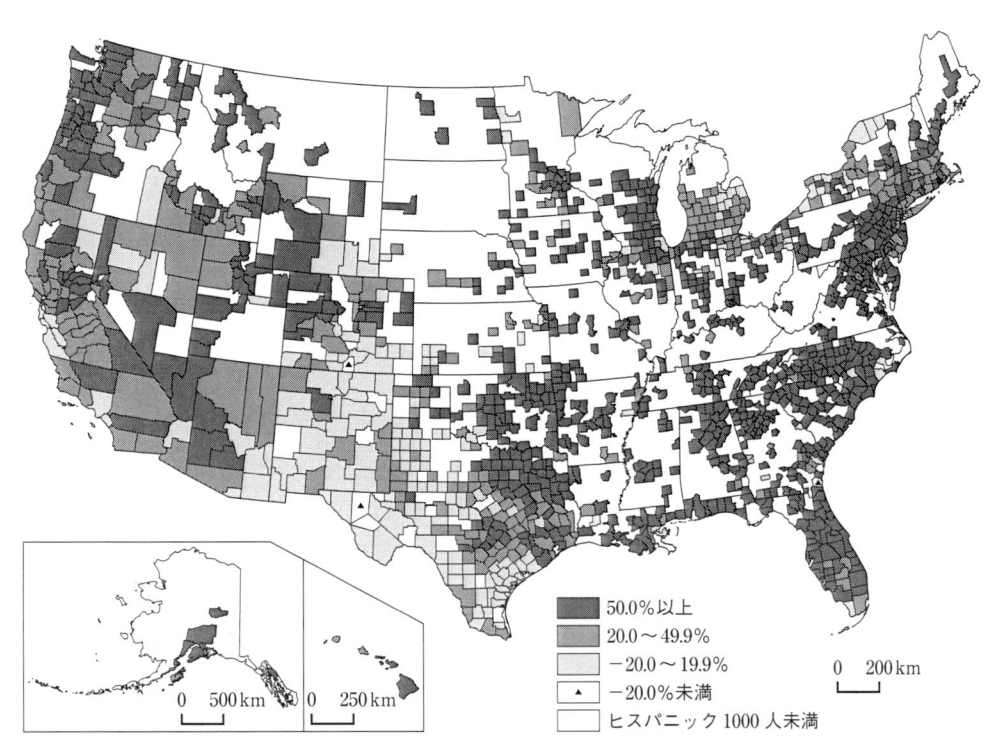

図 10.6 ヒスパニックの郡別増加率（2000～2009 年）
ヒスパニック 1000 人以上の郡のみ表示．
2000 年は Population Estimates 修正値，2009 年は Population Estimates による．

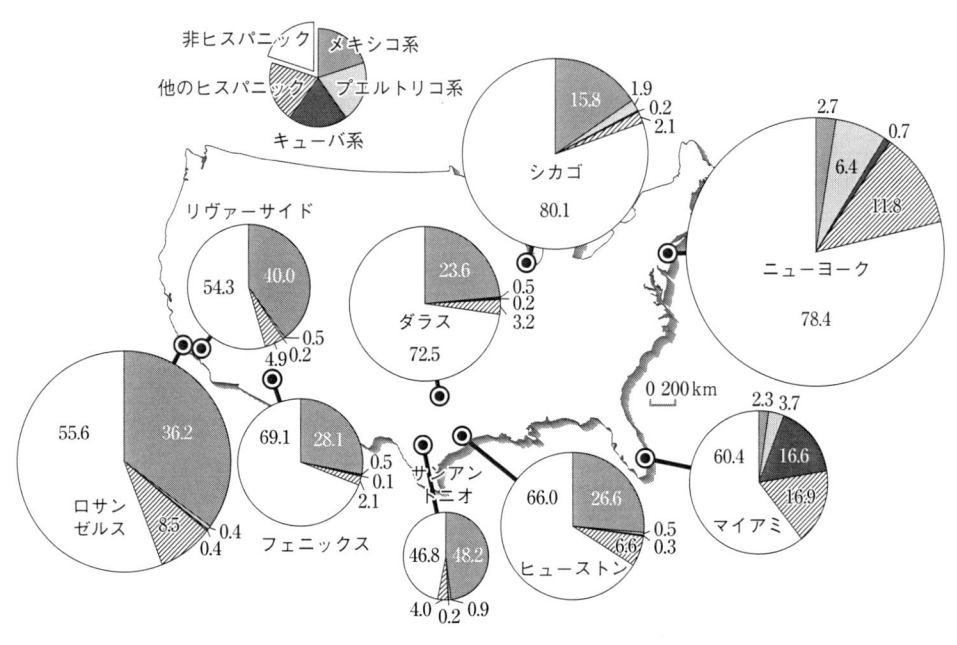

図 10.7 ヒスパニック 100 万人の大都市圏における人口構成比（2008 年）
U.S. Census Bureau, American Community Survey による．

ずか2.7％を占めるのみで，それに代わりプエルトリコ系が6.7％，他のヒスパニックが11.8％に達する．プエルトリコ系は，ニューヨークやマイアミのように大西洋岸の都市に多いことに特徴がある．プエルトリコ系の場合，プエルトリコがキューバ戦争（1898-1899）後に自治連邦区としてア

10.3　増加するヒスパニック　　139

メリカ合衆国に併合されたという歴史的経緯から，市民権を保有する者がほとんどで，他のサブグループに比べアメリカ国内での移動の自由度が高いことにも特徴がある．ニューヨークの場合，海外からの移動手段が空路に限定されるため，サブグループの出自は近年ますます多様になる傾向にある．そのため，多数の国が背後に存在する「他のヒスパニック（主に中米系や南米系により構成される）」の占める割合が上昇している．

サブグループ別の増加傾向では，メキシコ系の増加が突出している（図10.8）．1998～2008年の10年間に，ヒスパニック全体では3077万人から4602万人へ約50％増加しているが，その増加分1525万人の実に3分の2（1044万人）をメキシコ系が占めている．メキシコ系の絶対数そのものが多いという事情もあるが，プエルトリコ系，キューバ系，中南米系の同じ期間の増加率が20～30％台であるのに対し，メキシコ系で52.6％であることから，メキシコ系がヒスパニック全体の増加を牽引しているといえる．

メキシコ系増加の原因は，メキシコからアメリカ合衆国への人口移動による社会増加にあると考えられがちである．しかし，実際はアメリカ国内での自然増加によるところが大きい．現実にはアメリカ在住メキシコ系の62.1％，実に1899万人がアメリカ国内生まれである（図10.9）．メキシコ系の場合，アメリカへの移民の歴史が古く，その3分の2は移民第二世代以降なのである．むしろ国外生まれの比率が高いのは，近年増えつつある中米系，南米系であり，彼らの約70％を国外生まれが占める．プエルトリコ系の場合，1898年からアメリカ領であるという事情を反映して，ほとんどがアメリカ市民権の保有者である．キューバ系の場合，1962年のキューバ危機前後にアメリカ合衆国に移住し，その後に帰化した者が多く，帰化市民が32.4％に達する．

メキシコ系にアメリカ生まれの移民第二世代以降が多い理由は，移民の歴史の古さもさることながら，その出生率の高さによるところが大きい．疾病管理予防センター（CDC）によれば，2006年のメキシコ系の出生率は24.8‰で，アメリカ合衆国国民全体の14.2‰をはるかに凌駕し，さらにヒスパニック全体の23.4‰をも上回る（Martin, et al., 2009）．図10.7で示した1998～2008年間のメキシコ系の増加数（1044万人）は，その間の高い出生率（24.0‰台で推移）と低い死亡率（2.6‰前後で推移）から，自然増加がかなりの割合を占めているといえる．CDCは出生数と死亡数も公表しているので，一部未公表年次（出生は2007, 2008年，死亡は1998, 2008年）に線形回帰で算出した予測値を代入して計算したところ，同期間の出生数が約715万，死亡数が約75万となり，自然増加数は約640万人となる．この値から，最近のメキシコ系の増加の3分の2が自然増加によって説明できることになる．

ここまでの議論に対し，「不法移民」の存在を無視しているとの反論もあろう．国土安全保障省移民統計局は，2009年1月時点のメキシコ系不法滞在者を約665万人と推計している（Hoefer, et al., 2010）．この数は不法滞在者全体の62％を占める．実はこの数値は，センサス局が公表する「国外生まれの住民」を残差法で再計算し，そこから国土安全保障省が公表する「合法滞在の外国人」を差し引いて算出している．これまで本文で提示した

図10.8 ヒスパニックとサブグループの増加傾向（1998～2008年）
■1998年人口，□2008年までの増加．
U.S. Census Bureau, Current Population Survey による．

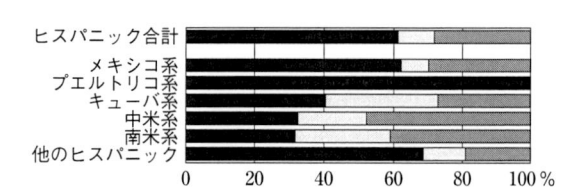

図10.9 ヒスパニックとサブグループの出生地と市民権取得状況（2008年）
国内生まれ：■
国外生まれ：□ 帰化市民，▨ 市民権未取得者
U.S. Census Bureau, Current Population Survey による．

図は，データソースがすべてセンサス局であるため，不法滞在者の大部分をカバーしているのである．しかしこの数値から控えめに計算しても，メキシコ系の20％以上は不法滞在者となる．これを社会問題と考えるのは当然としても，これだけの不法滞在者に頼らざるをえないアメリカ合衆国の社会・経済構造にも大いに問題があろう．

10.4 ヒスパニック・バリオ

10.4.1 「バリオ」とは

「バリオ（barrio）」とは，都市内の「地区」を意味するスペイン語である．「地区」というと私たちは二次元の面的広がりをイメージするが，それと「バリオ」の違いを強調するなら，一次元の街路の重要性にあろう．日本では二次元の地面に住所が割り当てられるが，スペイン語圏では一次元の街路に住所が割り当てられる．したがってバリオは，一次元の街路が複数交差することにより構造化された空間というイメージが強い．テレビ番組の『セサミストリート（Sesame Street）』がスペインでは『バリオセサモ（Barrio Sésamo）』と訳される感覚である．「有界化された空間」という点ではバリオも日本の丁町目も同じであり，アメリカ合衆国ではヒスパニック集団の集住により周囲と区別される空間を「バリオ」と呼ぶのである．ただしラテンアメリカ諸国では，貧困により有界化された空間，すなわちスラムを「バリオ」と呼ぶ場合がある．そのため「バリオ」という用語には貧困という負のイメージが込められており，ラテンアメリカでは前出の番組名も『プラサセサモ（Plaza Sésamo）』となる（Plaza＝広場）．アメリカ合衆国のヒスパニック集住地区を「バリオ」と呼ぶのは，ホスト社会アメリカの人々が抱く「ヒスパニックすなわち貧困」という負のイメージの空間的表象ともいえる．

バリオの歴史は古い．特にカリフォルニアやニューメキシコの場合，1848年の米墨戦争以前はメキシコ領であったため，メキシコ統治期あるいはさらに以前のスペイン植民地期を起源とするバリオが多数存在する．そこでは，もともとはメキシコ系に代表されるヒスパニックが，エスニック社会におけるホストの地位にあった．それがその後の主権の入れ替えにより，地位の逆転を経験したのである．バリオとともにヒスパニックが経験した歴史は波乱に満ちていたため，「バリオ」という場所にヒスパニックが刻んだ記憶も深遠である．以下のロサンゼルスの事例からは，その実態をうかがい知ることができる．

10.4.2 ロサンゼルスのヒスパニックバリオ

2008年のセンサス局による推計では，ロサンゼルス大都市圏（Los Angeles-Long Beach-Santa Ana MSAs）に居住する住民（1287万人）の実に44.4％（572万人）がヒスパニックである．彼らはロサンゼルスにおいてはもはやマイノリティではなく，多数派すなわちマジョリティとなっている．その多くをメキシコ系住民が占めており，その数は452万人，全体の35.2％に達する．

ヒスパニックのバリオのなかには，そのルーツをスペイン植民地期まで遡ることができるものがある．ロサンゼルス郊外北部のサンフェルナンドと，南部のサンタアナがそれで，現在でもヒスパニックが住民の80％以上を占める（図10.10）．カリフォルニアがスペインのヌエバエスパニャ（Nueva España）副王領であった時代，当時のスペイン王の命により17世紀末から19世紀はじめにかけて21のミッション（カトリックの伝道所）がカリフォルニアに建設された．これらのミッションは約30マイル間隔で置かれ，「カミノレアル（王の道）」と呼ばれる道で結ばれた．サンフェルナンドには1797年にミッションが開設された．当時のミッションは自給自足を前提としていたので，宗教機能とともに生産機能を備えており，牧場（ランチョ）が併設された．その労働者としてメキシコ系が入植し，ミッション周辺にメキシコ系住民を主体とする集落を建設した．南部のサンタアナは，サンファンミッション（1775年開設）の周囲で営まれたランチョに付随した集落を起源としている．現在のサンフェルナンドとサンタアナは，当時のエスニック構成を引き継いでいるのである．

スペイン植民地期を起源とする伝統的なバリオはロサンゼルス大都市圏の郊外に孤立して立地す

るが，それらの規模をはるかに凌駕するバリオの連続体が，都心（ダウンタウン）の東部から南部にかけて幹線道路沿い20km以上にわたり広がる（図10.10）．ダウンタウン東部一帯には，ボイルハイツやイーストロサンゼルスなどのバリオがひしめき，この一帯を総称して「イーストロサンゼルス」と呼ぶ場合もある．ダウンタウン東部一帯にヒスパニックが侵入したきっかけは，20世紀はじめにロサンゼルスの都心付近から製造業の分散が始まり，ロサンゼルス川以東の地域に工場が進出するようになったことにある．雇用機会を求めたメキシコ系の住民や移民がこの地域に流入するようになり，ヒスパニックの郊外住宅地域が形成された．ヒスパニックの流入は，彼ら向けの住宅開発や公共交通網の整備により促進された．対照的に自家用車を所有するアングロサクソン系白人は，公共交通網に依存する必要がないため，ロサンゼルス西部に集住する傾向を強め，東西の対比が鮮明になっていった．イーストロサンゼルスではヒスパニックの流入が今日も続き，過度の集中と過密化による居住環境悪化と住宅不足が深刻化している．そのためヒスパニック増加の中心は，ダウンタウン南部や郊外に移りつつある．

サウスセントラルと呼ばれるダウンタウン南部は，1965年のワッツ暴動で有名な地域であり，かつてここの主役はアフリカ系黒人であった．しかし，その地位も現在ではヒスパニックに代わりつつある．この地域は，アフリカ系黒人が居住していた安価な住宅施設が存在したため，住宅不足に悩むヒスパニックの新たな進出先となった．家族や近親者の結束が強いヒスパニックは仲間内で不動産投資資金をプールして住宅市場に介入するが，資金を組織化するほどの結束力のないアフリカ系黒人はそれに太刀打ちできず，その結果サウスセントラルはヒスパニックの集住地域に変貌していった．

一部のヒスパニックは，アボカドハイツに代表される郊外の工業地域へも進出した．また一部には，社会・経済的地位の上昇を実現して，郊外に立地する白人の住宅街へ進出するようになった者もいる．彼らが進出した地域ではエスニック構成の変化が加速され，新たなバリオが形成されつつ

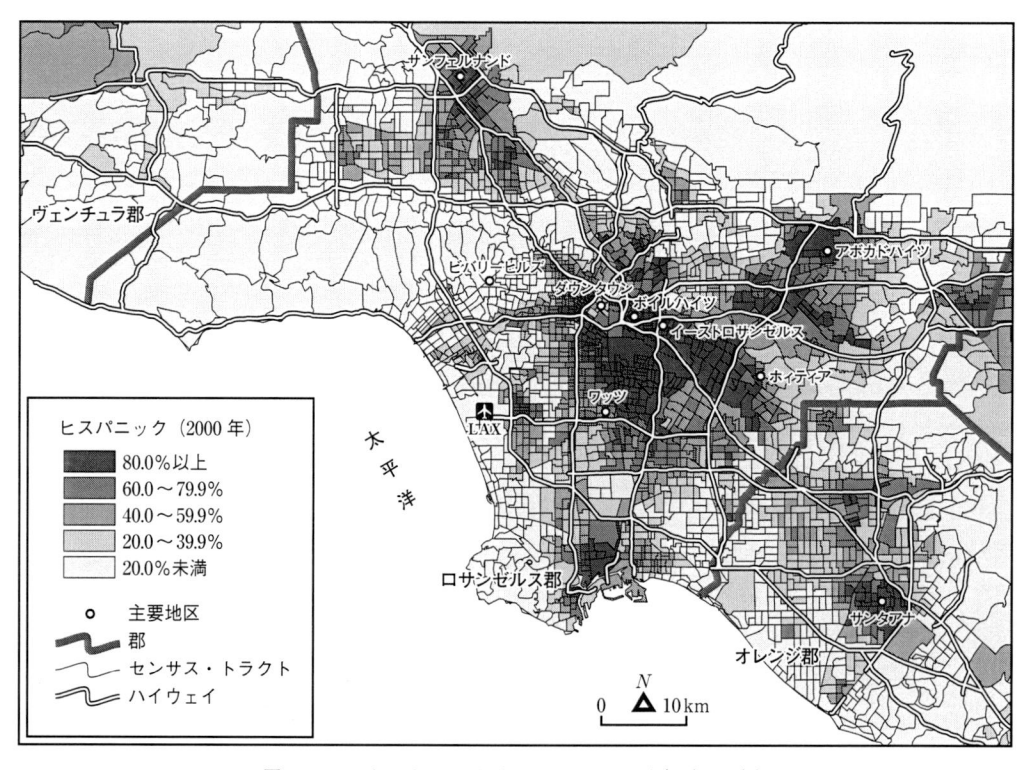

図10.10 ロサンゼルスにおけるヒスパニック分布（2000年）
U.S. Census Bureau, Census（2000）による．

ある．ホィティアに代表される東部郊外の住宅地がその典型的事例である．

　ある地区においてヒスパニックが劇的に増加し，地域の人口構成や文化景観が変容する現象を，地理学者のカーティスはバリオ化（barrioization）あるいはスーパーバリオ化（superbarrioization）と表現した（Curtis, 2004）．「バリオ化」という用語は歴史学者のカマリジョ（Camarrillo, 1979）が最初に用いたもので，ホスト社会アメリカにおいて従属的地位にあるヒスパニックの社会的かつ空間的住み分けを表現したものであった．カマリジョのいうバリオ化には，当時の開発経済学や社会学で流行した従属論の影響を垣間見ることができる．アメリカ合衆国のホスト社会に従属するマイノリティとしてのヒスパニックの立場が，バリオ化という住み分け現象を引き起こすというものである．しかしロサンゼルスの事例のように，バリオが連続体となり拡大する様子は，もはやエスニック・マイノリティという従属的な立場による住み分けの範疇をはるかに超えている．ロサンゼルスの都心から東部，南部の一帯を覆い尽くさんばかりに広がるバリオの連続体において，ヒスパニックは景観改変の主役であり，壁画やメルカド（市場）に代表される彼らのエスニシティを象徴する文化景観をいたるところに生産している（写真10.1, 10.2）．また彼らは都市機能においても主役的立場にある．増大する政治的発言力は，各地の自治体にヒスパニックの首長を生んだ（2011年3月現在のロサンゼルス市長はメキシコ系）．経済活動においても，飲食業や清掃業などの都市的サービス業は彼らの存在なくして成立しない．このように彼らが文化景観や都市機能への関与を深める様子は，ホスト社会に従属する負の立場よりも，むしろカーティスが定義する「バリオ化」の概念が包摂するヒスパニックの主体的かつダイナミックな活力を投影しているといえるだろう．

［石井久生］

引用文献

Camarrillo, A. (1979)：*Chicanos in a Changing Society: From Mexican Pueblos to American Barrios in Santa Barbara and Southern California, 1848-1930*. 326p., Harvard University Press.

Curtis, J. (2004)：Barrio space and place in southeast Los Angeles, California. *Hispanic Space and Latino Place: Community and Cultural Diversity in Contemporary America*（Arreola, D.D., ed.）, pp.125-141, University of Texas Press.

Frey, W.H., Liaw, K.L. and Lin, G. (2000)：State magnets for different elderly migrant types in the United States. *International Journal of Population Geography*, **6**：21-44.

Hoefer, M., et al. (2010)：Estimates of the unauthorized immigrant population residing in the United States: January 2009, 8p., Office of Immigration Statistics, Policy Directorate, U.S. Department of Homeland Security.

Litwak, E. and Longino, C. F. (1987)：Migration patterns among the elderly：A developmental perspective. *The Gerontologist*, **27**：266-272.

Martin, J.A., et al. (2009)：Births： Final data for 2006. *National Vital Statistics Reports*, **57**(7)：107p.

写真 10.1　ボイルハイツの壁画

写真 10.2　ボイルハイツのメキシコ系商店

> コラム 15

ロサンゼルス発祥の地

　ロサンゼルスは，かつてヒスパニックが建設した集落を起源としている．その集落が，現在のダウンタウン付近にかつて存在したエルプエブロ（El Pueblo）である．当時の広場や建物が現在も残り，史跡公園としてロサンゼルス市に管理されている．エルプエブロが誕生したのは 1781 年のスペイン植民地期で，ミッションや軍隊の後方支援を目的とした集落「ポルシウンクラ川の聖母天使の村（El Pueblo de Nuestra Señora la Reina de los Ángeles del Río de Porciúncula）」として建設された．ロサンゼルスという名称は，この集落名を起源としている．メキシコ独立戦争後の 1835 年，エルプエブロはメキシコのアルタ・カリフォルニア州の首都となった．アメリカ合衆国領となって以降，ゴールドラッシュや油田開発で人口流入が加速し，1900 年頃には人口は 10 万を超えた．同時にイタリア系，中国系の移民が多数流入し，インナーシティ化が進行した．

　インナーシティ化は 1920 年代まで続くが，それと同時期に，カリフォルニアが共有する場所の記憶の再評価も行われてきた．その発端となったのが，1900 年代の自動車普及によりブームとなったミッション巡礼である．ミッション巡礼は，かつてのカミノレアル沿いに点在するスペイン植民地期やメキシコ統治期の遺物を見直すきっかけとなった．その結果，当時退廃化の著しかったエルプエブロの中央通り「オルベラストリート」は，1930 年にメキシコの市場を彷彿させるショッピングテーマパークとして生まれ変わった．その後，1953 年にエルプエブロは州立歴史公園となり，1979 年に管轄が市へ移って以降も今日まで，初期のロサンゼルスをイメージさせる景観を維持している．

　エルプエブロの景観は，アメリカ市民にとってはエキゾチックなものであるが，ヒスパニックにとってはロサンゼルスの過去とヒスパニックの現在をリンクさせるアイコンである．日曜日には近隣のヒスパニックが家族を連れだって天使聖母教会のミサに訪れ，オルベラストリートを散策し，エルプエブロ広場での催物に興じる（写真 1, 2）．家族連れのヒスパニックであふれんばかりの賑わいは，ロサンゼルスの都心がまるでラテンアメリカ都市の広場と置き換えられたかのような印象を与える．ヒスパニックがマジョリティとなった今日では，これがロサンゼルスの現実なのである．　［石井久生］

写真 1　オルベラストリート　　　　　写真 2　日曜日のエルプエブロ広場

11 アメリカと世界

　いままでアメリカ合衆国について個別のテーマを挙げて考えてきた．アメリカ合衆国を全体として他の国や地域と比較したり，グローバルな枠組みに位置づけてみると，この国の地理的特徴がさらに明らかになる．本章では，カナダとメキシコという隣国や，南に広がるラテンアメリカと比較してみよう．また，グローバル化するアメリカ合衆国と，そのグローバルな影響について考えてみよう．そして最後に，アメリカ合衆国は世界の博物館だという解釈について説明してみたい．

11.1　2つの隣国

11.1.1　「アングロアメリカ」と「ラテンアメリカ」

　アメリカ合衆国は北側でカナダと，南側ではメキシコと国境を接する．これらの国々は極めて性格の異なる隣国である．

　南北アメリカを文化地域に区分する場合に，アングロアメリカとラテンアメリカに二分する方法がよく用いられる．アメリカ合衆国とカナダはアングロアメリカと呼ばれ，中部アメリカ（メキシコ，中央アメリカ，西インド諸島）と南アメリカはラテンアメリカと呼ばれてきた．実はアメリカ合衆国では，1980年代までは大学の地理学の授業科目や地理学教科書でアングロアメリカという地域呼称が広く用いられたが，これは今ではほとんど死語になった．アングロとはイングランド系という意味である．アングロアメリカという呼称は，アメリカ合衆国とカナダのルーツを語るときには有効であっても，現代のこの地域を指す呼称としては確かに不適切である．実際にはアメリカ合衆国もカナダも，多様な人々から構成される多民族多文化社会である．

　一方のラテンアメリカは依然として一般に使用される地域呼称であるが，地理学者のハーム・デブライ（de Blij, H.J.）は，そろそろこの用語の使用をやめるべきだと主張する（de Blij, 2007）．ラテンアメリカと呼ばれる地域は，かつてアングロアメリカと呼ばれた地域よりもはるかに民族的にも文化的にも多様性に富んだ地域だからである．日本では依然としてアングロアメリカとラテンアメリカという地域呼称がよく使われているが，正しい地域認識に基づいて，これらの用語の使用をそろそろやめる時期ではないだろうか．なおデブライは，北アメリカ，中部アメリカ，南アメリカに分類する方法が妥当であるとする．

11.1.2　カ　ナ　ダ

　アメリカ合衆国とカナダはアングロアメリカと呼ばれ，1つの文化地域に区分されてきたが，両国には多くの地域差が存在する．小塩・岸上（2006）は，歴史，社会，政治経済の領域において二国を比較している．いくつかのポイントを要約すると次のようになる．

　アメリカ合衆国は，1775年にイギリスとの独立戦争を契機に，近代国家としての歴史を開始した．イギリスからの独立がアメリカ合衆国という国家の出発点となり，基本的人権の尊重と自由と平等の理念に基づいて建国された．このように革命によって誕生したアメリカ合衆国には封建制度が存在せず身分制度が生まれなかったし，社会的モビリティが大きいため，明瞭な階級分化は起こらなかった．

　一方，カナダは保守主義の国であり，イギリス的な社会秩序の維持を中心の課題とし，君主制国家主義，エリート主義，階級意識が強くみられる．1770年代のイギリス植民地では，独立に賛成する人々と反対する人々が対立し，1776年にアメリ

カ合衆国が独立すると，反対派はカナダに逃れて自分たちの社会を形成した．カナダはイギリスとの関係を継続し，イギリス文化を継承した．ただ，フランス植民地の存在もあり，イギリス系とフランス系の共存関係が維持されることになった．カナダが連邦国家としての道を歩み始めたのは1867年であり，カナダ人という概念が制度として規定されるようになったのは第二次世界大戦後のことであった．現在でもカナダはイギリス連邦に属し，元首はエリザベス女王で，女王の名代として総督という役職がもうけられている．

多民族社会・多文化主義に関しても大きな相違がみられる．アメリカ合衆国には，先住民に加えて，北西ヨーロッパ系旧移民，アフリカ系奴隷，南・東ヨーロッパ系新移民，アジア系移民，ラテンアメリカ系移民が流入し，多様な人々から構成される国が形成された．アメリカ社会では多様な人々を受容するために，時代によって同化論や，るつぼ論が唱えられたが，1960年代に公民権運動を経験してからは多文化主義の立場が一般的となった．

カナダでは，イギリス系社会とケベックのフランス系社会の均衡を維持することが国家の展開にとって重要な課題であった．そのため，カナダの多文化主義は，多数派であるイギリス系がフランス系の存在を保証し不満を抑制するための手段として用いられた．19世紀後半からは多様な移民を受け入れながら西部フロンティアの開発が進み，モザイク社会が形成された．2言語を公用語とする多文化主義は，主にイギリス系，フランス系，移民集団を対象とするもので，アメリカ合衆国とは異なり，先住民政策は積極的には展開されなかった．

そのほか，両国とも連邦制を採用しているが，カナダの場合には地方分権が進んでおり，州（province）はアメリカ合衆国の州（state）よりも大きな権限を持つ．アメリカ合衆国では連邦政府への中央集権の傾向が強まっている．また，カナダでは社会保障が充実しており，国民皆保険制度が存在し，アメリカ合衆国よりも厳しい銃規制が行われている．なお国境線をめぐる対立が第二次世界大戦まで続いたが，その後は世界最長距離の非武装国境地帯となり今日に至っている．

11.1.3 メキシコ

一方，アメリカ合衆国の南に接するメキシコは，カナダよりもはるかに異なる世界である．アメリカ合衆国とメキシコの国境は，いわゆるアングロアメリカとラテンアメリカの形式的な境界をなしてきた．文化に着目すると，アメリカ合衆国では英語とプロテスタントが主流であるが，メキシコはスペイン語とカトリックの国である．メキシコの人口構成は，先住民とスペイン人との混血であるメスチーソ（総人口の60％）に特徴付けられ，先住民の比率も25％と比較的高いが，ヨーロッパ系の白人は15％にとどまっている．アメリカ合衆国は，多数派である白人と，少数派であるヒスパニック，アフリカ系，アジア系などから構成される．

両国の相違は経済においてさらに顕著であり，国境線は豊かな国と貧しい国を隔てる境界でもある．そのため，メキシコ人は賃金の高いアメリカ合衆国を目指す．不法入国する人々も後を絶たない．一方，アメリカ合衆国の経済は，低賃金労働力としてメキシコ人労働者に大きく依存している．国境の東側の半分はリオグランデ川であり，川を渡って入国する人々はウエットバックと呼ばれる．西側の国境では砂漠に鉄板のフェンスが建てられている．写真11.1, 11.2はカリフォルニア州南端部のインペリアルバレーにおける国境である．カレキシコ市の東には農地が広がり，コロラ

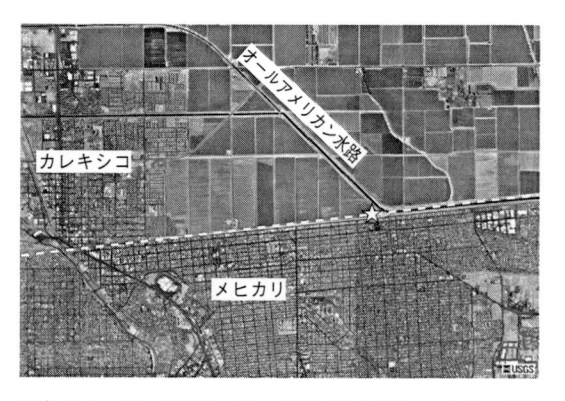

写真11.1 インペリアルバレー南部のアメリカ・メキシコ国境地域

USGS空中写真．破線は国境線，☆印は写真11.2の撮影場所．

写真 11.2　インペリアルバレー南部の国境景観

ド川の水を農業用水としてインペリアルバレーまで送水するオールアメリカン水路が延びる．国境線のフェンスの南側はメヒカリ市の市街地で，フェンスの隙間からメキシコ人の生活の様子を垣間見ることもできる．

このように両国間の国境は明瞭であり，不法入国者に対する取締りが行われているが，いわゆるアングロアメリカとラテンアメリカの文化的および経済的な境界はますます不明瞭になりつつある．それは，アメリカ合衆国のラテンアメリカ化が進行しているためである．メキシコ国境に接するカリフォルニア州，アリゾナ州，ニューメキシコ州，テキサス州ではヒスパニックの人口が増加し，メキシコ系の文化要素が明瞭になっている．また，フロリダ州では西インド諸島との人的および経済的な交流が盛んで，マイアミはラテンアメリカの首都であるとも言われる．増加し続けるヒスパニックは経済的にも政治的にも存在感を増している．

11.1.4　北アメリカの9つの国家

以上のように，2つの国境線を隔てて，アメリカ合衆国と2つの隣国は異なる地域であるが，北アメリカ州という大きな地域の枠組みを設定してアメリカ合衆国を論じることもできる．ジャーナリストのジョエル・ガロー（Garreau, J.）は『九つに分断された超大国（1981）』で，カナダ，メキシコそして中央アメリカや西インド諸島を含む北アメリカ州の地域全体を眺めて，ユニークなアメリカ地域論を展開した．国境を取り払い地域の特

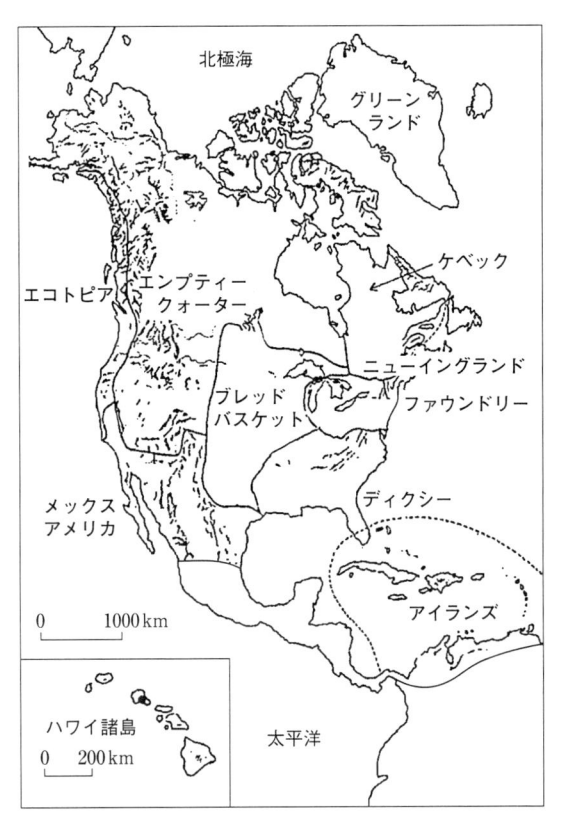

図 11.1　ガローの北アメリカの9つの国家
Garreau（1981）による．

性に着目してみると，そこには9つの国家が存在するという．図11.1に示されるように，エコトピア，メックスアメリカ，ディクシー，アイランズ，ニューイングランド，ファウンドリー，エンプティークォーター，ブレッドバスケットと名づけられた国家である．9つの国家は，独自の歴史，経済構造，景観，人々の気質，文化と社会を有しており，それぞれの住民は異なる視点で世界をみるという．

エコトピアは降水量に恵まれた太平洋岸北部の地域であり，自然保護のユートピア国家である．メックスアメリカはスペイン語とメキシコ系文化の影響力が強く，文化的融合が進み，経済成長の著しい国家である．ディクシーはアメリカ南部の国家であり，著しい変化によって特徴付けられる．アイランズはフロリダ半島南端部，西インド諸島，南アメリカ大陸北端部を含む国家で，麻薬の売買が最大の産業である．ニューイングランドは最も貧しい国であるが，北アメリカの文明の地

であるという誇りが維持される．ファウンドリーは，かつて鉄によって北アメリカの経済発展を主導したが，凋落期にある国家である．エンプティークォーターは石油をはじめとする地下資源に恵まれ，開拓者魂に富んだ国家である．ブレッドバスケットは農業の繁栄と国際的な相互依存性を基盤として，保守的で安定性に富んだ国家である．ケベックは豊富な水力発電を基盤とし，フランス系文化が生き続ける単一民族国家である．なお，9つの国家に当てはまらない特別地域として，ワシントンD.C.，ニューヨーク，アラスカ，ハワイが挙げられる．

ガローの議論では，アメリカ合衆国を9つの国家に地域区分できるとともに，それらの国家は，ディクシーを例外として，現実の国境線を越えて広がる．北アメリカの地域性を的確に表現したガローの著作は，初版が刊行されてから30年が経過した現在でも十分に説得力があり，文化地域区分の1つの試みとして評価される．

11.2 アメリカ合衆国とラテンアメリカ

本章の冒頭で，「ラテンアメリカは多様性に富んでいるため，ラテンアメリカという呼称を用いるのは不適切である」と述べたが，ラテンアメリカには共通の特徴が存在することも事実である．ラテンアメリカと比較することによって，アメリカ合衆国の地理的特徴を明らかにすることができる．

比較の具体例としてブラジルを取り上げてみよう．アメリカ合衆国もブラジルも南北アメリカを代表する巨大な国家であり，農業生産力，人種民族の多様性，日系社会の存在など，さまざまな共通点がみられる．しかし，両国は対照的な地理的特徴を持っている．人種民族構成と混血，移民社会とホスト社会，農場と農業様式，都市構造と居住行動の4点にしぼって両国を比較してみよう．

11.2.1 人種民族構成と混血

ブラジルは混血の文化によって特徴付けられる．16世紀に入ってポルトガル人がブラジル北東部の植民を開始し，サトウキビプランテーションにアフリカ人奴隷が導入された．ここを基点として海岸部の植民が進行するとともに，内陸で牧畜経済や鉱山開発が展開した．こうした開発の過程で，白人のポルトガル人男性と先住民女性との混血によってマメルコやカボクロが，ポルトガル人男性とアフリカ人女性との混血によってムラートが増加した．

ブラジルの国勢調査には人種民族の統計があり，白人（ブランカ），黒人（プレタ），黄色人（アマレーラ），混血人・褐色人（パルダ），先住民（インディジェナ）の5つの分類がある．1999年センサスでは，白人54.0%，褐色人39.9%，黒人5.4%，黄色人0.5%，先住民0.2%という構成であった．アメリカ合衆国の国勢調査でも，人種民族を分類することにより人口構成が明らかにされてきた．ブラジルでもアメリカ合衆国でも，人種民族の分類は客観的基準によるものではなく，自己申告に基づく．どの分類に申告するのかについて，両国には大きな認識の違いが存在する．

ブラジルでは，自己申告する際には，実際の肌の色よりも薄い色のカテゴリーに申告するといわれる．というのは，人種民族の分類は，客観的な肌の色よりも社会経済階層を反映するからである．「お金が肌を白くする」という表現がよく使われるように，外見は黒人でもお金持ちであれば，本人も周囲の人々も白人として認識する．したがって，国勢調査の人種民族分類は必ずしも肉体的特徴を直接的に反映したものではない．これがブラジルの混血文化である．一方，アメリカ合衆国では，外見が白人であっても，1滴でも黒人の血が混じっていれば黒人である．人種民族の分類は厳しく，境界は明瞭である．

11.2.2 移民社会とホスト社会

このような2つの社会は，移民にとって異なったホスト社会となる．日系移民と日系社会について考えてみよう．アメリカ合衆国にもブラジルにも大きな日系社会が存在する．特にカリフォルニア州とサンパウロ州では，第二次世界大戦前に日系移民は集約的農業で大きな成功を収めた．しかし，戦後の日系社会の展開には大きな地域差がみられた．カリフォルニアでは，日本人は戦時中の強制収用によって多くの財産を失い，戦後，農業

> コラム 16

カナダからみたアメリカ

　日本と同じように，カナダにとっても隣の超大国であるアメリカ合衆国との関係は最も重要な二国間関係である．それが一面では非対称というのもよく似ている．例えば，カナダのニュース番組でアメリカ大統領を目にする機会は頻繁にあるが，アメリカ合衆国のニュース番組でカナダの首相を目にすることはめったにない．あるいはカナダの観光地ではアメリカ合衆国の通貨をそのまま使えるところもあるが，その逆は考えにくい．過去を振り返っても，カナダの歴史に大きな影響を与えたアメリカ合衆国の出来事を少なくとも2つ指摘できる．第1はアメリカ独立戦争である．イギリス王室に忠誠を誓うロイヤリストが流入し，イギリス的諸制度を基礎とするカナダ社会の原型ができあがった．第2は南北戦争である．それまで相互の往来が少なく，それぞれが個別にアメリカ合衆国を市場としてきたイギリス領北アメリカの諸植民地がコンフェデレーション（連邦国家カナダの結成，1867年）に踏み出す契機となった．

　ところで，アメリカ合衆国とカナダは同一視されがちである．ともにヨーロッパからの移民が中心になって形成された大陸横断国家であり，英語を最も重要な言語としているなど類似点が多いのはいうまでもない．しかし，意外なほど相違点も多い．例えば政治体制をみても，アメリカ合衆国が大統領制をとるのに対し，カナダは現在でもイギリス国王を元首とする立憲君主制の国家である．度量衡の違いは最たるものであろう．カナダは基本的にメートル法を採用し，温度には摂氏を用いる．例外は伝統的にヤードポンド法を用いる身長（フィート）や体重（ポンド）くらいである．それに対してアメリカ合衆国では距離はマイル，温度は華氏，ガソリンにはガロンを用いているので，カナダからアメリカ合衆国に入国するとさまざまな点で戸惑うことになる．国境周辺の道路には制限速度の表記（単位）の違いに注意を促す標識がみられるし，自動車の速度計にはふつう両方が併記されている．

　アメリカ合衆国とカナダとの往来は，空路のほかに陸路（鉄道，道路）や海路でも可能である（写真1）．しかし，ヨーロッパにおけるシェンゲン協定加盟国間の移動のように簡単にはいかず，かつては身分証明書のみで両国間を移動できたアメリカ人とカナダ人も現在では原則としてパスポートの携帯が求められる．飛行機での移動の場合，アメリカ合衆国の入国審査はカナダ側の空港で実施され，アメリカ合衆国側の空港ではカナダの航空会社の便でもアメリカ国内線と同じ扱いとなる（機内サービスは両国の国内線と同様である）．鉄道での移動の場合には国境付近で列車を停止させて入国審査と通関を行い，その時間が1時間以上に及ぶこともある．なお，国境の管理で特に厳しいのがモノの移動である（写真2）．例えばカナダ入国の際に持ち込める土産品の金額の上限は，国外での滞在期間に応じて決められている．人口や経済の規模が圧倒的に劣勢で，しかも多くの国民が同じ言語を共有しているため，ともすれば経済的にも文化的にも飲み込まれかねないカナダが，アメリカ合衆国との距離の取り方に苦心していることがここからもうかがえる．　　　　　　　　　　　　　　　　［大石太郎］

写真1 アメリカ・カナダ国境にあるアメリカ側入国審査場（ヴァーモント州）
高速道路の料金所と同じスタイルで，自動車に乗ったままパスポートのチェックを受けられる．事務室での手続きが必要になる場合もある．

写真2 アメリカ・カナダ国境にある免税店（カナダ・ケベック州）

に復帰した人々は多くなかった．戦前に日系移民が組織した農業協同組合の多くは消滅し，日本人の経済活動は多様化した．一方，サンパウロでは戦後，日本人は集約的農業の発展の原動力となり，日系農業協同組合は非日系人を取り込みながらブラジルの農業協同組合に発展し，野菜や果物の供給に主導的役割を演じた．

両国の日系二世には著しい相違がみられる．アメリカ合衆国では，二世はアメリカ人になりきろうと努め，200％のアメリカ人を目指したといわれる．それは，日本に対して無関心で日本語を話さないことや，第二次世界大戦中のヨーロッパ戦線で勇敢に戦った日系人部隊からも理解できる．一方，ブラジルの日系二世は日本語が達者で，自分が日本人であることを誇りにしているし，日系人であることはブラジル社会で有利に働く．これは，二世の多くが農村の日系社会に育ったことや，ブラジル社会が日系人を高く評価するためである．このように，2つの日系社会が異なった特徴を有するという事実から，日本人を受け入れたアメリカ合衆国とブラジルというホスト社会が異なった社会構造を持っていることが推察される．

11.2.3 農業構造

農場と農業についても，両国は著しく異なる．2007年農業センサスから農場規模をみると，アメリカ合衆国では，4 ha 未満が10.6％，4〜20 ha が28.1％，20〜72 ha が30.0％，72〜202 ha が16.7％，202〜404 ha が6.8％，404〜809 ha が4.2％，409 ha 以上が3.5％である．平均の農場面積は169 ha である．一方のブラジルでは，2006年農業センサスによると，5 ha 未満が35.6％，5〜20 ha が26.5％，20〜50 ha が16.3％，50〜100 ha が7.6％，100〜500 ha が7.2％，500 ha 以上が1.9％である．数の上では圧倒的に小規模農場が多く，平均の農場面積は64 ha である．しかし，500 ha 以上の農場は数の上では1.9％であるが，面積では55.6％を占める．これは大規模農場が農地をほとんど独占していることを示唆する．ブラジルでは少数の地主への土地の集中が顕著であり，大土地所有制は昔も今も健在である．

このような農場規模の差は，両国が経験した国家の発展と開発のしくみの違いによるものである．アメリカ合衆国では，他国との戦争や交渉によって新たに獲得された土地は連邦政府の所有地（公有地）となった．連邦政府は，19世紀にさまざまな法律を制定して公有地を処分した．教育のための州政府への賦与，鉄道などの交通網を整備するための民間会社への賦与などに加えて，公有地処分の中心となったのは，家族農場を振興するための賦与であった．こうして，フロンティアは家族農場から構成される農業社会となった．大地主を生み出すような政策は採られなかったので，農民が中産階層を形成した．誰でも頑張って働けばお金持ちになれるというアメリカンドリームは，社会経済的な上昇の原動力となった．

一方，ブラジルでは植民地時代にカピタニア制に基づいて統治が行われ，各地で開拓を促進するために大規模な土地（セズマリア）が賦与された．大地主はプランテーションや大牧場（ファゼンダ）を経営した．そして少数の地主が広大な土地を所有し，ほとんどの人々は土地を持たないという社会構造が生まれた．その結果，農村には中産階層は形成されなかったし，社会経済階層と貧富の格差が固定化された．農地改革の動きはあるけれども，大土地所有の伝統が修正される兆しはみられない．

11.2.4 都市構造

都市構造と居住行動についても著しい差がある．アメリカ合衆国では，バージェスが20世紀はじめのシカゴの研究を通じて，中心業務地区（CBD）を中心として工場地帯と漸移地帯，労働者住宅地帯，優良住宅地帯，通勤者住宅地帯が同心円状に展開することを示した（第8章の図8.2参照）．貧しい人々は都心の周辺部に，経済的に豊かな人々は都市の縁辺部に居住した．現代の都市構造においても，郊外に工業団地，ビジネスパーク，ショッピングモールなどが建設されて郊外が繁栄する一方で，都心周辺部の衰退が著しい．また，都心部と郊外の分離が目立つ．貧しい人々が都心の周辺部に居住し，裕福な人々の住宅地が郊外に広がるという基本的な構造には大きな変化はみられない．新たに到着した移民は，家賃や住

宅価格の一番低い場所，すなわち都心に近い住宅地に流入してアメリカ合衆国での生活を始める．

一方，ブラジルでは，リオデジャネイロで典型的にみられるように，植民地都市という起源を反映して都心部に，広場を中心に行政，宗教，消費の機能が集積し，その周辺に上流階層が居住する．歴史家ギデオン・ショウバーグ（Sjoberg, G.）が提示した前産業型都市のように，工業機能は欠落する．上流階層の居住地の外側には中産階層や少数派集団が居住し，その外側は下層階層の住宅地である．さらに最も外側には不法占拠地区や不良住宅地区（スラム）が存在する．農村から流入した人々は，都市の縁辺部の空き地を不法占拠して住み始める．時間の経過とともに住宅の状況は改善され，数年たてば土地の既得権が認められる．かつてのスラムは時間の経過とともにそれなりの住宅地に姿を変える．新たに流入する人々はさらに外側の空き地を不法占拠して，住宅地の形成に参画する．そうした住宅地は徐々にグレードアップしていく．

アメリカ合衆国とブラジルの場合，こうした都市構造を規定しているのは都市における人間の住み方の違いである．アメリカ人は移動性に富んでいて，盛んに住み替える．その背景に存在するのは，自分の状況に応じて住宅と住宅地を選択するという発想である．自分の状況というのは家族規模や経済状況のことである．家族が増えれば，（住んでいる住宅を増築するのではなく）ふさわしい住宅を探して住み替えるし，所得が増えれば自分の所得にふさわしい住宅地を選択して住み替える．このような居住地選択と住み替えを繰り返すことによって居住地域の分化が生じ，同じ住宅地には同じ属性を持つ人々が暮らすようになる．その結果，どの住宅地に住んでいるかは，その人の属性，特に社会経済的属性を示す指標となる．一方，ブラジル人は地縁や血縁の関係を重視する．スラムに生活していて経済的な余裕ができると，アメリカ人のように住み替えるのではなく，自分の家に投資して住宅を改善する．こうして地域社会が維持されるとともに，住宅地は時間の経過とともに改善される．

アメリカ合衆国では新しい移民は都心周辺部に流入し，経済的に豊かになると，より都市の外側の住宅地に引っ越す．こうした住み替えを繰り返すことによって，より郊外の豊かな住宅地へ住民の移動が起き，その結果，人も富も地区外に流出する．貧しい住宅地が豊かな住宅地に変わることはない．ブラジルでは人々は移動しないので，蓄積された富が居住地へ還元される．さらに都市の縁辺部に新しい人々が流入し，同じプロセスを経て都市は外延的に拡大する．

以上，4点についてアメリカ合衆国とブラジルを比較した．ブラジルはポルトガル植民地が独立してできた国であり，スペイン植民地から独立した多くの国々とは確かに異なる点も認められる．また，旧スペイン植民地の国々にも，よくみれば明らかなように地域差が存在する．しかし，ブラジルは他のラテンアメリカの国々と多くの共通点を持っている．アメリカ合衆国とブラジルでみた地域差は，アメリカ合衆国とラテンアメリカ諸国の地域差でもある．

それでは，このような地域差はどのような理由によって生じたのだろうか．それは，ヨーロッパから持ち込まれた社会，経済，文化のしくみの違いによると解釈できる．ラテンアメリカでは，プランテーションとイベリア系牧畜を中心とした社会と経済が形成され，大土地所有制と階層社会が基盤となった．一方，アメリカ合衆国では北西ヨーロッパから小農と混合農業の伝統が導入され，経済や社会の発展の基盤となった．北西ヨーロッパ系小農，プランテーション，イベリア系牧畜という経済文化地域を設定することにより，南北アメリカにおける地域性の形成を説明することができる（矢ケ﨑，2008）．

11.3 アメリカ人とグローバル化

アメリカ人とアメリカ合衆国はどのようにグローバル化しているのか，また，世界のグローバル化にどのような役割を演じているのか．いくつかの事例を考えてみよう．

アメリカ国勢調査局（U.S. Census Bureau）のホームページをみると，人口時計のコーナーにア

メリカ合衆国の総人口が示されており，人口増加の様子が理解できる．人口増加は自然増加と外国からの流入によって生じる．アメリカ合衆国は，昔も今も移民を引きつける国である．

19世紀中頃までは北西ヨーロッパからの移民が主流を占め，彼らは旧移民と呼ばれる．19世紀末からは新移民と呼ばれる南・東ヨーロッパからの移民が急増した．20世紀後半以降は，ヨーロッパからの移民が減少するなかで，ラテンアメリカとアジアからの移民が多数（約80％）を占める．アメリカ合衆国へ移民を送り出す地域は時代によって変わってきたが，この国は常に移民を引きつける力を維持している．かつてアメリカ合衆国に移民を送り出したヨーロッパ諸国も日本も，今日では逆に外国から労働力を受け入れる必要がある．継続して移民を引きつけるという点で，アメリカ合衆国は世界でも異色の国である．移民は単純労働力として，また科学技術の発達を促す頭脳として，アメリカ合衆国の発展を支える存在であると同時に，アメリカ社会を変革する原動力でもある．

バラク・オバマ大統領はアメリカ初のアフリカ系大統領である．父親はケニア出身の留学生で，カンザス出身の白人女性との間にバラクが生まれた．父親はルオ族の出身というから，アメリカ合衆国でなければオバマ大統領は誕生しなかったに違いない．写真11.3は2008年11月の大統領選挙でオバマの勝利を報じたロサンゼルス地域の新聞である．

最近のアジア系とヒスパニックの増加はアメリカ社会をゆっくりと変えつつある．例えば，アメリカ地理学会が年4回発行するアメリカ地理学会年報（*Annals of the Association of American Geographers*）には，従来の英語による論文要旨に加えて，2008年からスペイン語と中国語の要旨が掲載されるようになった．フランス語やドイツ語といったいわゆる伝統的なアカデミック言語ではなくスペイン語や中国語を掲載するのは，中国系の地理学研究者の最近の活躍（特にGIS関係が多い）と，アメリカ社会におけるヒスパニックの存在感を反映したものであろう．

アメリカ合衆国の大学ではグローバル化が進んでいる．大学では人的な多様性を尊重するしくみが出来上がっており，教員に占める外国人比率は高い．特に研究中心型の大学では，その大学院の卒業生を教員として採用することは原則としてないし，外国人教員がたくさんいる．大学院博士課程を持たない大学では，教員はすべて他大学の出身者となる．必要な人材を確保するために，教員は一般に公募に基づいて採用される．アメリカ地理学会のニューズレター（*AAG Newsletter*）には大学教員の求人広告がかなりのページにわたって掲載されている．もっとも，ハーヴァード大学のような超一流大学では，空きポストができると最適な人材を世界中から探して，国籍その他を問わずに採用するという（Rosovsky, 1990）．いずれにせよ，アメリカ合衆国では世界中から有能な人材を確保するしくみが確立しており，これが大学の競争力を高めている．

写真11.3 オバマ大統領誕生を報じるロサンゼルス地域の新聞（2008年11月）

表11.1 主要大学における地理学研究教員の構成

	教員総数	同大学院出身者	出生地		
			米国	外国	不明
ウィスコンシン大学マディソン校	18	2	11	5	2
カリフォルニア大学バークリー校	13	1	3	6	4
クラーク大学	15	0	7	4	4
ペンシルヴェニア州立大学	21	0	11	6	4
ミネソタ大学	23	2	12	5	6

Guide to Programs in Geography in the United States and Canada 1998-99 による．

アメリカ合衆国における地理学研究の主要大学に関して，教員数，同大学院出身者，出生地を示すのが表11.1である．博士号を取得した母校で教える教員はごく少数に限られる．なお，アメリカ合衆国では，博士号（Ph.D.）は大学教員になるために最低限必要な，いわば運転免許証のようなものなので，すべての教員がこの学位を取得している．外国生まれの人を外国人だと仮定すると，外国人がかなり高い比率を占めていることがわかる．外国人の研究者が多いという傾向は地理学に特有の現象ではない．学長が外国人の大学もある．よりよい研究環境を求めてアメリカ合衆国の大学を目指す研究者は多い．日本人のノーベル賞受賞者のなかにも，アメリカ合衆国の研究教育機関で仕事をしてきた研究者が少なくない．

プロスポーツ界でも外国人の活躍が目立つ．アメリカ合衆国で誕生した野球が世界中に広まったわけではないことは，2006年から3年に1度開催されるワールドベースボールクラシックに参加する国々が，FIFAワールドカップの参加国に比べてはるかに少ないことからも明らかである．しかし，メジャーリーグベースボールではラテンアメリカ系やアジア系の外国人選手が活躍しており，グローバル化が進んでいるといえる．日本人のプロ野球選手のなかには，メジャーリーグベースボールで活躍することを夢見る人々が少なくないだろう．

次にアメリカ的な消費生活のグローバル化について考えてみよう．アメリカ合衆国で発展した生活様式は世界中に広まった．ファッション，音楽，映画，ファストフードなど，私たちの日常生活にはアメリカ的なものが多く存在する．チェーンストア，スーパーマーケット，カタログ通信販売，インターネットショッピング，ショッピングモールなど，アメリカ合衆国で発展した小売形態は世界中でみられるようになった．日本もその例外ではない．

通信販売という小売形態の発達については第1章で概要を述べたが，シアーズローバック社の分厚い通信販売カタログは，アメリカ的生活様式の等質化を助長した．最近の日本でも，衣料品や日用雑貨などを扱った通信販売を利用する人々が多く，なかにはアメリカ系の通信販売会社もある．また，インターネットが普及するにつれて，インターネットショッピングがますます人気を集めている．なお，アメリカ人にとって通信販売カタログはアメリカ文化を象徴する存在であったことを指摘しておくべきであろう．外国に居住するアメリカ人にとって，母国の生活文化を知るための教材となったのがシアーズローバックカタログであった．

アメリカ合衆国で誕生した小売形態であるショッピングモールも世界中に拡散してきた．ショッピングモールの写真をみただけでは，それがアメリカ合衆国なのか，日本なのか，それともブラジルなのかを判読することは容易ではないだろう（写真11.4）．もっとも，ショッピングモールが導入された地域ではその生活様式に適合するように独自の変形が行われてきたし，日常生活におけるショッピングモールの役割には地域差が存在する．アメリカ合衆国のショッピングモールは郊外の開発とモータリゼーションを反映しており，郊外居住者の日常的な生活空間の一部を構成している．日本では公共交通機関への依存度が高く，都心の商業施設が健在であり，ショッピングモールは特別な商業施設で数が限られている．貧富の格差が大きく犯罪が多発するブラジルでは，ショッピングモールは会員制クラブのように隔離された空間であり，そこでは安全性が確保される．ショッピングモールがグローバル化する一方で，ロー

写真11.4 ロサンゼルス近郊のショッピングモール

カル化の現象も進行している．

11.4　世界の博物館

　世界各地からアメリカ合衆国を目指す移民にとって，この国は終着駅である．国内を移動することはあっても，さらに外国に移動することはない．移民はやがてアメリカ人となり，アメリカ生まれの子どもは生まれながらのアメリカ人となる．アメリカ合衆国はまた世界の文化の終着駅でもある．

　移民の出身地は時代によって異なるが，移民はその時代の文化や最先端の技術をアメリカ合衆国に導入してきた．それらのなかには，アメリカ的な生活様式や生産様式を作り上げるために活用されたものもあったし，大きく変形されずに残存するものもあった．故郷の文化に基づいて移民が新たに作り上げたもの存在する．

　アメリカ合衆国で発展した科学技術や文化のルーツを探ると，世界各地から持ち込まれたものが基盤になっていることが多い．第5章では，農業の発展において，北西ヨーロッパから導入された混合農業，家畜，作物がアメリカ式に調整され，新しい農業様式の形成に寄与したことをみた．もう1つの例を挙げてみよう．テンサイ栽培と製糖業の発展では，19世紀にドイツ，フランス，イギリスから道具や技術が導入され，アメリカ合衆国の環境や規模に適合した砂糖産業に作り変えられた．

　民俗学者の柳田国男は方言周圏論を唱えた．方言は文化の中心地から周辺に向かって同心円状に拡散し，したがって，中心から遠い場所に古い文化要素が残存するという考え方である．柳田の方言周圏論を応用すると，次のような仮説が考えられる．ある時代の移民が持ち込んだ文化要素のなかには，本国から遠く離れたアメリカ合衆国という場所で，そのまま大きく変形することなく維持されるものがある．しかし，その文化要素の中心地では新たな変化が生じ，古いものは失われる．その結果，アメリカ合衆国には移民が持ち込んだ古い文化が残存する．さまざまな移民集団がさまざまな時代に文化要素を持ち込んだため，アメリカ合衆国には世界の古い文化要素が存在する．

　ヨーロッパ系移民が持ち込んだもの，アフリカ人奴隷が持ち込んだもの，アジア系移民が持ち込んだもの，ラテンアメリカ系移民が持ち込んだものは多様である．アメリカ合衆国は世界を主導するような新しい科学技術や文化を作り出し，それをグローバルに発信する．同時に，この国には世界各地の古い文化要素が残っていたり，そうした古いものに対する関心が維持されている（写真11.5）．このように考えると，アメリカ合衆国は世界の博物館にちがいない．

[矢ケ﨑典隆]

写真 11.5　リトルトーキョーの二宮金次郎像

引用文献

小塩和人・岸上伸啓 編（2006）：〈朝倉世界地理講座 13〉アメリカ・カナダ，朝倉書店．

矢ケ﨑典隆（2008）：南北アメリカ研究と文化地理学——3つの経済文化地域の設定と地域変化に関する試論．地理空間，**1**(1)：1-31．

de Blij, H. (2008): American regional appellations: Farewell to "Latin" America? *AAG Newsletter*, **43**(8): 4.

Garreau, J. (1981) *The Nine Nations of North America*, Houghton Mifflin Harcourt［李　隆　訳（1990）：九つに分断された超大国——どのアメリカが怒っているのか，徳間書店］．

Rosovsky, H.(1990)：*The University：An owner's manual*, W.W. Norton［佐藤隆三 訳（1992）：ロソフスキー教授の大学の未来へ——ハーヴァード流大学人マニュアル，TBS ブリタニカ］．

コラム17

アメリカ人の生活文化としてのショッピングモール

　アメリカ人にとってショッピングモールはどのようなものなのだろうか．その答えは，最近話題となったパコ・アンダーヒル（Underhill, P.）著『なぜ人はショッピングモールが大好きなのか（2004）』に明解に示されている．

　子ども時代を外国で過ごしたアンダーヒルは，アメリカ合衆国に戻ってショッピングモールに出かけて初めて本当のアメリカを発見し，アメリカ中流階層社会への帰属意識を持つことができたという．すなわち，アンダーヒルはアメリカ人としてのアイデンティティをショッピングモールに見出したことになる．

　アメリカ合衆国のショッピングモールは，地元住民を主な顧客として存立するローカルな大型商業施設である．その所在は地元の人なら誰でも知っているため大きな看板は出ておらず，見知らぬ町でショッピングモールを探すことは，地図やカーナビで確認しない限りそれほど容易ではない．

　ショッピングモールは，モータリゼーションを基盤としたアメリカ合衆国の都市構造と郊外化を反映している．すなわち，都市では，都心部，中心商業地区，場末，貧困住宅地区，中流住宅地区，高級住宅地区など，多くの地区に分化した都市構造が形成された．それに対して郊外は，住宅地，小売商業施設，生活関連の施設などから構成され，そこでは階層分化が進んでいない．郊外は都市構造からの逃避場所であり，ショッピングモールは郊外の地域社会を象徴する存在である．このような視点は，日本のショッピングモールを検討する場合には有効ではないだろう．

　郊外には人々が集まる公共的な空間やコミュニティ施設が整っていないので，ショッピングモールは単なる小売商業機能にとどまらず，多様な活動の場を提供してきた．事実，1970年代初頭のある調査によれば，成人のアメリカ人は，自宅と職場を除くと，ショッピングモールで最も長い時間を過ごすという．また，ショッピングモールは青少年が入り浸る空間でもあるし，散歩を楽しむ高齢者の空間でもある．都市は生活の場ではなくなってしまったので，中流階層のアメリカ人の生活や社会を観察しようと思うならば，ショッピングモールが最適の場所である．

　ショッピングモール内で自由な言論活動が許容されるかどうかについて議論されたことがあった．すなわち，ダウンタウンが存在しない郊外住宅地において，ショッピングモールがタウンセンター（都市機能が集積した公共空間）の機能を果たしうるのかという議論である．いくつもの裁判の結果，今ではショッピングモールは公共空間に準ずる場であると認識されているという．そして，現実にはショッピングモールは町の広場の役割を果たしている．日本では，ショッピングモールが公共空間であるかどうかについての議論は起きていないだろう．

　以上のように，アメリカ合衆国においては，ショッピングモールは郊外において都市的機能を有する唯一の空間であり，単に買い物をするためではなく，リクリエーションやコミュニケーションを含む多目的に利用される準公共空間なのである．

［矢ケ﨑典隆］

写真1　ショッピングモールのパンフレット

引用文献

Underhill, Paco（2004）：*Call of the Mall*, Simon & Schuster［鈴木主税 訳（2004）：なぜ人はショッピングモールが大好きなのか，早川書房］．

さらなる学習のための参考図書

第1章　アメリカ地誌へのアプローチ

小塩和人・岸上伸啓 編（2006）:〈朝倉地理学講座 13〉アメリカ・カナダ，418p., 朝倉書店．
小田隆裕, ほか 編（2004）:事典 現代のアメリカ，1470p., 大修館書店．
斎藤 真, ほか 監修（1986）:アメリカを知る事典，625p., 平凡社．
新川健三郎・高橋 均 監修（1999）:〈世界地理大百科事典 3〉南北アメリカ，595p., 朝倉書店．
矢ケ﨑典隆・加賀美雅弘・古田悦造 編（2007）:〈地理学基礎シリーズ 3〉地誌学概論，160p., 朝倉書店．
矢口祐人・吉原真里 編（2006）:現代アメリカのキーワード，376p., 中公新書．
Bailly, A. et Dorel, G.（1992）: *Etats-Unis*［田辺 裕・竹内信夫 監訳，鳥居正文・大嶽幸彦 編訳（2008）:〈ベラン世界地理体系 17〉アメリカ，234p., 朝倉書店］．
Haggett, P. ed.（1994）: *Encyclopedia of World Geography*［田辺 裕 監修，田辺 裕・阿部 一，矢ケ﨑典隆 訳（1996-1997）:〈図説大百科世界の地理〉アメリカ合衆国Ⅰ・Ⅱ各 145p., 朝倉書店］．

第2章　自然環境・環境利用・環境問題

明石紀雄（2004）:ルイス＝クラーク探検――アメリカ西部開拓の原初的物語，250p., 世界思想社．
秋元英一・小塩和人 編著（2006）:〈アメリカ研究の越境 3〉豊かさと環境，305p., ミネルヴァ書房．
岡島成行（1990）:アメリカの環境保護運動，212p., 岩波書店．
貝塚爽平, ほか 編（1985）:写真と図で見る地形学，241p., 東京大学出版会．
貝塚爽平 編（1997）:世界の地形，364p., 東京大学出版会．
上岡克己（2002）:アメリカの国立公園――自然保護運動と公園政策，221p., 築地書館．
竹内健悟（1995）:アメリカ自然史紀行，191p., 無明舎．
宮城秋穂, ほか（1992）:〈アメリカ大陸の自然史 1〉アメリカ大陸の誕生，272p., 岩波書店．
Doyle, R.D., ed.（1994）: *Atlas of Contemporary America*, Facts on File［髙橋伸夫, 田林 明 監訳（1995）:アメリカ合衆国テーマ別地図，253p., 東洋書林］．
Vardaman, J. M.（井出野浩貴 訳）（2005）:ミシシッピ――アメリカを生んだ大河，242p., 講談社．

第3章　交通の発達と経済発展

岡田泰男 編（1988）:アメリカ地域発展史――諸地域の個性と魅力をさぐる，262p. 有斐閣．
岡田泰男（1994）:フロンティアと開拓者――アメリカ西漸運動の研究，325p., 東京大学出版会．
近藤喜代太郎（2007）:アメリカの鉄道史――SL がつくった国，251p., 成山堂書店．

第4章　工業の発展・衰退・立地移動

秋本英一（1995）:アメリカ経済の歴史 1492-1993，275p., 東京大学出版会．
井出義光 編（1992）:アメリカの地域――合衆国の地域性，313p., 弘文堂．
岡田泰男 編（1988）:アメリカ地域発展史――諸地域の個性と魅力をさぐる，262p. 有斐閣．
岡田泰男・永田啓恭 編（1983）:概説アメリカ経済史，274p., 有斐閣．
小田隆裕, ほか 編（2004）:事典 現代のアメリカ，1470p., 大修館書店．
川出 亮（1984）:サンベルト――米国のハイテク・フロンティア，296p., 日本経済新聞社．
富澤修身（1991）:アメリカ南部の工業化，317p., 創風社．

藤岡　惇（1993）：サンベルト；米国南部——分極化の構図，276p.，青木書店．

第5章　農業地域の形成と食料生産

矢ケ﨑典隆（2010）：食と農のアメリカ地誌，158p.，東京学芸大学出版会．
矢ケ﨑典隆・斎藤　功・菅野峰明 編（2006）：〈日本地理学会海外地域研究叢書3〉アメリカ大平原——食糧基地の形成と持続性，増補版，225p.，古今書院．
Hart, J.F.（1975）：*The Look of the Land*, University of Minnesota Press［山本正三・桜井明久・菊地俊夫 訳（1992）：農村景観を読む，276p.，大明堂］．
Pollan, M.（2006）：*The Omnivore's Dilemma*, Penguin Press［ラッセル秀子 訳（2009）：雑食動物のジレンマ——ある4つの食事の自然史［上・下］各302p.，東洋経済新報社］．
Rhodes, R.（1989）：*Farm: A year in the life of an American frontier*［古賀林幸 訳（1993）：アメリカ農家の12カ月，346p.，晶文社．

第6章　多民族社会の形成と課題

明石紀雄・飯野正子（1997）：エスニック・アメリカ（新版）——多民族国家における統合の現実，有斐閣．
綾部恒雄 編（1992）：アメリカの民族——ルツボからサラダボウルへ，293p.，弘文堂．
五十嵐武士 編（2001）：アメリカの多民族体制——「民族」の創出，348p.，東京大学出版会．
米谷ふみ子，イチロウ・マイク・ムラセ，景山正夫（1987）：リトル・トウキョー100年，119p.，新潮社．
町村敬志（1999）：越境者たちのロサンゼルス，286p.，平凡社．
矢ケ﨑典隆（1993）：移民農業——カリフォルニアの日本人移民社会，古今書院．
山下清海 編（2008）：エスニック・ワールド——世界と日本のエスニック社会，明石書店．
油井大三郎・遠藤泰生 編（1999）：多文化主義のアメリカ，312p.，東京大学出版会．
Crawford, J.（1992）：*Hold Your tongue：Bilingualism and the politics of "English Only,"* Addison-wesley［本名信行 訳（1994）：移民社会アメリカの言語事情——英語第一主義と二言語主義の戦い，ジャパンタイムズ］．
Gordon, M.M.（1964）：*Assimilation in American Life: The role of race, religion and national origins*, Oxford University Press［倉田和四生，山本剛郎訳 編（2000）：アメリカンライフにおける同化理論の諸相——人種・宗教および出身国の役割，228p.，晃洋書房］．
Hollinger, D.A.（1996）：*Postethnic America: Beyond multiculturalism*, Basic Books［藤田文子 訳（2002）：ポストエスニック・アメリカ——多文化主義を超えて，明石書店］．
Kikumura-Yano, A., ed.（2002）：*Encyclopedia of Japanese Descendants in the Americas: An illustrated history of the Nikkei*, Altamira Press［小原雅代 訳（2002）：アメリカ大陸日系人百科事典——写真と絵で見る日系人の歴史，明石書店］．

第7章　アメリカ的な生活文化と生活様式

中川　正（1997）：ルイジアナの墓地——死の景観地理学，298p.，古今書院．
Gabaccia, D.R.（1998）：*We Are What We Eat: Ethnic food and the making of Americans*, Harvard University Press［伊藤　茂 訳（2003）：アメリカ食文化，443p.，青土社］．

第8章　都市の構造・景観と都市問題

明石紀雄・飯野正子（1997）：エスニック・アメリカ（新版）——多民族国家における統合の現実，353p.，有斐閣．
井出義光 編（1992）：アメリカの地域，313p.，弘文堂．
上杉　忍（1988）：パクス・アメリカーナの光と影，237p.，講談社．

大阪市立大学経済研究所（1987）：〈世界の大都市4〉ニューヨーク，353p.，東京大学出版会．
小塩和人・岸上信啓 編（2006）：〈朝倉世界地理講座13〉アメリカ・カナダ，418p.，朝倉書店．
猿谷 要 編（1992）：アメリカの社会，307p.，弘文堂．
野村達郎（1989）：フロンティアと摩天楼，224p.，講談社．
野村達郎（1992）：「民族」で読むアメリカ，241p.，講談社．
安武秀岳（1988）：大陸国家の夢，220p.，講談社．
Bradshaw, M. (1988): *Regions and Regionalism in the United States*, University press of Mississippi［正井泰夫・澤田裕之 訳（1997）：アメリカの風土と地域計画，207p.，玉川大学出版会部］．
Gottmann, J.(1961): *Megalopolis: The urbanized northeastern seaboard of the United States*, Twentieth Century Fund［木内信蔵・石水照雄 訳（1967）：メガロポリス，287p.，鹿島研究所出版会］．
Lynch, K. (1960): *The Image of the City*, Technology Press［丹下健三・富田玲子 訳（2007）：都市のイメージ，286p.，岩波書店］．
Park, R. E., Burgess, E. W. and McKenzie, R. D. (1925): *The City*, University of Chicago Press［大道安次郎・倉田和四生 訳（1972）：都市 —— 人間生態学とコミュニティ論，181p.，鹿島出版会］

第9章 豊かな国の不平等と貧困

鎌田 遵（2007）：ぼくはアメリカを学んだ，209p.，岩波書店．
鎌田 遵（2009）：ネイティブ・アメリカン —— 先住民社会の現在，233p.，岩波書店．
川島浩平，ほか 編（1999）：地図でよむアメリカ —— 歴史と現在，229p.，雄山閣出版．
佐藤亮子（2006）：地域の味がまちをつくる —— 米国ファーマーズマーケットの挑戦，162p.，岩波書店．
堤 未果（2008）：ルポ貧困大国アメリカ，207p.，岩波書店．
矢口祐人・吉原真里 編（2006）：現代アメリカのキーワード，376p.，中央公論新社．
渡辺 靖（2007）：アメリカン・コミュニティ —— 国家と個人が交差する場所，252p.，新潮社．
Ehrenreich, B. (2004): *Nickel and Dimed: On (not) getting by in America*, Henry Holt［曽田和子 訳（2006）：ニッケル・アンド・ダイムド —— アメリカ下流社会の現実，295p.，東洋経済新報社］．
Schlosser, E. (2001): *Fast Food Nation: The dark side of American meal*, Houghton Mufflin［楡井浩一 訳（2001）：ファストフードが世界を食いつくす，381p.，草思社］．
Shipler, D. (2004): *The Working Poor: Invisible in America*, Alfred A. Knopf［森岡孝二，ほか 訳（2007）：ワーキング・プア —— アメリカの下層社会，397p.，岩波書店］．

第10章 変化する人口構成と地域 —— 高齢化とラテンアメリカ化

大泉光一・牛島 万（2005）：アメリカのヒスパニック＝ラティーノ社会を知るための55章，393p.，明石書店．
早瀬保子・大淵 寛 編（2010）：〈人口学ライブラリー8〉世界主要国・地域の人口問題，308p.，原書房．
松本悠子（2007）：創られるアメリカ国民と「他者」——「アメリカ化」時代のシティズンシップ，336p.，東京大学出版会．
村田勝幸（2007）：〈アメリカ人〉の境界とラティーノ・エスニシティ ——「非合法移民問題」の社会文化史，302p.，東京大学出版会．
Ellingwood, K (2005): *Hard Line: Life and death on the U.S. -Mexico border*, Pantheon［仁保真佐子，石川 好 訳（2006）：不法越境を試みる人々 —— 米国・メキシコ国境地帯の生と死，369p.，パーソナルケア出版部］．
Gonzales, M.G. (2000): *Mexicanos: A history of Mexicans in the United States*, Indiana University Press［中川正紀 訳（2003）：メキシコ系米国人・移民の歴史，580p.，明石書店］．

第11章 アメリカと世界

山本紀夫，ほか（1993）：〈アメリカ大陸の自然誌3〉新大陸文明の盛衰，263p.，岩波書店．

Desowitz, R.S. (1977): *Who Gave Pinta to the Santa Maria?: Torrid diseases in a temperate world*, W.W. Norton［古草秀子 訳, 藤田紘一郎 監修（1999）：コロンブスが持ち帰った病気——海を越えるウイルス, 細菌, 寄生虫, 259p., 翔泳社］.

James, P.E. (1942): *Latin America*, Bobbs-Merrill［山本正三・菅野峰明 訳（1979）：ラテンアメリカⅠ（443p.），Ⅱ（428p.），Ⅲ（428p.），二宮書店］.

Jordan-Bychkov, T. G. and Jordan, B.B. (2002): *The European Culture Area: A systematic geography*, Rowman & Littlefield Publishers［山本正三・石井英也・三木一彦 訳（2005）：ヨーロッパ——文化地域の形成と構造, 482p., 二宮書店］

付録　統計資料

	面積 (km²)	平均高度 (m)	人口 (1000人)	人口密度 (人/km²)	外国出生人口 (%)**	自宅で英語以外の言語を使用する割合 (%. 5歳以上)**	人口増加率 (%) 1990～2000	人口増加率 (%) 2000～2009
ヴァーモント	24906	305	622	25	3.9	5.3	8.2	2.1
コネティカット	14358	153	3518	245	13.0	19.8	3.6	3.3
ニュージャージー	22592	76	8708	385	19.8	27.9	8.6	3.5
ニューハンプシャー	24210	305	1325	55	5.0	7.9	11.4	7.2
ニューヨーク	141298	305	19541	138	21.7	29.0	5.5	3.0
ペンシルヴェニア	119281	336	12605	106	5.3	9.4	3.4	2.6
マサチューセッツ	27336	153	6594	241	14.4	21.0	5.5	3.9
メーン	91644	183	1318	14	3.0	7.1	3.8	3.4
ロードアイランド	4001	61	1053	263	12.2	20.0	4.5	0.5
アイオワ	145746	336	3008	21	3.7	6.4	5.4	2.8
イリノイ	150002	183	12910	86	13.8	21.9	8.6	4.0
インディアナ	94321	214	6423	68	4.0	7.2	9.7	5.6
ウィスコンシン	169636	320	5655	33	4.4	8.1	9.6	5.4
オハイオ	116097	259	11543	99	3.7	6.0	4.7	1.7
カンザス	213101	610	2819	13	5.9	9.9	8.5	4.8
サウスダコタ	199730	671	812	4	1.9	6.0	8.5	7.6
ネブラスカ	200334	793	1797	9	5.5	9.1	8.4	5.0
ノースダコタ	183109	580	647	4	2.3	5.5	0.5	0.7
ミシガン	250486	275	9970	40	5.8	8.8	6.9	0.3
ミズーリ	180529	244	5988	33	3.6	5.6	9.3	7.0
ミネソタ	225163	366	5266	23	6.5	9.7	12.4	7.0
アーカンソー	137732	198	2889	21	3.8	6.1	13.7	8.1
アラバマ	135768	153	4709	35	2.8	4.1	10.1	5.9
ヴァージニア	110787	290	7883	71	10.2	13.3	14.4	11.4
ウエストヴァージニア	62755	458	1820	29	1.3	2.1	0.8	0.6
オクラホマ	181038	397	3687	20	5.0	8.4	9.7	6.9
ケンタッキー	104665	229	4314	41	2.8	4.2	9.6	6.7
サウスカロライナ	82934	107	4561	55	4.4	6.1	15.1	13.7
ジョージア	153911	183	9829	64	9.4	12.5	26.4	20.1
テキサス	695666	519	24782	36	16.0	33.8	22.8	18.8
テネシー	109154	275	6296	58	4.0	5.7	16.7	10.7
デラウェア	6445	18	885	137	7.7	10.6	17.6	13.0
ノースカロライナ	139391	214	9381	67	7.0	9.8	21.4	16.6
フロリダ	170312	31	18538	109	18.5	25.9	23.5	16.0
ミシシッピ	125438	92	2952	24	2.1	3.6	10.5	3.8
メリーランド	32131	107	5699	177	12.4	15.1	10.8	7.6
ルイジアナ	134649	31	4492	33	3.1	8.1	5.9	0.5
ワシントン D.C.	177	46	600	3390	13.2	14.4	−5.7	4.8
アイダホ	216442	1525	1546	7	5.9	10.1	28.5	19.5
アリゾナ	295235	1251	6596	22	14.3	27.5	40.0	28.6
オレゴン	254801	1007	3826	15	9.7	14.0	20.4	11.8
カリフォルニア	423967	885	36962	87	26.8	42.3	13.6	9.1
コロラド	269604	2074	5025	19	10.1	17.0	30.6	16.8
ニューメキシコ	314919	1739	2010	6	9.6	35.4	20.1	10.5
ネヴァダ	286382	1678	2643	9	18.9	27.9	66.3	32.3
モンタナ	380831	1037	975	3	2.2	4.7	12.9	8.1
ユタ	219883	1861	2785	13	8.3	14.0	29.6	24.7
ワイオミング	253334	2044	544	2	2.3	5.9	8.9	10.2
ワシントン	184661	519	6664	36	12.3	16.7	21.1	13.1
アラスカ	1722319	580	698	0.4	6.5	14.8	14.0	11.4
ハワイ	28300	924	1295	46	17.8	25.4	9.3	6.9
全国	9831513	—	307007	31	12.5	19.7	13.1	9.1
日本	377947	—	127510	342	—	—	2.7	0.5

データは 2009 年のもの．*を付したものは 2007 年，**を付したものは 2008 年のデータ．U.S. Census Bureau, Statistical
日本の統計は日本統計年鑑（2011）などによる 2009 年のデータ（* : 2007 年，** : 2008 年）．

GDP (億ドル)**	総農場面積 (1000ha)*	平均農場規模 (ha)*	農業生産高 (100万ドル)**	製造業出荷額 (100万ドル)*	製造業就業者 (1000人)**	1人当たりの所得 (ドル)	
254	486	72	755	10508	34.0	38503	ヴァーモント
2162	162	34	728	56617	177.3	54397	コネティカット
4749	283	29	1323	117641	291.0	50313	ニュージャージー
600	202	46	270	18690	79.1	42831	ニューハンプシャー
11445	2914	80	5116	165293	506.6	46957	ニューヨーク
5533	3157	50	7027	249333	628.5	39578	ペンシルヴェニア
3650	202	27	729	83278	274.0	49875	マサチューセッツ
497	526	67	744	16769	58.3	36745	メーン
474	40	23	87	12032	47.5	41003	ロードアイランド
1357	12424	134	26295	105581	220.1	36751	アイオワ
6337	10846	141	17832	270292	640.5	41411	イリノイ
2549	5990	98	10919	220807	493.0	33725	インディアナ
2404	6151	79	11283	163420	475.6	36822	ウィスコンシン
4715	5666	74	8753	298157	732.3	35381	オハイオ
1227	18738	286	15481	84290	182.4	37916	カンザス
370	17685	567	9202	14176	41.2	36935	サウスダコタ
833	1821	386	18461	45949	96.7	38081	ネブラスカ
312	16067	502	8271	14021	25.8	39530	ノースダコタ
3825	4047	72	7671	210727	544.5	34025	ミシガン
2378	11736	109	9867	110175	274.1	35676	ミズーリ
2628	10886	134	18218	116086	332.4	41552	ミネソタ
983	5625	114	9811	61204	173.6	31946	アーカンソー
1700	3642	75	5539	116345	266.1	33096	アラバマ
3970	3278	69	3883	91552	265.5	43874	ヴァージニア
617	1497	64	743	26264	57.6	32219	ウエストヴァージニア
1464	14205	164	7001	73332	143.9	35268	オクラホマ
1564	56666	66	5897	114082	234.0	31883	ケンタッキー
1564	1983	76	2806	92710	230.9	31799	サウスカロライナ
3978	4128	86	8815	144326	385.2	33786	ジョージア
12235	52773	213	22081	643913	853.6	36484	テキサス
2521	4452	56	4076	138589	347.2	34089	テネシー
618	202	81	1257	25849	32.7	39817	デラウェア
4002	3440	65	11032	201714	470.7	34453	ノースカロライナ
7441	3723	79	8618	101050	318.2	37780	フロリダ
918	4654	110	5745	62379	156.6	30103	ミシシッピ
2733	850	65	2423	39592	121.5	48285	メリーランド
2222	3278	109	3277	228209	144.1	35507	ルイジアナ
972	―	―	―	345	2.0	66000	ワシントンD.C.
527	4654	184	6894	19178	59.7	31632	アイダホ
2489	5625	114	4064	57831	163.8	32935	アリゾナ
1616	6637	172	5030	64366	175.3	35667	オレゴン
18468	10279	127	39012	520291	1366.2	42325	カリフォルニア
2486	12789	345	7164	48440	136.6	41344	コロラド
799	17483	836	3389	18588	33.0	32992	ニューメキシコ
1312	2388	758	685	16047	49.6	38578	ネヴァダ
359	24849	841	3704	12723	18.5	34004	モンタナ
1098	4492	269	1915	43302	117.0	30875	ユタ
353	12222	1103	1303	10648	11.1	45705	ワイオミング
3228	6071	154	8993	111944	265.5	41751	ワシントン
479	364	520	38	9082	13.1	42603	アラスカ
638	445	60	654	8529	13.3	42009	ハワイ
141656	373174	169	364879	5486266	12781.2	39138	全国
49106	4609	2.7	847 百億円**	33558 百億円**	8365**	3059 千円*	日本

Abstract of the United States, 2011 による.

索　引

ア 行

IT 産業　102
アイルランド系移民　109
アウトウォッシュプレイン　11
アグリビジネス　62
アジア系　75, 130
アパラチア　38, 100, 119
アパラチア地域委員会　119
アファーマティブアクション　110
アフリカ系　74, 122
アムトラック　30
アメリカ国立海洋大気庁　13
アメリカ先住民　115
アメリカンドリーム　117, 150
アルミニウム産業　46
アングロコンフォーミティ論　82
安定大陸　9

イエローストーン国立公園　21
「異議申し立ての時代」　109
イーストロサンゼルス　142
一般先買権法　60
移民　6, 74, 129
衣料製造業　54
因子生態分析　107
インターステートハイウェイ　31, 42, 50, 56, 103
インナーシティ　36, 105, 107

ウィルダネス　21
ウォルサム型工場　40
ウシ　67
宇宙工学産業　47
海風　20
ウルマン（Ulman, E.C.）　106

永久凍土　16
衛星都市　105
エスカー　11
エスニシティ　121
エスニック景観　84
エスニックタウン　6, 78
エスニックビジネス　78, 85
エスニックフェスティバル　82
エスニックマイノリティ集団　128
NPO　125, 127
エネルギー資源　48
エリー運河　28
エルブエブロ　144

オガララ帯水層　66
オバマ（Obama, B.H.）　123, 152
温暖湿潤気候　15

カ 行

海岸侵食　23
外国人労働者　70
外資系企業　102
回転ドア　134
カウボーイ　67
化学繊維工業　48
カーギル社　63
格差　114
家族農場　4
家畜　58
活断層　13, 24
カトリック　74, 90, 92, 93, 94
「カトリーナ」　24, 125
カナダ　75, 149
カリスマ運動　92
灌漑　58, 69
環境問題　72, 109
寒帯気団　15, 17
環太平洋造山帯　9
カンバンハイウェイ　38

北アメリカプレート　9
逆転層　20
旧移民　152
教育水準　122
教会　125
共和党　96, 125
極気団　17
巨大穀物商社　63
キリスト教　90
緊急割り当て法　75
キング（King, Jr., M.L.）　96
近接性　42, 44

空間的差異　114
空間的不平等　114
クォーターセクション　61
グランドサークル　12
クレオール　80
グレートプレーンズ　62, 67
グローバル化　151
グローバル経済　111

ケイジャン　77
ゲイテッドコミュニティ　112
ケイム　11
契約栽培　63
毛織物工業　40
毛皮交易所　58
ケネディ（Kennedy, J.F.）　88
研究・開発部門　52

郊外化　107
光化学スモッグ　19, 109
工業化　49, 54
工業団地　50
工業地域　41
工業誘致政策　43
工業立地　41, 43
航空機産業　47
合計出生率　129
工場制工業　40
高層ビル　113
交通ネットワーク　103
公的医療保険制度　119
公民権運動　7, 118
公有地　4, 60
高齢化社会　128
高齢者専用住宅地域　134
高齢人口移動　132
黒人　74, 130
国内市場　48
国内総生産額　50
国民皆健康保険　124
国立公園システム　21
五大湖　103
コムギ　64
コルディレラ山系　9
コルディレラ氷床　13
ゴールドラッシュ　34
コロンブス　3
混合農業　59
コンピュータ・ソフトウエア産業　51
コンフェデレーション　149
コーンベルト　61
コンレール　30

サ 行

再開発　111
サウスウェスト航空　33, 39
砂漠気候　16
サービス業　50
サービス経済化　50
サラダボウル論　82
山岳氷河　12
産業構造　49, 50
三権分立　89
酸性雨　20
サンタアナ　19, 35, 48, 53, 54, 130

シアーズローバックカタログ　5
シェヴキー（Shevky, E.）　107
ジェファソン（Jefferson, T.）　60
ジェンダー　123
ジェントリフィケーション　111
シカゴ　110
シカゴ学派　105
シカゴ大都市圏　107
自然環境　3
自動車工業地域　56

索　引　　163

自動車産業　45, 49, 73, 111, 127
ジニ係数　116
シヌーク　19
シベリア急行　17
社会地区分析　107
社会保険　117
写真結婚　83
写真花嫁　83
ジャストインタイム　38
宗教　90
重工業地帯　41
集積の不利益　106
集約的農業　148
純移動　134
消費生活　96
情報技術産業　51, 102
情報通信技術　1, 5
食肉工場　62, 67
食文化　65
食料援助　72
ショッピングセンター　108
ショッピングモール　150, 153, 155
所得格差　97, 119
ジョンソン（Johnson, L.B.）　119
シリコンバレー　47, 51, 51, 54
新移民　152
進化論　87
人口構造　128
人口重心　34
人工中絶　95
人口の高齢化　128
人口ピラミッド　128
人種　130
人種隔離　127
人種差別　116
侵食輪廻　87
深南部　48
垂直統合　51

水平統合　51
スカンジナビア系　76
ステップ気候　16
スノーイーター　19
スノーベルト　48, 53
スーパーバリオ化　143
スペイン植民地　3
住み分け　143
スワンプ　80

製靴業　40
西岸海洋性気候　15
政教分離　95
生産労働者　48
西漸運動　34
製鉄業　48
西部開拓　89
聖霊刷新運動　92
世界都市　111
世界貿易センタービル　104
石炭採掘法　120
石油化学産業　47, 48
石油危機　56
石油産業　48
セクシュアリティ　123

セクション　89
セクターモデル　106
積極的差別是正措置　110
絶滅危惧種　22
ゼネラルモーターズ社　101
繊維産業　43, 46
扇形モデル　106
センターピボット灌漑　66
前適応　78
セントルイス　100
セントローレンス川　28
全米自動車労組　56

創造階級　123
尊厳死問題　99

タ　行

大学教育　89
大規模酪農　68
大洪水　24, 26
大土地所有制　150
太平洋プレート　10
大陸横断鉄道　5, 25, 28, 70
大陸氷河　11
ダーウィン（Darwin, C.R.）　87, 95
タウン　59
タウンシップ　89
タウンシップ制　88
ダウンタウン　105, 155
多核心モデル　106
滝線都市　10, 100
卓状地　9
多国籍企業　111
タコマ富士　12
ダストボウル　89
脱工業化　51, 106
竜巻　18
竜巻回廊　18
ターナー（Turner, F.J.）　87
タバコ　68
多文化主義　146
多文化・多民族社会　74
ダム撤去　26
炭鉱業　120
端堆石堤　11

地域区分　2, 8, 102
地域主義　6
地域性　1
地域抽出法　2
地域的工業システム　41
小さな政府　117
地下水管理組合　71
地溝　12
地誌学　1
地中海性気候　15
チナンパ　57
地方分権　146
チャイナタウン　85, 105
チャパラル　19
中国人排斥法　75
中西部　104
中部植民地　59

鳥趾状の三角州　11
地塁山地　12

通信販売　5
ツンドラ気候　16

TVA　46, 48
抵抗　115
ディズニーランド　103
鉄鋼業　53
鉄鉱石　41, 45
デトロイト　110, 111, 127
テーマ重視法　2
テレヴァンジェリスト　94
電子機器産業　47
転出　132, 134
転入　132
天然痘　58

ドイツ系　76
同化　78
等高線耕作　89
同時多発テロ　104
同心円モデル　105
同性愛　116, 123
トウモロコシ　4, 64
独立戦争　103
都市階層　101
都市構造　105, 150
都市システム　100
都市農業　127
都市問題　109
土壌侵食　21, 89
都市理論　106
土地制度　4
土地測量制度　88
ドノラ事件　20
富の分配　116
ドラムリン　11
トルネードハンター　18

ナ　行

「長い暑い夏」　110
南部植民地　59

日系企業　102
日系自動車企業　56
日系社会　148
日本人　70, 73, 75
日本町　82
ニューイングランド植民地　59
ニューイングランド地域　103
ニューオーリンズ　125
ニューフロンティア　88
ニューヨーク　100, 110
妊娠中絶　124

ネイティブアメリカン　3, 57
熱帯雨林気候　14
熱帯気団　16, 17
熱帯サバナ気候　13

農業協同組合　150

農業地域区分　61
農業の工業化　62
農業労働力　70
農産物　65
ノースイースター　17

ハ　行

バイオテクノロジー　71
バイソン　23
ハイテク産業　43, 49, 50, 51
排日移民法　75
バイブルベルト　94
バイユー　80
ハーヴェイ（Harvey, D.）　106
白人　122, 130
博物館　154
箱詰め冷凍牛肉　68
バージェス（Burgess, E.W.）　105
場所の没個性化　104
バックオフィス業務　111
ハーヴァード大学　102
ハブ空港　32, 104
バプテスト　90, 91, 94
パブリックマーケット　65
バリオ　137, 141, 143
ハリケーン　15, 24, 125
ハリス（Harris, C.D.）　106

比較優位性　55
ヒスパニック　77, 122, 130, 136, 147
ピッツバーグ　100
ヒートアイランド現象　109
ピードモント　10, 46
肥満　124
ピューリタン　93
ヒルビリー　120
貧困　114
「貧困との闘い」　119
貧富の差　125

ファストフード　97, 124
ファーマーズマーケット　65, 125
フィードロット　62, 67
フィラデルフィア　110
フィンランド系　77
フェーン現象　19
フォーディズム　53
フォード社　103
福音派　90, 91, 92, 93
不平等　114
不法移民　140
不法入国者　70
ブラセロプログラム　70
プラヤ　16
フランス系カナダ人　75
フランス植民地　3

フランチャイズチェーン　5
プランテーション　4
ブリザード　17, 21
プレートテクトニクス　9
プレーリー　16
フレンチクォーター　86
プロチョイス　124
プロテスタント　90, 92, 93, 94
プロライフ　124
フロンティア　34, 87, 88
フロンティア精神　87, 88
文化島　78

平均寿命　128
ベビーブーム　128
ペリフェラルフォーディズム　54
ペンテコステ派　90, 92
変動帯　13

ホイト（Hoyt, H.）　105
法定貧困水準　118
北東部-五大湖沿岸工業地域　43, 53
北米自由貿易協定　49, 54
ホスト社会　78, 109, 150
ポニーエキスプレス　28
ホームステッド法　34, 60, 89
ホームランド　78
ホームレス　114
ボーンアゲイン　91, 96

マ　行

マイクロソフト社　102
マイノリティ　107
摩天楼　113
マニュファクチャリングベルト　36

ミシシッピ川　29, 125
湖効果　17
民主党　96, 125
民族島　78

無煙炭　41

メインストリート　104
メガロポリス　61, 100
メキシコ人　146
メジャーリーグベースボール　153
メソアメリカ　57
メルティングポット論　82
綿工業　40

網羅累積法　2
モータリゼーション　5, 73, 105, 106, 109
モノカルチャー　89
モルモン教　95

ヤ　行

野外観物館　84
野生動物　57
山火事　21

ユダヤ人　75
ユナイテッドブランズ社　63
ユニットトレイン　31

溶岩台地　12
養豚業　68
ヨレハマツ　22
ヨーロッパ　2, 74, 75, 122

ラ　行

ライフコースモデル　134
落葉広葉樹　58
ラストベルト　37, 53
ラティノ　136
ラテラルモレイン　11
ラテンアメリカ　145

リサーチトライアングル　46, 54
リタイアメントコミュニティ　133
リッジアンドバレー　10
立地条件　42, 47
リーマンショック　111

ルーズベルト（Roosevelt, F.D.）　117
るつぼ論　82

瀝青炭　41
レス　11
レタス　69
レッドウッド　15

労働組合　120
労働権法　54
ローカルフード運動　65
ローカルホスト社会　83
ロサンゼルス型スモッグ　19
ロサンゼルス大都市圏　141
ロードアイランド型工場　40
ロボット産業　51
ローレンタイド氷床　13
ロングロット　84
ロンドン型スモッグ　19

ワ　行

ワシントン D.C.　100
ワスプ　82

編集者略歴

<ruby>矢ケ﨑典隆<rt>や が さき のりたか</rt></ruby>

1952年　石川県に生まれる
1982年　カリフォルニア大学バークリー校大学院修了
　　　　東京学芸大学教育学部教授を経て
現　在　日本大学文理学部教授
　　　　Ph.D.（地理学博士）

世界地誌シリーズ 4

アメリカ

定価はカバーに表示

2011年4月25日　初版第1刷
2022年8月25日　　　第7刷

編集者　矢ケ﨑　典　隆
発行者　朝　倉　誠　造
発行所　株式会社　朝倉書店

東京都新宿区新小川町 6-29
郵便番号　162 - 8707
電　話　03（3260）0141
Ｆ Ａ Ｘ　03（3260）0180
https://www.asakura.co.jp

〈検印省略〉

© 2011〈無断複写・転載を禁ず〉　　　中央印刷・渡辺製本

ISBN 978-4-254-16858-7　C 3325　　　Printed in Japan

JCOPY〈出版者著作権管理機構 委託出版物〉

本書の無断複写は著作権法上での例外を除き禁じられています．複写される場合は，
そのつど事前に，出版者著作権管理機構（電話 03-5244-5088, FAX 03-5244-5089,
e-mail: info@jcopy.or.jp）の許諾を得てください．

好評の事典・辞典・ハンドブック

火山の事典（第2版）	下鶴大輔ほか 編　B5判 592頁
津波の事典	首藤伸夫ほか 編　A5判 368頁
気象ハンドブック（第3版）	新田　尚ほか 編　B5判 1032頁
恐竜イラスト百科事典	小畠郁生 監訳　A4判 260頁
古生物学事典（第2版）	日本古生物学会 編　B5判 584頁
地理情報技術ハンドブック	高阪宏行 著　A5判 512頁
地理情報科学事典	地理情報システム学会 編　A5判 548頁
微生物の事典	渡邉　信ほか 編　B5判 752頁
植物の百科事典	石井龍一ほか 編　B5判 560頁
生物の事典	石原勝敏ほか 編　B5判 560頁
環境緑化の事典	日本緑化工学会 編　B5判 496頁
環境化学の事典	指宿堯嗣ほか 編　A5判 468頁
野生動物保護の事典	野生生物保護学会 編　B5判 792頁
昆虫学大事典	三橋　淳 編　B5判 1220頁
植物栄養・肥料の事典	植物栄養・肥料の事典編集委員会 編　A5判 720頁
農芸化学の事典	鈴木昭憲ほか 編　B5判 904頁
木の大百科［解説編］・［写真編］	平井信二 著　B5判 1208頁
果実の事典	杉浦　明ほか 編　A5判 636頁
きのこハンドブック	衣川堅二郎ほか 編　A5判 472頁
森林の百科	鈴木和夫ほか 編　A5判 756頁
水産大百科事典	水産総合研究センター 編　B5判 808頁

価格・概要等は小社ホームページをご覧ください．